DEUTSCHER
LEVANTE
VERLAG

Christiane V. Felscherinow und Sonja Vukovic

CHRISTIANE F.
MEIN ZWEITES LEBEN

Autobiografie

DEUTSCHER
LEVANTE
VERLAG

Sie lebt in der Welt wie Ariadne, die Verlassene, auf der wüsten Insel Naxos,
nur der Klage und dem Gebet. Bacchus, der glühende, der Gott der Trunkenheit,
hat sie verlassen, der Rausch der Liebe ist geschwunden, und nun wartet sie nur
auf einen mehr, auf den Tod. Sie hört ihn nahen, schon breitet sie ihm die Arme
entgegen, um hinzusinken aus dieser Welt in das ewige Dunkel.
Aber sie ahnt nicht, daß, der naht mit beflügelten Schritten, Theseus ist,
der Befreier, sie nochmals zurückzuführen ins lebendige Leben.

Stefan Zweig, Marceline Desbordes-Valmore. Das Lebensbild einer Dichterin

CHANCEN UND SPRÜNGE

Vorwort zur Taschenbuchauflage von
„Christiane F. – mein zweites Leben"

Was ist aus Detlef geworden? Ist es schwer, clean zu werden? War das erste Buch „Wir Kinder vom Bahnhof Zoo" Fluch oder Segen?

Es gibt viele Fragen, die man über Christiane F. immer wieder stellt. Auch, weil sich Mythen nun einmal beharrlich halten. Dieses Buch soll nicht nur Antworten geben und erzählen, wie es der tragischen Berliner Antiheldin der 1970er Jahre seitdem erging. Co-Autorin Sonja Vukovic räumt auch mit Klischees auf, indem sie auf einer Sachebene beleuchtet, wie aus dem Ruhm als „Promi-Junkie" eine selbsterfüllende Prophezeiung werden kann. Und wie Christianes Kampf aus dem Sumpf der Sucht für Millionen Menschen weltweit zu einer persönlichen Schicksalsfrage wurde.

Die Höhen und Tiefen der vergangenen 35 Jahre stellt sie dabei nicht chronologisch dar, denn geradlinige Abläufe sind nichts, was für Christiane typisch wäre. Um ihrer Geschichte auch in dieser Form gerecht zu werden, erzählt jedes Kapitel von einer Chance, die Christiane in ihrem Leben hatte – den Weg dorthin, die Erfahrungen und die Menschen, die ihr dabei begegneten.

„Mein zweites Leben" ist das weltweit erste Portrait einer Langzeitabhängigen und damit auch ein Bild des Wandels einer Gesellschaft und ihres Umgangs mit dem Thema Drogen. Der Stempel „Christiane F." auf dem Buchcover mag auch symbolisch für das Stigma stehen, mit dem Christiane Felscherinow ihr Leben lang zu kämpfen hat.

Berlin, im Herbst 2014

www.christiane-f.com
www.levante-verlag.de

Die Deutsche Bibliothek verzeichnet diese Publikation
in der Deutschen Nationalbibliografie: http://dnb.dnb.de

1. Auflage
Copyright © Deutscher Levante Verlag 2014

Lektorat: Rüdiger Dammann, Daniel Gerlach
Layout und Satz: Satz- & Verlagsservice Ulrich Bogun
Umschlaggestaltung: Anke Koopmann Guter Punkt GmbH & Co. KG
Coverfoto: Marcel Mettelsiefen
Druck und Bindung: GGP Media GmbH, Pößneck

ISBN: 978-3-943737-16-5

Foto: Klaus Meyer-Andersen / Stern

INHALT

Inseln der Hoffnung

Zuerst sah ich nur den schwarzen Hund. Stolz und unnahbar lief Negrita durch den Sand, ich konnte die Augen kaum von ihr lassen. Und als ich ihr so nachsah, traf mein Blick irgendwann ihn. Dann erst merkte ich, dass ich nicht allein war: Alle Frauen am Strand schauten diesem großen, kantigen Griechen und seiner belgischen Schäferhündin nach. Er war so dürr und wirkte trotzdem stark. Sein blondes Haar wuchs wild um seinen Kopf herum. Er trug nur dunkle Shorts und braune, alte Ledersandalen. Die Touristinnen schien er gar nicht zu bemerken. Er lebte hier am Strand, geheimnisvoll, in einem hohlen Baum.

Logaras und Golden Beach auf der griechischen Insel Paros sind wunderschöne weitläufige Sandstrände östlich vom Hafen Parikias. Der Sand ist weiß, das Wasser türkis, und wenn der Himmel klar ist, und das war er damals fast immer, kann man aus der Ferne die Fähren beobachten, die auf der Nachbarinsel Naxos ein- und auslaufen. Naxos gehört wie Paros zu den Kykladen und ist die Insel, auf der Ariadne vergessen wurde, nachdem sie dem schönen Theseus geholfen hatte, den Minotaurus zu töten.

Ich habe mich später in meinem Leben oft in dieser Mythologie wiedergefunden – blind vor Liebe den Versprechen eines Mannes zu vertrauen, um dann doch allein zurückgelassen zu werden.

Ich hatte mein Zelt an einer Taverne am Pounda Beach, einem kleinen Ort bei Logaras, aufgeschlagen. Inhaber des Lokals war ein alter, griechischer Kommunist, der sogar aussah wie Karl Marx – mit langem grauem Bart und Mähne. Er hatte eine Frau aus Hamburg geheiratet und einen echten Berliner Kellner eingestellt. Es ging wunderbar locker zu, man konnte seine Getränke anschreiben, und den ganzen Tag über lief Musik. Jeder Gast durfte mal seine Kassette in den kleinen Recorder an der Bar einlegen, und so hörten wir den ganzen Tag Bob Marley, die Rolling Stones und die Allman Brothers – alles, was man 1987 in Erinnerung an die guten alten Zeiten so hörte. Meine Zeit auf Paros war Entspannung pur, nur der schöne Grieche am Strand trieb den Puls nach oben.

Einen Freund mit Hund wollte ich schon immer haben. Ich hatte immer einen Hund, und die meisten meiner Freunde mochten das gar nicht. Die schwarze Langhaarhündin mit den kleinen Ohren und der große Kerl mit dem kleinen Rucksack haben es mir gleich angetan. Als sie an meinem Zelt vorbeigingen, sagte ich „Hallo". Etwas anderes fiel mir wohl nicht ein. Er blieb stehen und sah mich ausdruckslos an. Aber Negrita schnüffelte an mir und fand Zutrauen. Wenig später stieg ich mit den beiden in den hohlen Baum, wo er mir am nächsten Morgen erklärte: „Flüchtige Urlaubsaffären sind nicht meine Sache." Da vergaß ich mein Rückflugticket nach Berlin. Er hieß Panagiotis.

Eigentlich war ich mit Gode Benedix, meinem Freund, nach Griechenland gekommen. Von ihm war ich kurz zuvor schwanger geworden. Das hatte mich völlig überrascht, und als ich Gode davon erzählte und ihn fragte, was ich denn nun machen solle, sagte er nur: „Das musst du wissen." Da war klar, dass er sich nicht kümmern würde. Also trieb ich ab, denn ich habe mir das damals allein nicht zugetraut.

Ich war damals 25, er auch. Später habe ich die Abtreibungen bereut, aber wenn ein Mann sagt: „Das musst du wissen", dann weißt du doch, was Sache ist.

Gode hatte ich im Dschungel kennengelernt. Das war diese irre Disko in Berlin-Schöneberg, die so mega angesagt war, bis sich Anfang der Neunziger, nach der Wende, die Techno-Szene in Berlin breitmachte. Es hieß damals, der Dschungel sei das Berliner Pendant zum Studio 54 in New York. Vor dem Eingang schlotterten im Winter oft Dutzende vor sich hin und hofften, dass sie reingelassen werden. Für mich war das kein Problem, die meisten Türsteher kannten mich. Iggy Pop feierte oft im Dschungel, auch Carlos Santana, Romy Haag und David Bowie, den ich damals, als Vierzehnjährige, so vergöttert hatte.

Natürlich kam Bowie nicht so oft wie ich, denn inzwischen lebte er nicht mehr in Berlin, sondern in New York. Aber wenn er Konzerte in der Stadt hatte, ließ er sich danach auch noch im Dschungel blicken. Wir kannten uns, aber wir hielten leider immer nur Smalltalk, mehr schien irgendwie nicht möglich. Ich konnte nicht gut Englisch und hatte ein bisschen Angst, dass er mich nicht mögen könnte.

Kürzlich, zu seinem 66. Geburtstag, hat Bowie sogar ein Lied über Berlin und den Dschungel rausgebracht: „Where Are We Now?", heißt der Song. Und ich möchte am liebsten antworten: Noch immer dort, wo wir damals auch schon waren.

Ben Becker war zu dieser Zeit auch oft Gast im Dschungel, der Sander-Stiefjunge. Auch Otto Sander hing da ab, manchmal auch unter dem Tisch zu finden. Anders Gode: Der stand jahrelang mit Schlips und Kragen bei der Kasse am Eingang des Dschungel. Er war Einlasser und Conférencier in Personalunion. Und ein Kumpel von Ben. Gode hieß eigentlich Detlef – nicht zu verwechseln mit meinem Teeniefreund vom Bahnhof Zoo. Aber eines Tages saßen Gode und Ben in ihren Punker-Outfits in der Kneipe, und Ben sagte: „Detlef, das ist kein Name für einen Punk." Ben schnappte sich ein Musikmagazin, das da herumlag, blätterte und legte den Finger wahllos auf einen Text. Dort stand der Name irgendeines Skandinaviers namens Gode. Und Ben: „So, jetzt heißt du Gode!"

Im Dschungel habe ich mich zunächst nicht an Gode rangetraut, weil ich dachte: Der ist eine Nummer zu groß für mich. Gode trug mit Vorliebe Sachen von Vivienne Westwood und flog mit seinen Jungs ständig nach London, um sich ihre neuesten Kollektionen anzusehen. Sie waren alle immer so modisch drauf und so furchtbar cool, Gode war auch DJ und Mitglied in einer Band.

Irgendwann schrieb ich ihm einen Brief, so lernten wir uns kennen. Zwei, drei Mal die Woche haben wir uns geschrieben, zehn Monate lang, kein Brief war kürzer als sechs Seiten. Seine Freunde waren davon nicht begeistert, auch die Familie Sander nicht.

Dadurch, dass Ben und Gode so unzertrennlich waren, sah Gode in Otto Sander wohl so etwas wie seinen Ziehvater. Und wir waren oft im Haus dieser Schauspielerdynastie. Bei den Sanders stand die Gastfreundschaft wohl über der Sympathie: Denn ich glaube, weder Monika, Bens Mutter, noch seine Schwester Meret mochten mich besonders. Ich war damals sicher, dass Meret für Gode schwärmte. Aber sie ist sieben Jahre jünger und war für ihn wie eine kleine Schwester. Dafür gab Meret Jahre später einem Mann das Jawort, dessen erste Freundin ich gewesen war: Alexander Hacke, Gitarrist und Bassist der Einstürzenden Neubauten.

Mit Gode und den anderen machten auch die Jungs von Depeche Mode das Nachtleben unsicher. Die wohnten damals in Berlin und hingen meist im Damaschke Nachtclub ab, dem DMC, einem Laden, der aussah wie ein zu groß geratenes Klo. Alles war gekachelt. Aber man traf sich halt dort.

Dann waren da noch der Musiker und Avantgarde-DJ Fetisch. Und seine Schwester. Die beiden waren Vollwaisen, wenn ich mich richtig entsinne, sie mussten erleben, wovor sich jedes Kind fürchtet.

Sie haben einiges mitgemacht. Aber als Geschwister hielten sie immer zusammen.

Bei ihr, deren Namen ich inzwischen vergessen habe, hatte ich immer Angst, dass sie sich Gode schnappt. Sie war ein tolles Mädchen mit dicken, dunklen Haaren und geradeheraus. Weil das Leben nicht nett zu ihr war, hat sie sich genommen, was ihr zustand, aber eben auf eine ehrliche und offene Art.

Zu guter Letzt gab es noch diesen Plez in der Clique und dessen Band Hong Kong Syndikat. Angeblich brauchten die einen vorzeigbaren Gitarristen – und vor allem wohl einen Vorwand, um Gode von mir zu trennen. Warum, weiß ich nicht, sie sahen wohl ihr Image durch mich gefährdet. Sie beriefen Gode dann ständig zu irgendwelchen Bandauftritten ein. So eben auch, als wir zusammen nach Griechenland gereist waren.

Warum wir uns Griechenland ausgesucht hatten, weiß ich gar nicht mehr. Auf jeden Fall waren wir mit viel zu viel Gepäck unterwegs, weil ich noch nie einen Strandurlaub gemacht hatte. Ich wusste nicht, was ich am Strand brauchen oder nicht brauchen würde. Und so hatten wir drei Koffer für drei Wochen dabei. Mit High Heels, Schminke und Schmuck, lauter überflüssigem Zeug. Nichts davon konnte ich gebrauchen.

Die ersten drei Tage sowieso nicht. Im Flieger hatte ich kein Heroin mitschmuggeln wollen, und so habe ich in Griechenland erst einmal einen richtig schlimmen Entzug geschoben. Ich habe nur gekotzt und geschissen, schlafen war unmöglich.

In diesen Entzugsnächten ist mir Griechenland schrecklich unter die Haut gegangen. Ich lag da in meinem Schweiß und schmiss mich vor Schmerz in dem quietschenden Metallbett einer kleinen Pension auf Paros von einer Seite auf die andere. Es gab keinen Fernseher, und die Schwüle machte mich fertig. Jede Nacht musste ich mir das Gekrähe der Hähne und die Schreie der Maultiere anhören. Ohne einen Bezug zu irgendwas, in einem völlig fremden Land, und dann immer dieses Kikeriki und das I-a i-a i-a. Über Meilen hinweg hast du das gehört.

Am dritten Tag sagte ich zu Gode, zumindest er solle doch mal an den Strand gehen. Aber er war auch völlig fertig, obwohl er kein Junkie war. Als wir in Griechenland etwas runterkamen vom Großstadttrubel, ist ihm wohl überhaupt erstmals bewusst geworden, wie viel er als DJ und Gitarrist ständig reist und trinkt und wie wenig er isst und schläft. Gode war genauso fertig wie ich, nur auf andere Art und Weise.

Die ersten vier, fünf Tage verbrachten wir also nur im Bett. Und dann, als wir uns endlich hätten erholen können von dem ganzen Dreck in Berlin, riefen sie Gode tatsächlich aus Griechenland zurück.

Ich sagte zu ihm: „Wenn du jetzt gehst, dann gehst du für immer."

Ich glaube, das mit uns hätte echt gut gehen können. Noch heute passt seine Frau auf, wenn wir uns zufällig auf der Straße irgendwo treffen. Aber damals ist das eben so ausgegangen. Er ist geflogen, und ich gab ihm zum Abschied mein überflüssiges Gepäck mit. Danach hatte ich nur noch eine Reisetasche bei mir und schlug mein Zelt an dieser Taverne auf, wo ich der schönen, schwarzen Schäferhündin und ihrem geheimnisvollen Herrn begegnete.

Panagiotis hatte sich in einem hohlen Baum sein Paradies geschaffen, ein traumhaftes Zuhause mit zwei Zimmern und Terrasse! Die Wurzeln waren so gewachsen, dass sich zwei Höhlen bildeten. Die eine war das Tierzimmer, dort schliefen Negrita und die Katze, in dem anderen Raum wohnten wir.

Da der Baum inmitten der Dünen auf einer kleinen Anhöhe stand, konnten wir davor eine kleine Feuerstelle einrichten. Hier haben wir es uns immer schön gemacht, Dutzende Plastikflaschen mit Sand und Kerzen gefüllt und in den Baum gehängt. Von der Taverne weiter unten aus gesehen schien es immer, als ob der ganze Baum leuchtet.

Was uns verband, war eine schlimme Kindheit mit Prügel und viel Einsamkeit. Er musste schon mit zehn Jahren die Schafherde seines Vaters in einem armen Dorf an der Grenze zu Albanien hüten. Der nächstgrößere Ort hieß Igoumenitsa, das ist eine kleine Fährenstadt rund zwanzig Kilometer von Korfu entfernt. Panagiotis bekam oft den Zorn seines Vaters zu spüren, wenn irgendetwas nicht so war, wie der sich das vorstellte.

Als er fünfzehn war, kamen Hippies auf der Durchreise in seine Heimat. Sie waren mit dem berüchtigten Magic Bus unterwegs – auf dem Hippie Trail, mit dem in den Sechzigern und Siebzigern Tausende Menschen von Europa über Land nach Südasien reisten.

Vielen damals ging es nicht nur darum, günstig die Welt zu erobern, sondern auch um die Drogen, die man entlang der Route billig bekam. In Afghanistan zum Beispiel, aber auch in Goa.

Panagiotis fragte die Reisenden aus über die Welt, die jenseits der Grenzen seines Dorfes lag, und war fasziniert von ihren Geschichten, ihrer Freizügigkeit und ihrer Unabhängigkeit. So beschloss er mitzugehen, verkaufte seinem strengen Vater diesen Ausbruch als Abenteuer, an dessen Ende er als richtiger Mann wiederkäme, und versprach seiner Mutter, spätestens im nächsten Sommer wieder zu Hause zu sein. Inzwischen war er 30, fünf Jahre älter als ich, und wanderte seit dieser Begegnung wie Odysseus über die griechischen Inseln. Ich schloss mich ihm an.

Wir wohnten in selbst gebauten Holzhütten oder unter Hibiskusbäumen. Wir schliefen, um die Insekten und Skorpione abzuschrecken, auf Teppichen aus Thymian und Oregano oder einfach auf dem feinen Sand am Meer. Wir suchten Schnecken und tauchten nach Muscheln. Das bisschen Geld, das Panagiotis als dilettantischer Tätowierer an bierseligen Touristen verdiente, reichte gerade einmal für Wasser und Reis.

Wir hörten oft alte Musik. Gary Moore, Dire Straits, Pink Floyd. Piratensender spielten die Songs die ganze Nacht über. Es ist unglaublich romantisch, wenn du am Lagerfeuer sitzt und dein Mann dreht konzentriert am Regler, bis er den Song in so guter Qualität reinbekommt, dass du dich in seine Arme schmiegen und in die Flammen gucken kannst. Der Himmel war nachts voller Sterne, dort, wo sich zwei Kontinente treffen, ist es auch so, als kämen zwei Sternenhimmel zusammen. So etwas Fantastisches hatte ich noch nie gesehen.

Unser Essen bereiteten wir am offenen Feuer zu, ich wusch unsere Klamotten an öffentlichen Wasserstellen, wir brauchten kein Tiefkühlfach und keine Waschmaschine. Wir brauchten nur uns.

Wir waren zu viert. Panagiotis' jüngerer Bruder Christos und dessen Freundin Maria waren mit uns unterwegs. Beide wunderschöne Menschen, die überall als Inder durchgegangen sind. Maria schminkte sich mit indischem Henna, mit Steinen und diesem ganzen Krempel. Christos war in meinem Alter, sie noch ein Jahr jünger.

Wir haben Englisch miteinander gesprochen, aber es war unser eigenes Englisch, das hätte kein Engländer verstanden. Ein bisschen Deutsch, Griechisch und Latein war mit dabei, weil manche englischen Begriffe einfach zu Missverständnissen führten. Zum Beispiel das Wort „ants", Englisch für Ameisen. „Ant, and. And so what?" War nun „ant" oder „and" gemeint? Also hießen die Insekten bei uns Formica, das ist Latein für Ameise.

In den kälteren Monaten waren wir auf Kreta. Wenn ein Haus leer stand und uns gefiel, zogen wir einfach ein. Irgendwann kamen die Besitzer: Was wir da zu suchen hätten?

Wir erklärten dann, dass wir Rast und Ruhe bräuchten, und fragten nach dem Preis. Schließlich einigten wir uns meist auf eine Miete, die umgerechnet bei etwa 50 Mark pro Monat lag, dann zogen die Hausherren mit ihren Mulis wieder ab, alte Bauern, die in den Ort runtergezogen und nur froh waren, dass sich jemand um ihr Haus kümmerte.

Jeden Sommer reisten wir von Insel zu Insel, und Panagiotis ging, wie er es seiner Mutter versprochen hatte, auch immer wieder für ein paar Wochen zurück nach Hause. Das waren für mich die schönsten Zeiten, wenn ich das alles dort sehen und erleben durfte. Panagiotis' Familie war die Einzige in der Nachbarschaft, die noch nicht in Deutschland gewesen war.

Die Nachbarn kamen oft zu uns rüber, um sich an ihre Zeit als Gastarbeiter zu erinnern und um ihre Deutschkenntnisse wieder aufzufrischen. Sie haben sich einfach gefreut, dass ich Erinnerungen weckte, und ich war glücklich, dass ich so willkommen war. Tagsüber kümmerte ich mich ganz normal mit um den Bauernhof. Wir haben gemolken, ausgemistet, gefüttert und auch geschlachtet. Es war eine tolle Zeit, ich habe wahnsinnig viel gelernt.

Wenn Panagiotis am Meer stand und aufs Wasser blickte, konnte man an seinen Hüften und dem geraden Rücken erkennen, dass er als Baby bandagiert worden war. Als Säuglinge waren beide Jungs gebunden worden, so haben das die Orthodoxen damals gemacht. Ich finde das schrecklich, weil sich die Babys gar nicht mehr bewegen können, aber damals war es eben so Sitte. Und die Quälerei hat sich ausgezahlt: Panagiotis hatte einen tollen Körper, wie ein Gladiator.

Durch ihn lernte ich, mich auch in meinem Körper wohlzufühlen, den ich zuvor so viele Jahre mit Drogen und Magersucht geschunden hatte.

Ich war damals eine kleine Idiotin, mit meinen 25 Jahren. Der Grieche hat mich zur Frau gemacht. Er hat mir so viel beigebracht, ich fühlte mich durch ihn und mit ihm unglaublich frei, einfach so, wie ich war.

Einmal hat er auf einer Reise tatsächlich mein Buch entdeckt. Da waren wir noch nicht lange zusammen, und er hatte keine Vorstellung, wer ich war. Er las den Klappentext, sah das Bild von mir als 15-Jährige hinten auf dem Band, das machte ihn neugierig, so kaufte er es – und legte es in seinen Rucksack, der oben etwas offen stand. Denn er wollte erst einmal am Strand schlafen und dann arbeiten: Von den Hippies hatte Panagiotis gelernt, wie man mit Henna tätowiert, wobei er auf Wunsch auch richtige, permanente Tattoos mit Tinte unter die Haut malte. Als er nach ein paar Stunden kaum Kundschaft gefunden und das Warten satt hatte, packte er zusammen.

Aber das Buch war weg. Als er sich umsah, entdeckte er die Reste der Blätter noch im Maul einer Kuh. Es war so absurd, dass dieses Tier inmitten all der Bäume und Sträucher ausgerechnet mein Buch fraß. Aber es sollte wohl so sein. Als er mir davon erzählte, denn ich war nicht dabei gewesen, dachte ich mir: Okay, es ist offenbar vollkommen unwichtig, wer ich bin. Das hat schon seinen Sinn. Nur, was im Moment ist, zählt.

Das hatte ich so noch nie erlebt: Beim Sex mit ihm hatte ich immer einen Orgasmus. Mit einer unglaublichen Ausdauer und der richtigen Mischung aus Aggressivität und Feingefühl liebkoste er meinen Körper überall. Dass er mich so schamlos und intensiv liebte, machte es mir einfacher, mich selbst zu lieben.

Durch den Griechen wurde ich wieder schwanger. Aber da waren wir einfach noch nicht lang genug zusammen. Er sagte, er würde sich das zutrauen, aber nun war ich diejenige, die einen Rückzieher machte, weil ich gar nicht wusste, was daraus werden sollte. Kann ich wirklich auf Dauer in Griechenland leben?

Geld hatte ich genug, das war nicht das Problem. Auf meinen deutschen Konten lag fast eine halbe Million Mark. Aber Panagiotis sagte: Hey, du bist eingeladen, und entweder du liebst mich mit dem Wenigen, was ich habe, oder du haust ab. Das fand ich in Ordnung, Geld bedeutet mir nichts. Es spielte nur deshalb eine Rolle in meinem Leben, weil es die anderen, meine Familie und meine Freunde, immer so wichtig nahmen.

In Griechenland war ich natürlich nicht krankenversichert. So ließ ich mir das Geld für den Eingriff, 250 Mark, aus Berlin per Postanweisung kommen; meine Mutter hatte damals eine Generalvollmacht.

Aber es wäre wohl besser gewesen, ich hätte das in Deutschland machen lassen. Die Klinik in Athen war ein Schlachthaus. Weil wir aussahen wie Vagabunden, haben sich die Ärzte einen Dreck um uns geschert. Die Griechen haben den Begriff Barbaren erfunden. Und genau so gingen sie dort mit mir um. Als wäre ich eine Sache, ein Nichts. Und dann fingen die aus heiterem Himmel auch noch zu streiten an. Sozusagen mit dem Messer in der Hand.

Ich verstehe viel mehr Griechisch, als ich spreche, und soviel ich mitbekommen konnte, war die jüngere der Schwestern gar nicht einverstanden, bei einer Abtreibung zu assistieren. Die ältere, erfahrenere Schwester stand neben mir mit Lachgas. Ich hatte einfach nur Angst und flehte: „Bitte mehr Gas. Mehr, Mehr, mehr!" Da gaben sie mir so viel, dass ich zusammengeklappt bin, dann haben sie mich geohrfeigt, damit ich wieder aufwache, und einfach liegen gelassen, bis ich wieder zu Bewusstsein kam.

Als es dann weiterging mit der Abtreibung, bekam ich alles mit, wie sie mit dem Skalpell alles rausgeschnitten und dann abgesaugt haben. Es tat furchtbar weh, und die Geräte sahen grausig aus, alt und schmutzig und verkalkt.

Negrita war etwa zur gleichen Zeit auch schwanger und brachte zehn Welpen zur Welt. Wir hatten nicht mitbekommen, wie es dazu gekommen war. Aber als Hundeliebhaberin merkte ich natürlich gleich, dass sie schwanger war. Bis sie dann geworfen hat, konnten wir das verdrängen, aber am Morgen nach der Geburt mussten wir uns darüber klar werden, dass wir keine zehn Welpen mit uns nehmen konnten. Auch für die Hündin waren zehn zu viel, aus ihren Zitzen kam bald nur noch Blut. Und wir selbst hatten auch nur Reis.

Also habe ich jeden Krebs, jede Schnecke, jeden Käfer, jeden Mist, der Eiweiß hatte, vorgekaut und den Hundebabys in den Mund gespuckt.

Mein Geld konnte uns in dieser Situation auch nicht helfen, denn es gab weit und breit keine Geschäfte. Wir waren mitten in der Pampa, in Lerapetra auf Kreta, es gab kein Hundefutter und auch keinen Arzt, wir hätten hundert Kilometer weit nach Iraklio fahren müssen. Und selbst wenn wir dort einen Arzt gefunden hätten, hätte der erst einmal Fakelaki haben wollen, sonst hätte er den Hund gar nicht angefasst.

Hunde sind in Griechenland keine beliebten Tiere, du darfst sie nirgendwo mit reinnehmen, nicht mal in den Bus. Wir mussten Negrita in den Reisebussen immer unten bei den Koffern wegsperren. Das wäre mit den Welpen nicht gegangen.

Also traf Panagiotis eine Entscheidung: „Sucht euch die vier Schönsten raus, die vier fettesten Welpen. Den Rest nehme ich", sagte er. Wir gingen zum Strand, an eine Stelle, wo uns niemand sehen konnte. Weinend haben wir dann zusammen ein Loch in den Sand gegraben, die Welpen in eine Tüte getan und zugeschnürt, damit sie ersticken. Dann schütteten wir Sand darüber, zu und weg.

Am Abend haben wir uns betrunken und versucht, unsere Trauer so zu ersticken wie die Welpen. In solchen Momenten habe ich wirklich gelitten und mich gefragt, wozu ich das alles mitmache. Aber sonst hat mir dieses Leben so viel gegeben, ich habe es ehrlich geliebt, wie Beduinen von Insel zu Insel zu ziehen und frei zu sein von Konsum und Geld.

Heute weiß ich, dass diese Jahre in Griechenland die glücklichsten meines Lebens waren.

Nach mehr als fünf Jahren wollten Panagiotis und ich sesshaft werden und einen Tätowierladen in Athen aufmachen. Wir hatten geplant, dass Panagiotis bei einem Berliner Tätowierer lernen soll und dass wir dort auch die Geräte und sauberes Material kaufen. Ich war vorgeflogen, um alles in die Wege zu leiten, damit Panagiotis, der das urbane Leben gar nicht mochte, sich so kurz wie möglich in Berlin aufhalten müsste.

Er hasste die Stadt. Zumal ich bei unseren vorherigen Kurz-
besuchen einmal versucht hatte, ihn an vernünftiges Schuh-
werk zu gewöhnen, für den Berliner Winter. Aber er ist sein
ganzes Leben nur in Sandalen oder barfuß gegangen und
stolperte fortwährend herum.

Und was macht der Idiot, sobald ich abgeflogen bin?
Er versucht so etwas wie einen Überfall. Mit einem Kumpel lauert er einer Frau auf, die gerade umgerechnet etwa
8.000 Mark von der Bank abgehoben hat. Als sie vom Schalter kommt, schleichen sie ihr nach.

Panagiotis sollte ihr die Tasche wegreißen und dann zu
seinem Freund aufs Moped springen. Aber die alte Frau
wollte partout nicht loslassen, und mein Freund – es war
sein erster Raubüberfall – war außerstande, der Oma eine
reinzuhauen. Als das Getümmel zu groß wurde, ist der
Kumpel mit seinem Moped einfach abgehauen und hat ihn
stehen gelassen. So kam Panagiotis in den Knast.

Zwei Jahre hat er gesessen. Und ich blieb die ganze Zeit
über mit ihm zusammen. Alle zwei Wochen fuhr ich ihn im
Gefängnis besuchen. Öfter durfte man nicht. Ich musste ein
paar Tausend Mark hinlegen, damit Panagiotis überhaupt
einen ordentlichen Prozess bekam. Du musst eine Menge
Fakelaki zahlen, sonst krümmt kein Richter auch nur einen
Finger.

1.000 Mark bin ich dann noch zusätzlich losgeworden, damit ich Panagiotis besuchen durfte. Wir waren ja nicht ver-
heiratet, und da konnte man nicht so einfach in den Knast
spazieren, wenn man kein Verwandter des Gefangenen war.
Unser Rechtsanwalt hat uns deshalb eine gefälschte Heirats-
urkunde besorgt. Und ich brauchte natürlich einen Ring.
Den trage ich heute noch gelegentlich an der rechten Hand.

Es gibt nur einen riesigen Knast in Athen mit Tausenden
Insassen, in Korydallos, einem westlichen Vorort, der durch

dieses Gefängnis landesweit bekannt ist. Die ursprünglich für 600 Gefangene gebaute Anlage ist chronisch überbelegt. Zeitweise saßen da mehr als 2.000 hinter Gittern. Ganze Gefangenengenerationen haben dort an Fußeisen gefesselt gearbeitet, es gab einen alten Steinbruch. Sie waren in zwei Gebäuden untergebracht, eins für Frauen, eins für Männer. Und zwischen den Gebäuden standen völlig überfüllte Zelte für Flüchtlinge, vorwiegend Afrikaner. Manche hatten nicht einmal Betten.

Man musste die Insassen damals noch selbst mit Essen, Trinken, Tabak, Geld und allem Nötigen versorgen. Ansonsten gab es nur wässrige Suppe. Alle vierzehn Tage dienstags bin ich also mit so einem Tross dicker, stinkender, griechischer Weiber in den Knast und habe Panagiotis neue Sachen gebracht. Ich wurde in dieser Zeit dann doch eine Menge Drachmen los, und Panagiotis bestand auch nicht weiter darauf, dass wir nur sein Geld benutzten. Jetzt war es ihm recht, dass ich genug hatte, aber das fand ich damals ganz in Ordnung. Wenn man liebt, ist einem das doch egal.

Zur selben Zeit wanderte dann auch noch Christos in den Bau. Er hatte, wie schon ein paar Mal zuvor, Gras angebaut, um etwas dazuzuverdienen. Nun hatten sie ihn damit erwischt.

Wenn wir also nicht bei den Männern im Gefängnis waren, zogen Maria und ich allein umher. Ich nutzte jetzt öfter meine Geldreserven aus Deutschland, und Maria arbeitete hier als Kellnerin und da als Aushilfe in einer Bäckerei. Je nachdem. Manchmal haben wir uns auch tagelang auf Tomaten- oder Gurkenplantagen verdingt, eine körperlich sehr harte Arbeit, die aber gutes Geld brachte. Wir schliefen bei Freunden und Bekannten und Freunden von Bekannten. So sind die Griechen eben auch. Eine große Familie.

Aber dann fing Maria an, mich an Panagiotis zu verpetzen. Sie erzählte ihm von jedem kleinen Kuss, den ich irgendeinem Typen auf die Wange gegeben hatte, wenn wir betrunken waren. Dabei waren sich doch alle so verbunden und nah, und ich dachte mir nichts dabei.

Einmal machte sie mich schlecht, weil ich mir ein Kostüm gekauft hatte, einen Zweiteiler in rotem Leopardenmuster. Maria fand das egoistisch und verstand nicht, wozu ich draußen so was Schickes brauche, wenn mein Mann im Knast einsitzt. Panagiotis sah das dann genau wie sie.

Er kam vor Christos wieder aus dem Gefängnis und verhielt sich plötzlich wie ein Rudelführer, der für beide Weiber sorgen muss. Als ich dann einmal zurück nach Deutschland reiste, um ein paar Dinge zu erledigen, während Christos noch im Knast saß, hatten Maria und Panagiotis etwas miteinander. Ich weiß es einfach.

Eigentlich hätte ich es viel früher wissen können. Maria war zwar seit zehn Jahren mit Christos zusammen, aber sie liebte auch Panagiotis. Erst habe ich das nicht kapiert, denn sie stritten sich ständig. Es war ein Kräftemessen, und Maria genoss es, Panagiotis zu provozieren und seine Männlichkeit zu testen.

Er war anders als Christos ein Macher, einer, der bestimmen wollte, wo es langgeht. Ein echter Balkanese eben. Maria fand das toll, und irgendwann wurde mir klar: Was sich liebt, das neckt sich.

Im Nachhinein denke ich, dass ich gegen Maria nie eine Chance hatte. Schlichtweg, weil sie Griechin ist. Und weil sie einfach besser damit umgehen konnte, ja, es sogar brauchte, dass die Männer das Sagen haben – selbst wenn sie im Gefängnis sind. Dass sich alles um sie und um ihre Ehre dreht.

Erst im Rückblick wurde mir klar, wie ich von Jahr zu Jahr weniger durfte. Langsam aber sicher. Irgendwann fand ich mich an Tischen wieder, an denen nur Frauen saßen, damit die Männer unter sich sein konnten. Und irgendwann fing es an, dass Panagiotis mit mir schimpfte: „Du hast doch schon ein Glas Wein getrunken, es reicht jetzt!"

Ich habe mehr und mehr an mir und meinen Entscheidungen gezweifelt und immer mehr Angst bekommen zu verlieren, was ich liebte. Und gleichzeitig geißelte ich mich, weil ich so ängstlich war. Ich wurde klettig und abhängig von Panagiotis, aber ich wusste auch, dass eine Frau, die ständig wehleidig an der Hose ihres Mannes hängt, wenig attraktiv ist.

Als Christos zwei Monate später aus dem Gefängnis kam, spürte er die Spannungen sofort. Aber zunächst einmal versuchten wir, da weiterzumachen, wo wir aufgehört hatten. Panagiotis und ich hielten an der Idee mit dem Tattooladen fest. Doch es war nichts wie vorher. Die Zweifel bohrten in mir, ich malte mir aus, wie Maria hinter der Kasse in unserem Tattooladen sitzt und es, wenn ich nicht da bin, mit ihm treibt.

Wir waren jetzt fast sieben Jahre lang eine Familie, und das bedeutete inzwischen, dass alles für alle da war. Auch mein Geld. Ich musste den Laden finanzieren, von dem dann alle leben würden.

Als ich ging, als ich meine Sachen packte und Griechenland verließ, hielt mich niemand auf.

Zu oft schon hatten wir gestritten, zu oft hatte ich erklärt, alles beenden zu wollen, und zu oft war ich wieder zurückgekommen. Ich reiste fast ein Dutzend Mal aus, bis ich schließlich wirklich fortblieb. In Berlin-Neukölln hatte ich vor meiner Griechenlandzeit eine Eigentumswohnung gekauft. Dahin ging ich zurück und versuchte wieder einen Entzug.

Denn vielleicht waren Panagiotis und ich auch an den Drogen gescheitert. Er brauchte nichts zu sagen, schon als ich ihm das erste Mal in die Augen sah, wusste ich: Er war ein Junkie. Es ist wohl so, dass Junkies sich gegenseitig irgendwie anziehen. Vielleicht weil wir in einer Welt leben, die sonst niemand versteht, oder weil wir die Welt der anderen nicht verstehen. Oder beides.

Als Panagiotis sich den Hippies angeschlossen hatte, um dem Dorf an der albanischen Grenze zu entfliehen, hatte er auch deren Drogen probiert – auch das verdammte Heroin.

Ich hatte mich nach den harten Entzugsnächten anfangs in Griechenland wahnsinnig stark gefühlt und war mir sicher gewesen, dass ich Panagiotis dabei helfen könnte, die Finger von dem Teufelszeug zu lassen. Aber natürlich kam es anders.

Der Kampf mit der Droge stand immer zwischen uns, und irgendwann gab ich nach, wir kamen uns dann noch näher. Sechs Jahre lang versuchten wir vier, uns gegenseitig zu helfen, doch egal, wie oft wir auch gemeinsam entzogen, und egal, wohin wir dann auch gingen, um dem Kreislauf zu entkommen, in den wir immer wieder so schnell gerieten: Die Drogen holten uns immer wieder ein – oft gleich kiloweise und sehr günstig aus der nahen Türkei.

Als ich Ende 1993 endgültig zurück nach Berlin reiste, weil ich diesen Psychokrieg gegen die Drogen und gegen Maria nicht mehr aushielt, glaubte ich fest, dass ich mit den griechischen Inseln endlich auch meine Vergangenheit zurücklassen würde.

Dort hatte ich aufgehört, mich weiter nur mit dem Christiane-F.-Ding zu beschäftigen.

Ich war überzeugt, dass ich ohne Panagiotis, Christos und Maria nicht mehr rückfällig werden würde. Doch das schwärzeste Kapitel meines Lebens stand mir damals noch bevor.

Verdammt

Fibrose. Ich bin eine Stufe vor Zirrhose. Meine Leber ist seit 1989 permanent entzündet, das kommt von der Hepatitis C, ich weiß gar nicht, woher und seit wann genau ich die habe. Das permanente Schwitzen ist unerträglich, ständig bin ich pitschnass, auch bei minus zehn Grad. Und im Sommer kann ich keine kurzärmligen T-Shirts tragen, wegen dieser hässlichen roten Punkte auf meinen Oberarmen. Gefäßspinnen nennt man die.

Und dann dieser fiese Pelz auf der Zunge und die Verstopfung, manchmal kann ich tagelang nicht auf die Toilette gehen. An anderen Tagen wiederum muss ich mich die ganze Nacht lang übergeben, weil wieder irgendetwas in meinem Stoffwechselsystem entzündet ist, der Magen, die Blase oder der Darm, und ich das Antibiotikum nicht mehr vertrage. Seit ein, zwei Jahren wird außerdem mein Bauch immer dicker, weil die entzündete Leber sich aufbläht und weil sich Wasser in meiner Bauchhöhle sammelt. Das ist doch keine Lebensqualität, die Leber ist ein voll wichtiges Organ.

Aber wenn ich sie behandeln lassen wollte, müsste ich mich wochen-, vielleicht monatelang spritzen lassen. Mir werden alle Haare ausfallen, es würde mir ständig übel davon, und depressiv wird man auch.

Interferon heißt das Mittel, das die Ärzte gegen Hepatitis B und C einsetzen. Es ist auch ein Krebsmittel, aber wirklich virenfrei werde ich als Hep-Patientin damit nicht. Die Krankheit bricht immer wieder aus, sobald mein Körper wieder mehr Stress oder mehr Giften ausgesetzt ist. Das bedeutet, dass ich nur noch eine Flasche Berentzen in der Woche trinken dürfte, vielleicht zwei oder drei.

Nein, die Nebenwirkungen sind mir einfach zu krass, ich habe das bei einer sehr engen Verwandten, deren Namen ich hier nicht nennen möchte, gesehen. Auch sie hatte sich mit dem Hepatitis-C-Virus infiziert, auch sie weiß nicht genau, wie. Doch sie hat sich für eine Interferontherapie entschieden – und es schnell bereut. Je nachdem, mit welchem Präparat man behandelt wird, juckt es am ganzen Körper, und überall entwickeln sich Ekzeme, sodass ohne Cortisonsalbe gar nichts mehr geht. Man verliert kiloweise Gewicht, wird kraft- und antriebslos. Im schlimmsten Fall helfen nicht einmal die Antidepressiva, man verfällt den schlimmsten Depressionen, hegt Suizidgedanken und ist von Panikattacken geplagt. Fast ein komplettes Jahr hat diese Verwandte gebraucht, um sich wieder richtig zu fangen, um aus dem Haus gehen und einigermaßen normal leben zu können. Vielleicht bin ich in einem Jahr schon tot.

Ich habe Hep C Genotyp 1a. Es gibt sechs solcher Genotypen, aber zwei davon nur in Afrika, einen nur in Asien. Meiner ist der aggressivste Stamm, den man in Europa bekommen kann. Es gibt kaum Heilungschancen, und am Ende vegetiere ich nur noch vor mich hin und habe keinen Cent mehr, kann mir keine Pflege und kein Leben in Würde mehr leisten. Denn ich habe ja auch keine Rente oder so. Also würde ich nur so eine Art Fürsorge bekommen, von der das meiste für diese Interferonbehandlung draufginge.

So soll meine Zukunft nicht aussehen! Nein, da sterbe ich lieber schnell als langsam und in Armut.

Ich bin ja jetzt schon völlig überfordert damit, dass ich sieben Tage die Woche zum Arzt an den Hermannplatz toben muss, um mein Methadon einzunehmen. Früher haben die Ärzte das Methadon noch mitgegeben, aber die Zeiten sind vorbei, weil mit den Substitutionsmitteln gedealt wird wie mit Drogen. Auch manche Schwestern, Pharmazeuten, Apotheker und Mediziner sind dick im Geschäft – eine Arzthelferin aus einer Praxis, in der ich in Behandlung war, wurde jetzt am Kottbusser Tor beim Verkauf erwischt und verhaftet. Die wird sich zu ihrem bescheidenen Schwesternsalär ordentlich was dazuverdient haben – ein Milligramm kostet auf dem Schwarzmarkt einen Euro, wenn ich es an einem Morgen wieder einmal kaum aus dem Bett schaffe, ist es mir das Geld wert.

An manchen Tagen komme ich kaum zu Bewusstsein vor Erschöpfung, weil ich mich die ganze Nacht zuvor übergeben musste und kein Auge zubekommen habe. Ich bleibe dann zwangsläufig in meiner Wohnung. Mein ganzer Körper zittert und ist vollkommen dehydriert, meine Beine finden kaum Halt, ich schaffe es gerade einmal so aufs Klo. Wie soll ich in so einem Zustand zum Arzt? Das schaffe ich nicht. An solchen Tagen wünsche ich, ich hätte niemals eine Droge probiert, ich hätte niemals dieses geile Gefühl auf Turn kennengelernt, denn diese Schmerzen sind der Preis, den ich jetzt dafür zahle.

Turkeyschieben ist ein Kinderspiel dagegen, man gewöhnt sich irgendwie an den Entzug, man gewöhnt sich ja letztlich an alles. Aber was den Unterschied macht: Du weißt, das geht vorbei. Du weißt, wenn du ein paar Tage durchstehst, dann bist du wieder fit und bei Kräften. Aber meine Leber, die wird nie mehr okay. Die ist hinüber, ich bräuchte im Prinzip eine neue, aber welcher Arzt setzt schon eine Ex-Junkie und Substi auf eine Transplantationsliste? Über all das versuche ich nicht nachzudenken, solange mich die Schmerzen nicht dazu zwingen. Ich versuche, einfach so weiterzumachen. Wie immer.

Nachdem ich ein paar Mal aus meinem Bett gefallen bin, habe ich zum Schlafen nur noch eine Matratze auf dem Fußboden. Sie liegt vor dem Fernseher, gleich dahinter geht es raus zum Balkon. Selbst im Winter lasse ich die Tür dort meist auf – damit Leon raus kann, mein Chow-Chow, und weil ich zu Hause oft rauche und viel Frischluft zum Atmen und gegen das Schwitzen brauche. Kalt wird mir selten und wenn, dann drehe ich bei den Preisen heutzutage doch nicht die Heizung auf. Nein, ich kuschele mich einfach unter meine vielen Decken und ziehe mir etwas Warmes an. Ich kann sehr geizig sein, wenn es um Kosten geht, die man vermeiden kann. Im Winter stelle ich auch den Kühlschrank bei mir in der Wohnung aus und lagere meine paar Lebensmittel draußen auf dem Balkon. Was soll ich sagen? Ich bin in bitterlicher Armut aufgewachsen, ich schmeiße mein Geld nicht zum Fenster raus.

Einen Kleiderschrank besitze ich nicht und auch sonst kaum Möbel. Das liegt aber nicht an den Kosten, sondern daran, dass ich schon sehr oft umgezogen bin, bestimmt zwölf oder fünfzehn Mal in meinem Leben. Dieses Auf- und Abbauen, Rauf- und Runterschleppen will ich mir nicht mehr antun, von Mal zu Mal habe ich mehr aussortiert. Womöglich muss ich bald auch wieder aus Teltow raus. Inzwischen wissen einfach zu viele Menschen, wo ich wohne, alle paar Monate wieder stehen Journalisten unangemeldet vor meiner Tür oder andere Leute, die ich einfach nicht zu Hause haben möchte. Wäre mir auch unangenehm, denn es ist oft total chaotisch in meiner Wohnung, alles liegt und fliegt rum, es gibt nun einmal keine Schubladen, auch keine Ordner oder so und erst recht keine Tupperware. Aber viele Teppichböden habe ich, damit das feine Parkett nicht zerkratzt. Und es ist mir wichtig, dass alles sauber ist. Ich putze regelmäßig und desinfiziere sogar. Das muss sein mit Hund. Ein großes Durcheinander ist okay, aber kein Dreck.

Ein kleiner Nachttisch, eine Stehlampe, eine Brille aus der Drogerie, Tabak, Aschenbecher und vielleicht ein bisschen Tee – das meiste, was ich besitze, steht und liegt in greifbarer Nähe um meinen Schlafplatz, damit ich darankomme, wenn es mir wieder so richtig schlecht geht. Das Bad ist nicht weit entfernt, nur knapp vier Meter, denn es gibt keinen Flur. Links von meiner Liegewiese ist die offene Küche mit zwei Stühlen und einem Tisch. Und viele, viele Bücher.

Zwei mal zwei Meter Schrankwand füllt mein Sortiment an Tierdokumentationen, Kochbüchern und Belletristik wie „Der Teufel trägt Prada". Am liebsten lese ich Biografien, egal, ob es Romane sind wie Carlos Ruiz Zafóns „Schatten des Windes" und „Die Apothekerin" von Ingrid Noll oder aber echte wie „Dschungelkind", „Feuchtgebiete" oder „Weiße Massai". Bücher wie meins eben, Lebensgeschichten, die irgendeinen Bezug zu mir haben. Lesen macht doch am meisten Spaß, wenn man sich in den Geschichten wiedererkennt und etwas für sich daraus ziehen kann. Siba Shakibs „Nach Afghanistan kommt Gott nur noch zum Weinen" zum Beispiel. Ich habe Rotz und Wasser geheult, als ich das Buch las. Aber es hat mir auch Hoffnung gemacht. Es ist eine wahre Geschichte, und wenn diese junge Frau stark sein konnte, dann kann ich das auch.

Es geht um das Schicksal der jungen Afghanin Shirin-Gol. Ihr Name bedeutet süße Blume, doch ihr Alltag ist hässlich und bitter. Ihre Familie lebt in fürchterlicher Armut, und wie viele Männer am Hindukusch ist auch ihr

Bruder spielsüchtig. Als er bei einem Freund seine Spiel-schulden nicht bezahlen kann, begleicht er sie einfach mit seiner Schwester. Shirin-Gol ist der Mann auch gar nicht unsympathisch, aber dann kommt der nächste Schlag: Nach einem Arbeitsunfall wird der Typ opiatabhängig, und Shirin muss sich prostituieren, um die Familie zu ernähren. Krieg, Hunger, Armut, Unterdrückung, das ist das Einzige, was sie kennt. Und sie ist immer nur auf der Flucht – vor russischen Soldaten, Pakistanern und den Taliban. Sie wird auch ver-gewaltigt, was in Afghanistan wohl vielen Frauen passiert. Das muss man sich einmal vorstellen: Da kommen die west-lichen Truppen ins Land, angeblich, um das Volk von Dik-tatur und Terrorismus zu befreien, und dann geschieht so etwas! Aber Shirin gibt die Hoffnung auf ein besseres Leben trotz allem nicht auf und kümmert sich rührend um ihre Kinder – auch die, die aus Prostitution und Vergewaltigung hervorgegangen sind.

Ich kann in solche Geschichten eintauchen. Es ist so et-was wie eine Flucht, meine eigenen Probleme fühlen sich dann weniger schlimm an. Es fällt mir eben schwer, mir Hilfe im Außen zu suchen, was vor allem daran liegt, dass es mir schwerfällt, anderen zu vertrauen. Jede Beziehung, und sei es die zu einem Arzt, bedeutet Verantwortung. Du musst da regelmäßig hin, du musst dich daran halten, was er dir vor-schreibt, sonst stiehlst du dir und dem Doc nur kostbare Zeit. Aber ich traue mir oft auch selbst nicht, wenn es darum geht, die Erwartungen anderer zu erfüllen. Ich würde das so gerne können, pünktlich sein, zuverlässig sein. Aber ich kenne mich, mit mir klappt so etwas nicht. Nicht mehr, leider.

Bücher sind meine selbst verordnete Medizin. In meiner Fantasie bin ich frei, es gibt keine Grenzen und keine Ver-pflichtungen, ich kann machen und lassen, was ich will, und niemand ist enttäuscht von mir. Das tut mir gut. Ich glaube an die Psychosomatik, daran, dass es dem Körper gut geht, wenn die Seele gesund ist, und umgekehrt. Lesen hilft mir. Aber das gute Gefühl vergeht auch schnell wieder, wenn die Geschichte vorbei ist. Dann schiebt sich das eigene kleine Elend wieder in den Vordergrund.

Damit ich überhaupt mit Interferon behandelt werden könnte, müsste man mich erst einmal aufschneiden oder punktieren, um Proben von meiner Leber zu nehmen und zu gucken, inwieweit das Organ schon beschädigt ist. Eine Biopsie. Das sind schlimme Schmerzen, die wünscht man nicht einmal seinen Feinden. Allein schaffe ich das nicht. Aber es ist ja noch nicht einmal jemand da, wenn ich eine Lungenentzündung habe.

Wenn die Zirrhose schon zu weit fortgeschritten ist, dann bringt das eh alles nichts mehr. Ich kann dann nur noch hoffen, dass sie mir starke Medikamente geben, damit ich nicht allzu sehr leiden muss. Ich bin 51, hübscher werde ich nicht.

Natürlich hängt mein Lebenssinn nicht nur davon ab, wie ich aussehe. Lebensqualität ist für mich die Summe dessen, wie ich mich fühle, wie sich mein Umfeld auf mich auswirkt, ob ich Freunde habe, ob ich arbeite und wie es meiner Familie geht. Eben alles, was einen ausmacht. Ich habe nichts mehr von all dem. Das ist alles weg, futsch. Ich habe keine Freunde mehr, ständig hängt mir das Christiane-F.-Ding nach. Ich weiß nie, ob es jemand ernst meint mit mir, ganz schnell werde ich flapsig und widerlich behandelt, weil alle meinen, ich bilde mir etwas ein auf dieses Christiane-F.-Ding. Und wenn ich dann wirklich einmal weinen muss, werde ich auch noch ausgelacht und verarscht nach dem Motto: „Jetzt weint sie auch noch – und das soll ich glauben?" Das sind die Momente, in denen ich aus dem Fenster schaue und denke: „Tut das doll weh, wenn du da jetzt rausspringst?"

Vielleicht ist der Alkohol eine langsame Art, mich umzubringen. Ganz sicher sogar. Natürlich weiß ich, dass das
scheiße ist, wenn ich trinke, vor allem in Kombination mit
dem Methadon. Beides wirkt atemlähmend, und eines Tages
wird es zu viel für meine Leber oder meine Lunge sein. Aber
ohne Alkohol und auch ohne mein Gras wäre es für mich
hier auf Erden gar nicht mehr zu ertragen. Nicht mehr, seit
mein Junge weg ist.

Das war 2008. Phillip war elf Jahre alt, und es lief bestens
mit uns damals. Wir lebten seit drei Jahren außerhalb von
Berlin im brandenburgischen Teltow. Eine Kleinstadt, aber
fast schon dörflich, nah an Berlin und doch ein Idyll. Direkt
gegenüber von einem kleinen See haben wir die Neubau-
wohnung gefunden, in der ich jetzt so oft ans Bett gefesselt
bin. Gut, mit rund 60 Quadratmetern wäre die inzwischen
sicher zu klein, weil Phillip heute auch mal ein Mädchen mit
nach Hause bringen würde. Aber die Nachbarn und der Vermieter sind nett, das Haus ist sauber, es gibt einen Aufzug,
eine Einbauküche und doppelt verglaste Fenster. Klein, aber
fein. Und natürlich hat Phillip sein eigenes Zimmer, das
liegt gleich links, wenn man reinkommt, neben dem Bad.

Jeden Morgen haben wir zusammen gefrühstückt und
sind anschließend zur Grundschule gegangen, bis es ihm mit
ungefähr zehn Jahren langsam peinlich wurde, mit seiner
Mama gesehen zu werden. Ich war sehr glücklich darüber,
denn das bedeutete, dass er Freunde hatte, die ihm wichtig
waren. Und ich hätte an seiner Stelle genauso reagiert. Man
findet Mütter eben uncool, wenn man zehn Jahre alt ist. Es
war nicht selbstverständlich für Phillip, Freunde zu finden.
Das lag aber gar nicht an ihm, auch wenn er der eher ruhige,
unauffällige und leise Typ ist. Es lag an mir.

Als wir zuvor noch in Spandau wohnten, verboten manche Eltern ihren Kindern sogar, mit Phillip zu spielen, als

sie erfuhren, wer ich war. Das hat mir das Herz gebrochen und dem Jungen natürlich auch, obwohl er mich immer verteidigte und die anderen als „doofe Affen" oder „dämliche Spießer" bezeichnete. Wir waren heilfroh, dass es draußen in Brandenburg alles etwas toleranter zuging – womöglich auch, weil mein Buch in der DDR kaum verkauft wurde und um meine Person nicht so ein Hype aufkam. Außerdem hatten wir mittlerweile auch gelernt, nicht jedem gleich zu offenbaren, dass ich, die neue Nachbarin Christiane Felscherinow, früher einmal das Mädchen vom Bahnhof Zoo war. Ehrlichkeit zahlt sich eben nicht immer aus, das wusste ich schon als Kind, weil mich mein Vater für jede spielerische Dummheit, die ich ihm beichtete, furchtbar verprügelt hat.

In Teltow haben uns dann aber ein paar Familien besser kennengelernt und gemerkt, dass wir gar nicht so schrecklich sind, als Phillip Spieler im TSV Teltow wurde. Wenn Mitspieler und Freunde bei uns übernachteten, freute ich mich sehr für Phillip, machte für die Jungs Pizza und Pommes, ließ sie Hütten aus Decken und Stühlen mitten in der engen Wohnung bauen, sie durften schreien und rumlaufen – egal was, Hauptsache Spaß.

Schon vor Phillips Geburt war ich erstmals in ein Methadonprogramm gekommen, nachdem ich von einem Hochbett gestürzt und mir dabei die Schulter zertrümmert hatte. Ich musste ein paar Tage in einem Kreuzberger Krankenhaus übernachten, weil ich mir danach, das muss 1995 gewesen sein, nicht einmal mehr die Schuhe binden, geschweige denn einen Schuss setzen konnte. Als ich auf Turkey kam, wurde ich dort im Krankenhaus substituiert. Vorher hatte ich nicht einmal gehört, dass es so etwas gab.

Als wir zehn Jahre später nach Teltow zogen, kam ich sogar schon eine Weile ohne Methadon aus. Ich hatte mich bis dahin auf nur einen Milliliter runterdosiert, das ist so gut wie nichts.

Ab und zu habe ich noch gekifft, aber das machen andere Eltern auch. Ich rauchte meistens ganz offen vor Phillip, und ich bin mir ziemlich sicher, dass ich ihm damit vor allem die Faszination für das Verbotene genommen habe. Er hat mich nie gefragt, ob er mal ziehen darf. Er raucht nicht einmal Zigaretten.

Aber ich gebe zu: Wenn ich in der Stadt, auf dem Weg zum Arzt, alte Bekannte traf, die Heroin zum Schniefen dabei hatten, dann habe ich manchmal auch leider nicht Nein gesagt. Das kam alle Jubeljahre mal vor.

Was die meisten Menschen einfach nicht begreifen: Nicht jeder Schuss, nicht jeder Schnief wirft einen gleich zurück in die Abhängigkeit. Am Anfang ist das so, ja. Da entscheidet sich, ob du Junkie wirst oder nur eine schlechte Phase hast. Im Film „Wir Kinder vom Bahnhof Zoo" wird der Satz „Ich hab' mich unter Kontrolle" schnell zur Floskel für alle, die tiefer drinstecken, als sie wahrhaben wollen. Das war auch so. Aber wenn du schon Junkie bist und das weißt, wenn du zehn, zwanzig Jahre lang H und alle möglichen Medikamente kilo- und riegelweise in dich reingepumpt und immer wieder entzogen hast, dann reißt dich doch ein Schnief nicht gleich vom Hocker.

Es ist einfach was anderes, ob die Drogen im Mittelpunkt deines Lebens stehen oder ob sie dich peripher durch dein Leben begleiten.

Aber in der Presse steht immer gleich „Rückfall", sobald ich auch nur einen Fuß an den Kotti oder auf den Hermannplatz setze, selbst wenn ich mir nur einen Kakao kaufe. Und wenn dann geschrieben wird: „Christiane F. wieder auf der Szene", dann denke ich: Ich war nie weg. Auch heute noch gehören viele meiner Freunde zur Szene, und wenn ich die sehen will, dann gehe ich eben dahin, wo sie sich rumtreiben. Das heißt: Früher war ich Stammgast dort, das gebe ich zu. Aber inzwischen meide ich diese Orte. So oft es geht, weil mich dort schrecklich viele Menschen erkennen und nerven. Irgendwann ist man alt genug und muss nicht alles machen, was andere tun. Aus dem Alter bin ich längst raus. Aber selbst wenn du Drogen kaufen oder nehmen willst, dann machst du das überall, nur nicht am Kottbusser Tor oder am Hermannplatz. Das ist viel zu heiß da, weil es andauernd Razzien gibt.

Leute mit einem Opiatproblem findest du überall, auch in der Umkleidekabine bei H&M, im Wartezimmer beim Frauenarzt und hinter dem Schalter deiner Bank.

Das Einzige, was entlang der U-Bahnlinie 8, die auch am Kotti und am Hermannplatz hält, abgeht, ist, dass sich da Abhängige treffen, die von Ärzten kommen. Und die keine Lust auf das normale Leben haben, weil sie nicht wissen, wo sie hingehören. Weil sie nicht wissen, was sie sonst machen sollen. Die sind zwar clean, haben aber trotzdem keine Arbeit und kein normales Umfeld.

Viel öfter als am Kotti stand ich jetzt auf dem Teltower Sportplatz gleich bei uns um die Ecke und feuerte meinen Jungen an, der seit der WM 2006 in Deutschland wie viele andere Jungen seine Leidenschaft für Fußball entdeckt hatte. Das war alles sehr schön – obwohl schon bald Phillips Trainerin an meiner Tür klingelte und mir die dreckigen kleinen Trikots überreichte. Ich solle sie alle waschen, elf Stück samt Schienbeinschonern. Na, schöne Scheiße, dachte ich erst, aber dann habe ich es gern gemacht, denn alle Eltern waren mal dran, das geht reihum und gehört ja auch zum Gemeinschaftsgeist.

Ich war so stolz auf Phillip, auch deshalb, weil er ganz tapfer ertrug, dass seine Mannschaft Spiel um Spiel haushoch verlor. Mit so schlimmen Ergebnissen wie zehn zu null gingen die meisten Begegnungen für sein Team aus. Er spielte in der E-Jugend, und wie es sich für Zehn- und Elfjährige gehört, schlitterten sie in der Hoffnung auf einen Sieg ständig auf Knien und Hintern über den Platz, um den Ball vor ihrem Gegner zu erwischen. Ich wollte Phillip in seinem Eifer unterstützen, und natürlich wusch ich dafür die matschigen Trikots seines Teams.

Leider hörte dann seine Trainerin aus persönlichen Gründen auf, die ich hier nicht nennen möchte. Phillip hielt sie zwar für keine gute Trainerin; ihre Zwillingssöhne spielten in seiner Mannschaft und benahmen sich, als gehörte ihnen der gesamte Platz, ohne dass ihre Mutter etwas dagegen unternommen hätte. Aber es fand sich so schnell kein Ersatz, sodass Phillip die Lust verlor und sich stattdessen einen Angelschein besorgte.

In Brandenburg kann man für zwölf Euro Friedfische angeln. Das sind Fischarten, die keine anderen Fische jagen, sondern sich von Insektenlarven, Schnecken und Plankton ernähren. Anders als Hechte und Zander zum Beispiel. Karpfen und Barbe gehören zu den Friedfischen, Hering und Rotfeder. Das Geld für das nötige Zubehör sparte er sich selbst von seinem Taschengeld zusammen. Mit seinem Vater saß Phillip manchmal stundenlang am See, und sein Fang kam abends in meine Pfanne. Natürlich war dann auch ständig unser Kühlschrank voll mit diesem Zeugs, Mais und Fliegenmaden, was man eben so braucht, um die Friedfische anzulocken. Neulich hatten die beiden einen riesigen Karpfen an der Angel, so groß, dass sie zu zweit ziehen und kurbeln mussten. Der Fisch war fast so dick, wie er lang war, bestimmt 40, 50 Zentimeter und sicher drei, vier Kilo schwer. Als sie ihn an Land hatten, zappelte er noch wild am Boden, und ich habe nur panisch geschrien: „Macht irgendwas, der ist noch nicht tot, der macht sein Maul auf und starrt mich an." Phillip und sein Vater haben sich natürlich kaputtgelacht über meine Empfindlichkeit.

Ich hatte mich von Phillips Vater getrennt, als der Junge neun Monate alt war. Die Beziehung hielt überhaupt nur gut anderthalb Jahre, Sebastian ist zehn Jahre jünger als ich und war erst 23, viel zu jung, als Phillip zur Welt kam. Auch wenn er damit einverstanden war, dass ich das Kind behalte, hatte Sebastian die Verantwortung vielleicht etwas unterschätzt. Er freute sich und feierte die Geburt seines Sohnes, aber er war kaum zu Hause, um sich um sein Kind zu kümmern. Aus seiner Sicht stellte sich die Sache natürlich anders dar, er selbst erlebte sich als fürsorglichen Vater. Wir stritten uns sehr viel, ich konnte ihm aber nicht böse sein, er war noch so jung. Und ich traute mir inzwischen zu, Phillip auch allein großzuziehen.

Sebastian und ich haben noch Kontakt, vordergründig wegen unseres gemeinsamen Kindes, ist doch klar. Phillip sieht ihn auch regelmäßig, ab und zu machen sie sogar gemeinsame Kurztrips nach Süddeutschland, zum Beispiel zu Sebastians Eltern. Auch Geburtstage und Weihnachten haben wir in den ersten Jahren immer zusammen gefeiert, selbst als Sebastian längst wieder eine neue Freundin hatte. Wir waren zwar keine richtige Familie, wie man das sonst so kennt, denn Sebastian war einfach nie da. Aber uns verbindet ja nun etwas und Sebastians Eltern kümmerten sich rührend um uns. Während ich von meinen eigenen Eltern schon seit Jahren nichts mehr höre, schicken Sebastians Eltern Phillip und mir zu Weihnachten bis heute immer noch Pakete mit Fotos von der Familie, Gedichten und Leckereien. Ich bin sehr dankbar für diese Familie und für dieses Kind.

Der Junge ist das einzig Richtige, was ich im Leben je gemacht habe. Das sehe ich wirklich so. Ich bin ganz stolz auf ihn, er ist so ein guter Junge und so schlagfertig. Er lässt sich nichts gefallen. Er will jetzt Abitur machen und Informationstechnologie studieren. Er arbeitet nebenher schon heute in diesem Bereich. Im Nebenjob hilft er älteren Menschen, Computer einzurichten und zu bedienen. Wie sein Vater, der als Grafikdesigner arbeitet, hat Phillip ein Faible für PCs und Smartphones und das Internet.

Wenn er noch bei mir wäre, würde er sich aber bestimmt besser ernähren als jetzt. Wir haben immer regelmäßig gegessen, als er noch bei mir war. Jetzt stopft er nur Pizza und Burger in sich rein, völlig unregelmäßig, zu jeder Tages- und Nachtzeit. Als er noch klein war, hatte er auch, wie viele andere Kinder, Probleme mit Gemüse. Aber ich habe es ihm immer untergeschoben, indem ich es mit ein bisschen Butter pürierte. Wir mögen auch beide sehr gern Suppen, so konnte ich ihm sogar Sellerie und Mohrrüben unterjubeln. Er sagte immer: „Mama, ich will nicht wissen, was drin ist. Mach was, was schmeckt." Er musste damals noch groß und stark werden, so konnte ich mit Popeye erfolgreich für Spinat mit Zwiebeln und ein bisschen Sahne werben. Jetzt ist er knapp einsfünfundachtzig, einen Kopf größer als ich.

Ich selbst habe jetzt nur noch selten Hunger. Und trotzdem wiege ich heute immer noch um die 65 Kilo. Bei einszweiundsiebzig! Vier Kilo zu viel, mindestens, wie ich finde. Aber Hungern macht meinem Körper gar nichts aus, weil er es nur zu gut kennt. Ich nehme nicht mehr ab, weil ich schon seit meinem 13. Lebensjahr immer wieder diese Nulldiäten gemacht habe, und wie ich heute weiß, gewöhnt sich der Körper daran. Er fährt die Verbrennung runter. Das hat zur Folge, dass ich heute viel schneller zunehme als Menschen, die nicht so viele Diäten gemacht haben wie ich.

Mir ist schon klar, dass Alkohol viele Kalorien hat. Wenn du trinkst, ist jede Diät sinnlos, erst recht bei dem Zeug, das ich trinke: Likör, das ist wie Puderzucker. Aber Wodka und Whiskey sind Gift für meine Leber. Das würde mich sofort töten, vor allem in Kombination mit dem Methadon.

Momentan bin ich wieder bei einer Dosis von acht Millilitern Methadon am Tag angekommen. Es gibt Methadon in flüssiger und in Tablettenform. Beides wirkt gleich, es verhindert, dass du auf Turkey kommst, es besetzt die Rezeptoren. Aber weder wirst du high davon, noch bekämpft es in irgendeiner Art die Sucht. Im Gegenteil. Es ist um ein Vielfaches schwerer, von Methadon zu entziehen als von Heroin. Die Symptome sind ähnlich, Durchfall und Erbrechen, Gliederschmerzen und Schweißattacken. Aber der Entzug dauert viel länger als von Heroin. Wenn du von H entziehst, kommst du nach einer Woche wieder klar, beim Metha kann der Entzug bis zu einen Monat dauern.

Ich würde gern wieder weniger Metha nehmen, ich war in den letzten Jahren eigentlich fast immer bei fünf Millilitern. Aber inzwischen geht es mir gesundheitlich immer schlechter, und da ich es nicht jeden Tag zum Arzt schaffe, will ich vermeiden, schlecht drauf zu kommen. Da bin ich lieber überdosiert, auch wenn das oft zur Folge hat, dass mir übel wird und dass ich nicht schlafen kann.

Durch den Jungen hatte ich es mir abgewöhnt, ein Nachtmensch zu sein. Ich wusste genau, der ist morgens früh am Start und will seinen Kakao und am Wochenende seine Comicserien. Samstagmorgens war er schon um halb sieben wach und wollte dann unbedingt „Tom und Jerry" schauen oder die „Glücksbärchen" oder „Power Rangers". Es konnte ihm nie früh genug losgehen, obwohl er noch gar nicht richtig wach war. Und wenn ich ihn dann fragte: „Na Phillip, bist du noch müde?", dann guckte er mich entsetzt an und sagte: „Nein, aber wenn du müde bist, dann schlaf ruhig weiter!"

Kinder sind so süß in dem Alter zwischen zwei und sieben. Jungs werden dann kleine Raufbolde und Mädchen Prinzessinnen, was genauso anstrengend sein kann, weil sie entsprechend zickig sein können. Aber am Ende des Tages sind sie alle süß. Ich musste Phillip ständig knuddeln, bis er alt genug war, das nicht mehr zu wollen. Aber bis dahin nahm ich ihn auf den Arm, wenn er am Wochenende bei seinen Serien doch wieder einschlief und packte ihn zu mir ins Bett zum Kuscheln. Manchmal wachte er dabei auf und fragte: „Mama, kann ich noch einen Kakao haben?" Klar bin ich dann aufgestanden, obwohl er oft schon wieder eingeschlafen war, wenn ich mit der Tasse zurückkam. Dann habe ich den Kakao selbst getrunken, das mache ich bis heute gern.

Man fühlt sich irgendwie wertvoller, wenn man einen Rhythmus hat. Der Junge tat mir einfach gut, ich wurde durch ihn ein besserer Mensch. Er hat mich wieder zum Tagmenschen gemacht, er hat mich gelehrt, wieder Termine einzuhalten, zuverlässig zu sein, all die Dinge, die ich schon mal kannte und konnte, weil ich sie in der Schule und in der Lehre ja gelernt hatte, nur auf eine ganz andere Art und Weise. Jetzt machte es alles noch so viel mehr Sinn, und das tat mir unglaublich gut. Phillip ist das größte Geschenk meines Lebens, und wir waren ein tolles Team.

Ein guter Start in den Tag war für mich eine Pflichtübung als Mutter. Ich wollte nicht, dass es ihm so ergeht wie mir damals, als ich noch in den Kindergarten oder zur Grundschule ging. Um zehn vor sieben riss unsere Mutter brutal die Tür zu Anettes und meinem Zimmer auf: „Raus jetzt!" Um alles Weitere haben sich meine Eltern morgens nicht gekümmert.

Meine Mutter machte sich für die Arbeit als Sekretärin bei Axel Springer fertig, und mein Vater war meist noch betrunken oder hatte einen furchtbaren Kater. Wir mussten

alles selber machen, geschmierte Schulbrote kannten wir
nicht. Kuscheln mit Mama im Bett gab es erst recht nicht.
Wir hatten eine einsame Kindheit. Das wollte ich für Phillip nicht.

Deshalb bemühte ich mich, möglichst viel mit ihm gemeinsam zu erledigen. Auch die Hausarbeit. Schon als
er noch ein Kleinkind war, habe ich ihm gezeigt, wie man
die Sachen zusammenlegt. Das funktioniert natürlich nur,
wenn es auch Laune macht: Erst habe ich einen Haufen fri-
scher Wäsche auf die Matratze geworfen und den Jungen
darauf hüpfen lassen, dann habe ich das Falten der Kleidung
wie einen Wettbewerb inszeniert: „Mal sehen, wer es besser
hinbekommt?" So muss man Kindern das beibringen, mit
Spaß. Sonst lernen die das nie.

Ich gebe auch viel darauf, was Phillip sagt. Ich frage ihn
immer um Rat und um seine Meinung, ich kläre ihn genauso
über meine Schwierigkeiten und Ängste auf wie über meine
Freuden. Manch einer mag vielleicht meinen, dass ich ihn
damit überfordere. Aber ich vertraue ihm und nehme ihn
ernst, und dazu gehört auch, dass ich ihm zutraue, mit der
Wahrheit umzugehen. Auch in Bezug auf meine Männer
habe ich ihn immer gefragt, was er denkt. Wenn ich jemanden kennenlerne, frage ich ihn: „Magst du den?" Wenn er
Nein sagt, mache ich dem Mann schnell klar: „Sorry, mein
Sohn kann nicht auf dich, raus!"

Bei meinem Alkoholismus kann Phillip mir aber nicht
helfen. Soll er auch nicht, damit soll er sich nicht auch noch
rumschlagen. Wenn er bei mir ist, versuche ich, möglichst
nicht zu trinken.

Nur für Phillip kaufe ich manchmal ein, zwei Bier ein.
Als er 15 war, habe ich ihm das erste Mal ein Bier angeboten, damit er unter meiner Aufsicht erste Erfahrungen damit macht.

Abends lag Phillip wie immer auf meiner Matratze im Wohnzimmer vor dem neuen Flatscreen, den wir haben, seit er so gern in Hochauflösung PlayStation spielt. Wir hatten Hackbraten gegessen, den mag er am liebsten mit viel Tomatensoße und Käsefüllung. Dann lief „Schlag den Raab", das guckt er ganz gern. Ich saß daneben an dem winzigen Küchentisch, lackierte mir die Nägel mit glitzer-grünem Nagellack und trank mein Bier. Möglichst beiläufig murmelte ich:

„Hast du auch Lust auf ein Bier?"

Und er antwortete: „Na klar!", bewegte sich aber nicht von der Matratze, um sich selbst zu bedienen. Also machte ich ihm eins auf.

„In der Dose oder im Glas?"

„Dose!"

Ich ging zu ihm, gab ihm das Tuborg, und als wir beide das Bier in der Hand hielten, warnte ich ihn:

„Wenn du dieses Bier trinkst, wirst du einschlafen, bevor deine Sendung zu Ende ist!" Das geht nämlich bis nach ein Uhr nachts, und es war erst 21 Uhr.

„Ach Quatsch, das schaffe ich schon", sagte er, wie jeder Teenie hielt er sich für super stark. Natürlich ist er eingepennt.

Als er noch ein kleines Kind war, trug ich ihn immer in sein Zimmer, wenn er vor dem Fernseher eingeschlafen war. Irgendwann, er wird ungefähr elf gewesen sein, konnte ich ihn nur noch über den Rücken nehmen und schleppen. Jetzt kann ich ihn nur noch wecken und mit einem Arm stützen. So groß ist er, sogar größer als sein Vater.

Ich gab Phillip das Bier, weil ich nicht wollte, dass er diese Alkoholtests an der Schule macht. In Brandenburger Schulen sollen Schüler unter Aufsicht Alkohol trinken und Aufgaben lösen, um zu erleben, wie sehr das Reaktionsvermögen nachlässt. Wegen der Jugendsaufereien machen die das. Ich habe das verboten, und zwar, weil ich nicht will, dass die Leute sagen, Phillip trinkt. Ich möchte auch nicht, dass er eine hohe Alkoholresistenz entwickelt, so wie ich. Ich trinke eine ganze Flasche Southern Comfort und spreche vollkommen klar. Das will ich nicht für Phillip.

Aber welchen Einfluss habe ich noch auf den Jungen? Es hat einen Keil zwischen uns getrieben, als man uns voneinander trennte. Nicht nur aufgrund der Distanz, nicht nur weil wir uns seither nur alle paar Wochen sehen durften.

Es ist etwas kaputtgegangen dadurch, dass man uns das Einzige nahm, was wir hatten: uns.

Phillip war völlig auf mich fixiert und ich auf ihn. Das war nicht krankhaft, das war liebevoll, so, wie es zwischen Mutter und Kind nun einmal ist, er war elf, verdammt noch mal. Er war ein Kind. Mein Kind. Der Verlust eines Menschen, den man liebt, das sind die schlimmsten Schmerzen, die es gibt. Das weiß jeder, der schon einmal auf irgendeine Weise loslassen musste, wen er liebte.

Und Phillip? Manchmal glaube ich, dass er immer noch wütend auf mich ist. Er kann mir nicht verzeihen, was er durchmachen musste, als sie ihn mir weggenommen haben. Und ich kann es auch nicht. Niemals. Natürlich könnte ich langsam mal Gras darüber wachsen lassen, vergessen, was ich falsch gemacht habe, Frieden schließen. Andere können es ja auch. Aber irgendwie gehört es zu meinem Leben, dass ich nicht loskomme von dem, was mir Schuldgefühle macht. Schuldgefühle sind mir etwas sehr Vertrautes, schon seit Kindestagen. Und ich komme nicht darüber hinweg, ich kann sie nur betäuben. Dann fühle ich mich kurze Zeit besser.

Als sie mir den Jungen wegnahmen, bin ich vollkommen ausgerastet. Ich wollte nicht mehr leben! Ich habe so schlimm geheult, dass ich wochenlang zu Hause bleiben musste. Meine Augen waren so geschwollen vom Weinen und vom Schlafmangel, dass ich mich geschämt habe, auf die Straße zu gehen. Nur noch nachts, wenn keine Reporter mehr vor meiner Tür standen, bin ich raus, um mir Tabak zu kaufen, Alkohol und Heroin. Seit Phillips Geburt hatte ich keine Spritze mehr angefasst. Der Junge war mein Leben, nie hätte ich uns das angetan. Aber nun war er weg.

Der Schmerz in meiner Brust war so furchtbar, als müsste ich zerplatzen. Ich war voller Wut und Verzweiflung und gleichzeitig so unfassbar leer. Immer wieder habe ich mich ermahnt, ruhig zu werden, um die Situation doch noch zu retten. Vielleicht kann ich das Jugendamt überzeugen. Vielleicht geben sie mir mein Kind zurück!

Aber im nächsten Moment wusste ich, dass ich ohnmächtig war. Und ich betäubte mich.

Es kann einen Menschen töten, wenn er so viele Jahre so wenig Heroin zu sich genommen hat – und sich dann grammweise zuballert. Es gab keinen Grund mehr für mich weiterzumachen. Ich konnte weder essen noch schlafen, ich weiß nicht, ob ich mich überhaupt gewaschen habe in dieser Zeit. Wenn ich nicht völlig zugedröhnt irgendwo in der Ecke lag, bin ich in meiner Wohnung auf und ab gelaufen, bis ich irgendwann nicht einmal mehr wusste, ob es sechs Uhr morgens oder sechs Uhr abends war. Es war die dümmste in einer langen Reihe dummer Entscheidungen, in dieser Situation wieder mit dem Drücken anzufangen. Kai Herrmann, einer der Autoren von „Wir Kinder vom Bahnhof Zoo", hat damals zu mir gesagt: „Wenn du jetzt eine saubere Urinprobe abliefern könntest, dann könnten wir gegen die Entscheidung des Jugendamtes angehen und die ganze Presse verklagen."

Aber ich wusste mir nicht anders zu helfen.

Tagelang belagerten Journalisten meine Wohnung in Teltow. Spiegel TV war drei ganze Tage am Stück da und hat sich sogar Strom von den Nachbarn besorgt. Die Reporter befragten Anwohner und warteten, dass ich rauskam, um mir ihre Scheißkameras vor das verheulte und betäubte Gesicht halten zu können und mich zu fragen, wie ich mich fühle.

Wie ich mich fühlte? Wollten die mich verarschen, oder sind die so blöd, diese Arschlöcher?

Wie fühlt sich eine Mutter wohl, der das Schlimmste passiert, was einer Mutter geschehen kann? Warum hat mich niemand gefragt, wie mir zu helfen ist, verdammt noch mal?

Ich war so aufgewühlt wegen dieser ganzen Pressemeute, dass ich einmal mein Portemonnaie in der Wohnung liegen ließ, als ich kurz rausmusste. Es fiel mir erst auf, als ich schon über die Straße war. Also musste ich noch einmal zurück, wieder an denen vorbei. Und sie haben mir einfach nur zugesehen. Wie die Geier. Sie wollten von mir und meinem Schmerz gar nichts wissen. Sie wollten mich an meinem tiefsten Punkt aufzeichnen für die Ewigkeit: „Christiane F. hat ihren Sohn für immer verloren", lauteten die Schlagzeilen. Oder: „Christiane F. zurück im Drogensumpf". Die wahre Geschichte hat niemanden interessiert.

MYTHOS CHRISTIANE F.

Der Tag war lang, und es ist dunkel. Der Berliner Asphalt glänzt nass vom Regen. Nur wenige Menschen sind noch unterwegs, niemand interessiert sich für das Mädchen, dessen Gesichtszüge, den granatapfelroten Haaren und den High Heels zum Trotz, verraten, dass es kaum älter als 14 Jahre ist. „Hast du mal 'ne Mark?", fragt es jeden, dem es begegnet. Zerbrechlich wie ein Fohlen sieht es aus, dürr, langhalsig, langmähnig. Es wirkt aufgekratzt, gibt sich schlagfertig. „Alter Wichser", schreit es einem Mann hinterher, der es, wie schon ein paar Leute zuvor, mit seiner Bitte um eine Spende ignoriert. Das Mädchen kassiert eine Ohrfeige, schreit: „Scheiße!" Dann fährt ein alter Ford vor und hält an.

Im Wagen sitzt ein dicklicher Mann Mitte 40. Er macht wortlos die Beifahrertür auf und das Mädchen steigt ein. Das Auto ist wie alles andere an diesem Abend grau.

Das Mädchen sagt zu dem Mann: „Bumsen ist nicht."

Er fragt: „Warum nicht?"

„Hör mal, ich hab 'nen Freund."

„Dann bläst du mir halt einen."

„Dann muss ich kotzen."

„Dann bleibt ja nicht mehr viel. Gut, dann holst du mir halt einen runter."

„Für einen Hunderter."

„Okay."

Später wird sie ihrem Freund erzählen, sie habe es nur für ihn getan. Mit dem Schlauchen habe es eben nicht geklappt, irgendwie habe sie ja Geld besorgen müssen, und da habe sie entschieden, zu dem Freier einzusteigen. Ihr Freund wird ihr kein Wort glauben, ihr stattdessen vorwerfen: „Du hättest es auch getan, wenn es mich nicht gäbe. Die ganze Scheiße ist nur, weil wir drücken." Dann träumt er von einem Leben ohne Heroinsucht, und das Mädchen verspricht ihm, dass es, bis es soweit ist, niemals mit einem Freier Geschlechtsverkehr haben wird.

Als der Mann im Ford seinen Orgasmus hat, greift er mit der rechten Hand fest um den Hals des Mädchens, während er mit der linken ihre Hand an seinem Penis festhält. Er stöhnt, als müsse er sich übergeben. Es dauert lange. Dann wird es still, das junge Mädchen springt schnell aus dem Auto. Der Wagen fährt weg, sie läuft mit dem 100-Mark-Schein durch den Regen.

Der Junge in ihrem Alter steht vor Schmerzen gekrümmt an den Gleisen im U-Bahnhof Zoologischer Garten. „Ich habe was", flüstert sie ihrem Freund zu, der sich an Bauch und Beinen hält. Sie stützt ihn, als sie losgehen, dann verstecken sie sich gemeinsam auf dem Bahnhofsklo. Detlef heißt der braunhaarige, schmächtige, stark schwitzende Junge. Sie heißt Christiane F.

Nachdem sich beide auf der Toilette einen Schuss Heroin in die Armbeuge gejagt haben, erzählt Christiane, wie sie an das Geld für die Droge gekommen ist. Detlef ist enttäuscht und wütend, bis der Stoff anfängt zu wirken, ihm seine Schmerzen nimmt und entspannt.

Dann ist es schon okay, weil eines Tages alles anders sein wird.

Diese Filmszene stammt aus einer der berühmtesten Geschichten der vergangenen 40 Jahre. Ihr Erfolg liegt irgendwo zwischen dem von Karl Mays „Winnetou" und Joanne K. Rowlings „Harry Potter" – mit dem Unterschied, dass es eine wahre Geschichte ist: Die von Christiane F. alias Christiane Vera Felscherinow.

Dem Film vorausgegangen war ein Buch, das 1978 unter dem Titel „Christiane F. – Wir Kinder vom Bahnhof Zoo" in Deutschland erschienen ist und seitdem mehr als vier Millionen

Mal verkauft wurde. Es ist in zahlreiche andere Sprachen übersetzt und bis heute eines der meistgelesenen Sachbücher, die jemals auf dem deutschen Markt erhältlich waren. In vielen deutschen Schulen wurde „Wir Kinder vom Bahnhof Zoo" zur Pflichtlektüre, und als drei Jahre nach Erscheinen des Buches Christianes Geschichte als Film in die Kinos kam, wurden die „Kinder vom Bahnhof Zoo" sogar in Amerika ein Hit. Wer auf Twitter oder Facebook Christiane F. als Suchwort eingibt, entdeckt immer noch aktuelle Fanseiten, Foren und Postings, erst gestern gemacht, gesendet von überall auf der Welt.

Dabei ist Christiane eine tragische Heldin – eine Antiheldin, der ihr empathisches Vermögen zum Verhängnis wird, weil sie den prügelnden Vater lieber versteht, als ihn zu hassen, und die aus dieser Erfahrung heraus eine verheerende Faszination für Menschen entwickelt, die ihr Angst machen und sie an körperliche Grenzen bringen. Sie ist auch ein Mädchen, das sich durch seine scheinbar hilflos ausgelieferte Mutter zusätzlich ermutigt fühlt, niemals Opfer der Umstände, sondern hart im Nehmen sein zu wollen. Und das all diese widersprüchlichen Gefühle zu betäuben beginnt. Mit Alkohol, Drogen und der ständigen Suche nach Zugehörigkeit.

Christiane ist gerade einmal 14 Jahre alt, als sie schon tief in einem Teufelskreis aus Heroinsucht, Kriminalität, emotionaler Verwahrlosung und Prostitution verstrickt ist. Die wenigen Chancen, aus ihrer lebensbedrohlichen Lage herauszufinden, kann sie zwar durchaus begreifen, aber nicht ergreifen, vielleicht weil genau dieser Kampf mit der Abhängigkeit schon längst ihr stärkster Lebensmotor geworden ist. Die Auseinandersetzung mit den Konsequenzen ihrer Sucht wird zum Lebensinhalt, während deren Ursachen ihr nur ein Gefühl von Leere verschaffen.

Christiane Felscherinow kommt ganz unten an – gesundheitlich, sozial, moralisch. Doch der Scharfsinn, mit dem die junge Berlinerin ihren eigenen Verfall beobachtet, und das Selbstbewusstsein, mit dem sie auf ihr Schicksal blickt, indem sie niemand anderem die Schuld daran gibt, außer sich selbst, erklären vielleicht die Sympathie, die die Öffentlichkeit ihr schnell entgegenbringt.

Mit den niedergeschriebenen Erzählungen ihrer Kindheit in der Berliner Satellitensiedlung Gropiusstadt und als heroinabhängige Kinderprostituierte an der Kurfürstenstraße und am Bahnhof Zoo erwirkte Christiane Felscherinow eine dermaßen unerhörte Resonanz wie einst Goethes „junger Werther". Jener sollte vor zu viel Selbstmitleid und Gefühlschaos warnen, bald aber sah sich sein Autor mit dem Vorwurf konfrontiert, er habe durch seine bewegenden Texte junge Männer zum Selbstmord angestiftet.

Die Leiden der jungen Christiane F. wurden gefeiert als Aufklärung über einen Teil der deutschen Gesellschaft, dessen Existenz man bis dahin geleugnet hatte. Die Protagonistin wurde zur bewegenden Verkörperung jugendlicher Unrast und Auflehnung, die Nachahmungstäter fand, und sie wurde ein anziehend abschreckender Promi-Junkie, dessen selbstzerstörerische Sucht die Öffentlichkeit erregte.

Der Stern-Autor Horst Rieck hatte Christiane Felscherinow im Frühjahr 1978 bei einem Prozess gegen einen pädophilen Mann im Kriminalgericht Berlin-Moabit kennengelernt. Christiane war damals 15 Jahre jung und lebte bei ihrer Großmutter väterlicherseits im norddeutschen Kaltenkirchen. Der vor dem Moabiter Gericht angeklagte Mann hatte jugendliche Prostituierte mit Heroin bezahlt und war einer von Christianes Freiern gewesen.

Horst Rieck berichtete über den Prozess, sprach dabei auch mit den Opfern des Angeklagten und war von Christianes Erzählungen sofort elektrisiert, wie er sagt: „Sie erzählte quasi druckreif. Ich hatte das Gefühl, sie ist vollgesogen wie ein

Schwamm." Und Christiane erinnert sich 2012: „Ich sagte Horst schon beim ersten Treffen, dass ich mit meinen Geschichten ganze Tagebücher gefüllt habe. Das brachte ihn wohl auf die Idee mit dem Buch." So wurde aus dem ursprünglich geplanten Interview mit der Zeugin Christiane Felscherinow ein dreimonatiger Austausch im Sommer 1978, zu dem Rieck seinen Stern-Kollegen Kai Hermann hinzuzog.

1968 waren die Eltern Felscherinow aus dem schleswig-holsteinischen Nützen nach Berlin gezogen. Christiane war gerade sechs geworden. Mit der Aufregung dieses Umzugs an die Spree und der Hoffnung der Familie Felscherinow, mithilfe der Berlinzulage eine professionelle Heiratsvermittlung aufziehen zu können, beginnt das Buch „Wir Kinder vom Bahnhof Zoo". Doch schon bald folgt die Ernüchterung, der Businessplan geht nicht auf. Die Familie muss aus der großen, gerade bezogenen Altbauwohnung am Paul-Lincke-Ufer in Berlin-Kreuzberg wieder aus- und stattdessen in die Hochhaussiedlung Gropiusstadt einziehen. Der Vater betäubt seinen Frust darüber mit Alkohol und lässt ihn prügelnd an Christiane und der ein Jahr jüngeren Schwester aus. Die Mutter sieht hilflos zu.

Das Schicksal der Felscherinows fesselt schon auf den ersten Seiten von Christianes Erzählung, weil sie sehr intime Einblicke in die Seelenstrukturen der Familienmitglieder und die Zusammenhänge untereinander gewährt. Kaum ein Berufsschriftsteller hatte zuvor so fassbar von den Verheerungen unerfüllter Erfolgs- und Prestigesucht berichtet wie Christiane am Beispiel ihres Vaters.

Dann betritt ein neuer Mann die Bühne, er ist für Christianes Mutter die Eintrittskarte in ein neues Leben ohne Gewalt. Sie beginnt eine Affäre mit Klaus, dem jüngeren Saufkumpanen ihres Mannes, und bringt den Mut auf, den aggressiven Ehemann zu verlassen. Aber der neue Freund der Mutter bleibt für die Kinder ein Fremder, den sie weder ernst nehmen noch sonderlich mögen, weil sie das Gefühl haben, dass er ihre Mutter für sich vereinnahmt. Christianes jüngere Schwester zieht Konsequenzen: „Sie tat das für mich Unfassbare. Sie zog zu meinem Vater. Sie verließ meine Mutter und vor allem mich. Ich war noch etwas einsamer", heißt es im Buch.

Als Klaus dann noch dafür sorgt, dass Christianes Mutter die beiden Hunde weggibt, an denen Christiane so sehr hängt, scheinen Rebellion und Flucht dem Mädchen der einzige Ausweg aus den Ungerechtigkeiten, die sie zu Hause empfindet. „Ich fühlte mich zu Hause rausgeekelt. Aber ich fand die Freiheit, die ich hatte, auch toll." Zuwendung sucht die inzwischen Zwölfjährige jetzt an anderer Stelle: Sie bewundert eine Schulfreundin, Kessi, die Alkohol trinkt und schon einen Busen und einen Freund hat. Christiane möchte bei Jungs auch so beliebt sein wie Kessi, und sie möchte, dass Kessi ihre beste Freundin wird.

Gemeinsam gehen sie ins „Haus der Mitte", einer Einrichtung der evangelischen Kirche. Die Jugendlichen in ihrer neuen Clique sind älter, rauchen Haschisch und schwänzen die Schule, um schon vormittags high zu werden. Und weil Christiane dazugehören will und ihnen nacheifert, macht sie mit.

Drogen als Konsum – das war in der Bundesrepublik Deutschland etwas völlig Neues. Die Hippie-Bewegung der Sechziger- und Siebzigerjahre verband etwas ganz anderes damit, nämlich gemeinschaftliche Demonstration gegen Konsum und damit die Verbreitung einer Weltanschauung. Anhänger nahmen LSD und Cannabis kollektiv mit dem Ziel der Bewusstseinserweiterung ein. Christiane und ihre Freunde hingegen strebten offenbar die Bewusstlosigkeit an. Die totale innere Leere. Ihnen ging es nur um den Kick, so schien es. Oder war es doch Auflehnung? Aber wogegen?

Die Öffentlichkeit, in die Christiane Felscherinow als jugendlicher Promi-Junkie katapultiert wurde, wollte das Verhalten *ihrer Szene gern als Rebellion deuten. Das gelang aber nicht. Am Ende blieb der ernüchternde Schrecken, mit dem man Christiane fortan verband: Es gab Jugendliche, die völlig ziel- und perspektivlos nur eine einzige, sinnlos erscheinende Motivation im Leben zu haben schienen: den Rausch.*

Christiane schluckt bald auch Medikamente wie Ephedrin, Valium oder Mandrax, und am Wochenende geht sie regelmäßig in die Berliner Disko Sound. Dort lernt sie Detlef kennen. Der 16-Jährige nimmt Heroin, was Christiane zuerst ablehnt. Als sie mit einem anderen befreundeten Fixer ein Konzert ihres Musikidols David Bowie besucht und dieser Freund auf Entzug kommt, hilft Christiane ihm aber, das Geld für neues Heroin zusammenzuschnorren. Ihr junger Körper hatte sich da schon lange an die Pillen gewöhnt, die sie jeden Tag bedenkenlos wie Smarties einwarf und die ihre Wirkung zu verlieren begannen, sodass sie sie nicht mehr aus ihrer Depression befreiten.

Warum also nicht doch Heroin probieren?

„Ich hatte ja nicht den Durchblick, dass ich mich in den vergangenen Monaten systematisch reif gemacht hatte fürs H. (…) Da war kein Nachdenken, kein schlechtes Gewissen. Ich wollte es sofort ausprobieren, um endlich mal wieder echt gut drauf zu kommen", sagte sie den Autoren Hermann und Rieck.

Sie zieht das braune Pulver durch die Nase, weil ihr das Drücken noch zu viel Angst macht. „Ich musste Brechreiz unterdrücken und spuckte dann doch eine Menge von dem Zeug wieder aus. Dann kam es aber unheimlich schnell. Meine Glieder wurden wahnsinnig schwer und waren gleichzeitig ganz leicht. Ich war irrsinnig müde und das war ein unheimlich geiles Gefühl. Die ganze Scheiße war mit einem Mal weg. Ich fühlte mich so toll wie noch nie." Zu diesem Zeitpunkt ist Christiane 13 Jahre alt.

Bis hierher ließe sich das Familienschicksal der Felscherinows als soziale und persönliche Ursachenkette darstellen, die die Drogenaffinität von Christiane zumindest greifbar machen kann. Nach Erscheinen des Buches wurde jedoch zu Recht darauf hingewiesen, dass dies keine hinreichende Erklärung liefere und Christiane keineswegs nur ein Opfer ihres Milieus sei. Immerhin sei sie sehr schlau und eher rebellisch gewesen. Ein Leben in der für Kinder damals sehr tristen Gropiusstadt der Siebzigerjahre und ein problematisches Elternhaus würden ja nicht automatisch in die Drogensucht münden. Da spielten andere, gesellschaftliche Faktoren eine Rolle, etwa die damals mangelnden Möglichkeiten, den Erfahrungshunger und die Spannungen der Pubertät auszuleben.

Es ist schwer zu beurteilen, ob Christiane neben ihrer Intelligenz auch über genügend Wahlfähigkeit verfügte, um eigene Entscheidungen zu treffen. Hat ihr Wille, dem Elternhaus und der Einsamkeit zu entfliehen, die Tür zur Sucht geöffnet? Oder war es ihr Gefühl der Erhabenheit im Rausch und in der neuen Gemeinschaft, das sie zu Hause ausbrechen ließ? In Deutschland entbrannte eine Debatte um diese Frage.

Christiane will nur eins: Das Hochgefühl, das sie auf H erlebt, von nun an immer wieder haben. Und weil das Geld, das sie sich auf der Straße zusammenschnorren kann, nicht reicht, um ihren Konsum zu finanzieren, begeht sie kleine Delikte.

Als sie 14 ist, lässt sie sich von einem Junkie einen Druck setzen. Und sie kommt mit Detlef zusammen, der inzwischen so süchtig ist, dass die Heroinbeschaffung zur ständigen Notwendigkeit wird. Für ihn gibt es nur noch einen Weg, das nötige Geld zu beschaffen: Er geht am Berliner U-Bahnhof Zoologischer Garten auf den Strich. „Ich empfand keinen Ekel, bei dem, was Detlef tun musste", sagte Christiane damals. „Wenn er die Freier anfasste, das war nicht so schlimm. Das war seine dreckige Arbeit, ohne die wir kein Dope bekommen hätten. Ich wollte nur nicht, dass die Kerle Detlef anfassten. Denn er gehörte mir allein."

In einer heruntergekommenen Wohnung leben Christiane und Detlef mit ihren Freunden Bernd und Axel an den meisten Wochenenden wie eine Familie zusammen. Die Jungen beziehen für Christiane ein Bett jeden Tag neu mit frisch gewaschener, weißer Bettwäsche. Doch drumherum wuchert der Schimmel. Die jungen Fixer spritzen Blutrückstände aus den Kanülen in den Teppichboden und drücken Zigaretten in verdorbenen Essensresten aus. An diesem Ort erlebt Christiane mit Detlef ihr erstes Mal.

Sie leidet zu diesem Zeitpunkt bereits an Gelbsucht, die ausgerechnet auf einer Klassenfahrt ausbricht, sodass sie weit entfernt von Berlin, in Baden-Württemberg, in ein Krankenhaus muss. Ihre Mutter besucht sie nicht. Das Mädchen hat zu diesem Zeitpunkt schon viel Gewicht verloren, doch sie erklärt es mit schnellem Wachstum und Pubertät. Ihre Mutter bezweifelt das nicht. Sie fällt regelmäßig in Ohnmacht, doch ihre Mutter bemerkt das nicht, weil Christiane kaum noch zu Hause ist. Mit der Ausrede, sie übernachte bei einer Freundin, zieht sie nun meistens mit ihren Fixerfreunden herum.

Sie habe wohl lange nicht sehen wollen, was mit ihrer Tochter los war, erklärt Christianes Mutter im Buch. Sie erzählt, dass sie als berufstätige Mutter wohl nicht sorgfältig genug auf sie geachtet habe. Und dass sie Warnungen ihres Freundes und auch Hinweise ihrer Tochter lange ignorierte. „Ich war natürlich sicher, dass Christiane bei den Kirchenleuten in guten Händen war", erzählt die Mutter in „Wir Kinder vom Bahnhof Zoo".

Christiane beschleicht zunehmend ein schlechtes Gewissen, weil Detlef für ihre Sucht mit anschafft. Als sie an einem Abend auf der Straße Geld sammeln will, weil er einen schweren Entzug durchmacht, wird sie von dem eingangs schon erwähnten

Mann in dem Ford angesprochen. Von nun an geht Christiane auf den Strich.

Axel stirbt bald darauf an einer Überdosis Heroin, und Detlef und Christiane schließen sich mit Babsi und Stella zu einer Clique von Drogenstrichern zusammen. Doch bald macht Babsi Schlagzeilen als Deutschlands jüngste Drogentote, und Detlef und Christiane haben nur noch einander. Sie nehmen sich immer wieder den Entzug vor, jeder Schuss soll von nun an der letzte sein. Dazu schaffen sie jetzt gemeinsam an.

Unter anderen wird ein Mann, den die Autoren „Stotter-Max" nennen, ein Stammfreier des Teenagerpaars: „Er war Hilfs-arbeiter, Ende dreißig und kam aus Hamburg. Seine Mutter war Prostituierte. Er hatte als Kind wahnsinnig Schläge bekommen. Von der Mutter und ihren Zuhältern und in den Heimen, in denen er war. Die haben ihn weichgekloppt, dass er vor lauter Angst nie lernte, richtig zu sprechen, und die Schläge nun auch brauchte, um sich sexuell zu befriedigen." Nachdem Christiane den Mann in dessen Wohnung ausgepeitscht hat, bis er blutete und zum Orgasmus kam, muss sie sich übergeben. Von den 150 Mark Verdienst kauft sie Dope für Detlef und für sich. „Es wurde ein ganz cooler Tag."

Ohne jeglichen verbliebenen Bezug zum normalen Leben, getrieben von der Sucht nach Heroin und der Angst vor den Entzugsschmerzen, verliert Christiane jede Scham. Sie spritzt sich jetzt auch in der Wohnung ihrer Mutter, und die bemerkt endlich, als es fast zu spät ist für ihre Tochter, welches Doppel-leben Christiane seit fast zwei Jahren führt. Sie zwingt sie, gemeinsam mit Detlef, dessen Eltern ebenfalls geschieden und mit sich selbst beschäftigt sind, in ihrer Wohnung zu einem schmerzhaften Entzug.

Doch der verordnete Kampf gegen die körperliche Ab-hängigkeit hat am Ende keinerlei Bedeutung im Vergleich zu der unterschätzten psychischen Abhängigkeit.

Als die beiden Teenager wieder an ihre bekannten Orte und zu ihren alten Freunden gehen, fängt schnell wieder alles von vorne an. Vor allem auch, weil Christiane und Detlef ohne die Droge keine romantischen Gefühle füreinander empfinden. „Ich hatte Horror davor, wieder körperlich abhängig vom H zu werden. Aber wenn Detlef breit war und ich clean, dann gab es kein Feeling zwischen uns. Dann waren wir wie Fremde zueinander."

Bald empfindet Christiane sich selbst als „Fixerstar", weil sie schlagfertig und beliebt ist. In ihrer Euphorie über das Junkie-Dasein kommt es mit einem Freier nun auch zum Geschlechtsverkehr.

Sie wird mehrfach wegen des Besitzes von Drogen verhaftet und schließlich im Sound von einem Mitarbeiter verprügelt. Das war eine unmissverständliche und nicht unübliche Drohung, im Falle einer weiteren Verhaftung bloß nicht zu erzählen, dass in der Disko Drogen kursierten und Zuhälter Teenager zum Anschaffen animierten. „Die waren danach so eingeschüchtert, dass sie vor der Polizei nicht auspackten."

Körperlich und seelisch am Ende geht Christiane schließlich freiwillig in eine Nervenklinik, um sich therapieren zu lassen. Die Klinik, von der sie durch andere Junkies erfahren hat und in die sie sich nun auch einliefern lässt, heißt Narconon. Sie gehört zum Netzwerk von Scientology.

Dort fühlt sie sich behandelt wie eine Verrückte und läuft mehrfach weg, kommt aber immer wieder zurück. Schließlich versucht ihr Vater, sie mit allen Mitteln aus Narconon rauszuholen. Sein erster Besuch endet mit einem Polizeieinsatz, weil die behandelnden Ärzte und auch Christiane sich widersetzen. Schließlich unterschreibt ihre Mutter als Sorgeberechtigte ein Papier, das den Vater dazu ermächtigt, Christiane abzuholen und bei sich aufzunehmen.

Doch auch ihrem Vater kann Christiane lange etwas vormachen, als sie wieder rückfällig wird. Aber sich selbst?

Sie versucht, sich einen Goldenen Schuss zu setzen, endlich Schluss mit allem, doch die Dosis erweist sich als zu gering. Anschließend zieht sie mit Detlef zu einem Freier, und beide versuchen, ihre Sucht mit Drogenhandel zu finanzieren.

Schnell wird Christiane von der Polizei aufgegriffen. Als ihre Mutter sie aus der Wache abholt, steigt sie sofort mit ihr in einen Flieger nach Norddeutschland. Das ist der Moment, an dem ihre Mutter sie zur Großmutter nach Kaltenkirchen bringt.

Auf dem Höhepunkt der Verzweiflung der Familie Felscherinow und am Tiefpunkt der Sucht der ältesten Tochter endet das Buch „Christiane F. – Wir Kinder vom Bahnhof Zoo".

Wie viele gute Bücher mit einer Hoffnung: Im letzten Kapitel erzählt Christiane, wie sie sich nur schwer an das Landleben in Kaltenkirchen gewöhnen kann, aber nach einem Entzug ihr Leben Schritt für Schritt wieder in den Griff bekommt. Die physische Distanz zu den Bezugspersonen und -orten ihrer Sucht verspricht die Lösung auch der psychischen Abhängigkeit zu sein. Christiane schafft sogar einen guten Hauptschulabschluss und findet neue Freunde. Von Heroin will sie nie wieder etwas wissen, sagt sie.

Aber sie sagt auch: „Ich habe eine Zeit lang auch wieder mit Valium getörnt." Mit ihrer neuen Clique trinkt sie regelmäßig Rotwein und raucht Hasch. Zurück in ihr altes Leben scheint es nicht weit. Schafft sie es oder schafft sie es nicht – die Frage bleibt offen.

Dieses offene Ende, die Tatsache, dass man die Fortführung der Geschichte dieses Mädchens nun als Öffentlichkeit miterleben konnte, machte die Magazinserie im Stern im Herbst 1978 unter anderem zum Erfolg. Wie geht es ihr heute? Wird sie es schaffen? Die Geschichte von Christiane F. wirkte faszinierend und abschreckend zugleich.

Gerade Jugendliche waren von der Antiheldin fasziniert – und eiferten ihrem Idol dann möglicherweise sogar nach, wie Kritiker befürchteten. Der Stern ließ es sich dann 200.000 Mark kosten, der Kritik entgegenzuwirken, und erstellte ein pädagogisches Begleitbuch, das mit einer Auflage von 60.000 Exemplaren kostenlos verteilt wurde, vorwiegend an Schulen.

Es war ein unerhörter Erfolg, mit dem niemand gerechnet hatte. Im Gegenteil: Von den etablierten Buchverlagen in Deutschland hatte keiner das Buch publizieren wollen, Kinderprostitution und Heroinsucht seien Randgruppen-themen, urteilten viele Lektoren. „Wir sind mit dem Manuskript hausieren gegangen, ein großer Verlag hat es abgelehnt als unverkäuflich", erinnerte sich Autor Kai Herrmann 1981. „Ein anderer Verlag hat uns den Ratschlag gegeben, daraus so eine Art Case Study zu machen, ein Fachbuch mit wissenschaft-lichem Anhang."

Die Ablehnung war für die damals 16-jährige Christiane Felscherinow ein Grund, nicht weiter mit Kai Herrmann und Horst Rieck zusammenarbeiten zu wollen: „Ich war wahnsinnig deprimiert und dachte, die beiden stehlen mir echt nur meine Zeit. Das will keiner hören und erst recht nicht lesen."

Doch als die Reportagereihe im Stern erschien, änderte sich das. Erstmals wurde einer größeren Öffentlichkeit die Realität der Drogenszene bewusst. Das mediale Echo war gewaltig, woraufhin man sich beim Stern entschied, „Christiane F. – Wir Kinder vom Bahnhof Zoo" unter der Herausgeberschaft von Henri Nannen und mit einer Startauflage von 5.000 Büchern selbst zu verlegen. Schon bald kam der Verlag mit dem Druck kaum mehr nach.

„Wir hatten wochenlang Lieferschwierigkeiten, weil der Verlag die Auflage viel zu niedrig angesetzt hatte und nun erst neue Bücher gedruckt werden mussten, um die Nachfrage zu stillen", erinnert sich Christiane heute.

Im selben Jahr schmiedete Bernd Eichinger einen radikalen Plan zum Wiederaufbau des 1977 in Konkurs gegangenen

Unternehmens Constantin Film. Er war damals 29 Jahre jung, hatte gerade die Hochschule für Film und Fernsehen (HFF) in München absolviert und hielt sich für ein Filmgenie, das seinen 40. Geburtstag nicht erleben, sondern in jungen Jahren schon auf tragische Weise sterben würde, so wie es vielen großen Künstlern passiert war.

Eichinger legte schon damals keinen Wert mehr auf Filmfestspiele, wie zum Beispiel die von Cannes. Er hielt die dort versammelten Filmleute für eine spießige Handelsvertretergemeinschaft ohne Charme und Kreativität und sah insbesondere den deutschen Film in einer tiefen Krise: Es mangele an Kreativität und Freigeist, und im Wettbewerb um Fördergelder und Verleiher strebe man allzu sehr nur die positive Wertung der Gremien und der Kritiker an statt die Euphorie des Publikums.

Den einzigen Weg aus dieser Krise sah Bernd Eichinger im Aufbau eines autarken, in sich geschlossenen und damit weitgehend unabhängigen Filmindustriesystems, also einer Firma, die Verleih und Produktion in einem war. In dem 1950 vom deutschen Filmkaufmann Waldfried Barthel gegründeten Unternehmen Constantin sah er die einzige Institution, mit der sich ein solches Konzept realisieren ließ.

Und Ludwig Eckes, damaliger Eigner und ein bekannter Schnapsfabrikant, hatte mit der Firma nicht mehr viel zu verlieren. Also verkaufte er Eichinger im Jahr 1978 für anderthalb Millionen Mark 25 Prozent der Neuen Constantin und machte den jungen HFF-Absolventen zu seinem Co-Geschäftsführer.

Eichinger wollte Filme auf die Leinwand bringen, die polarisieren und provozieren sollten, Geschichten, die das Lebensgefühl der jungen Generation widerspiegelten und schlicht ein großes Kino boten. Und da gab es nun diese Christiane F.

In ihrer Geschichte sah Eichinger tief bewegendes Filmmaterial, und so machte er sich zusammen mit Roland Klick an eine Drehbuchfassung. Doch über das Skript hinaus gingen die Vorstellungen der beiden Männer weit auseinander. Zuerst holte Bernd Eichinger seinen ehemaligen HFF-Kommilitonen, den Drehbuchautor und Produzenten Hermann Weigel als Dramaturgen hinzu, dann überwarfen sich die Drei, weil Klick, späteren Erzählungen von Weigel und Eichinger zufolge, die Rollen mit Darstellern in den Mittzwanzigern besetzen wollte.

Das Faszinierende an der Geschichte von Christiane war aber, dass es sich um Teenager handelte. So endete die Zusammenarbeit und auch die Freundschaft zwischen Eichinger und Klick an dieser Stelle – damit aber zugleich die Finanzierung für das Filmvorhaben, denn Roland Klick hatte per einstweiliger Verfügung erwirkt, dass alle an ihn gebundenen Fördergelder nicht weiter in den Film investiert werden durften. Der Film startete dann mit einer Million Mark minus in die Produktion.

Neuer Regisseur an Klicks Stelle wurde ein anderer Ex-Kommilitone Eichingers: Ulrich Edel. Aber obwohl die drei seit Unizeiten ein eingespieltes Team waren, stand die Produktion von „Christiane F. – Wir Kinder vom Bahnhof Zoo" weiter unter keinem guten Stern. Zuerst gab es Streit mit Eichingers Co-Geschäftsführer Karl-Heinz Böllinghaus, weil dieser das Einspielergebnis für den Film auf nur 200.000 Mark taxierte, während Eichinger mindestens 800.000 Mark im Visier hatte. Und dann wollte auch noch Eichingers Partner Eckes aussteigen. Eckes und Böllinghaus waren älter als Eichinger, eine andere Generation, und sie konnten sich, so wie die Lektoren der etablierten Buchverlage, einfach nicht vorstellen, weshalb sich jemand für die Geschichte einer heroinabhängigen Kinderprostituierten interessieren würde. Eckes' Anteile kaufte dann der Schweizer Bernd Schäfers.

Der Realisierung des Films standen darüber hinaus ganz praktische Probleme im Weg, so blieb die Frage nach der Besetzung lange unbeantwortet. Eichinger war sich mit Edel darüber zunächst genauso uneinig wie einst mit Klick – bis der Zufall dann schließlich die Berliner Schülerin Natja Brunckhorst zu Probeaufnahmen vor die Kamera führte. Sie war in der Mittagspause aus der Schule heraus gecastet worden – eigentlich für die Rolle von Christianes Schwester. Doch als Eichinger sie sah, wusste er: Das ist Christiane!

Natja Brunckhorst war eine Christiane F., wie sie im Buche steht, mit ihren langen, dünnen Beinen und dem langen, dunklen Haaren sah sie der echten Christiane verdammt ähnlich. Nach ihrer eigenen Aussage gab es auch Parallelen in den Biografien. „Ich war ein wirklich einsames Kind. Und dann gerätst du in eine Situation, wo du plötzlich etwas wert bist. Wo du Lob bekommst. Wo plötzlich jemand da ist, der sich um dich kümmert. Ich hatte ja auch einen Sozialbetreuer, den habe ich dann immer losgeschickt, mitten in der Nacht am Bahnhof Zoo, damit er mir Kakao mit Sahne holt. Also, das habe ich voll ausgekostet, dass sich da Menschen um mich gekümmert haben", erzählte die Darstellerin Eichingers Witwe, Katja Eichinger, für die 2012 veröffentlichte Biografie „BE".

Am 5. Januar 2011 ist der Regisseur und Produzent im Alter von nur 62 Jahren bei einem Abendessen mit der Familie und Freunden in Los Angeles an einem Herzinfarkt gestorben. Zu seinen größten Kinoerfolgen zählten unter anderem „Die unendliche Geschichte" (1984), „Der Name der Rose" (1986), „Der Untergang" (2004, auch Drehbuch), „Das Parfum" (2006, auch Drehbuch) und „Der Baader Meinhof Komplex" (2008).

„Christiane F. – Wir Kinder vom Bahnhof Zoo" war der Anfang dieser großen Karriere – ein Paukenschlag, auf den 1980 kaum jemand gewettet hätte.

Zurück zum Dreh: Der Kameramann arbeitete offenbar sehr präzise, aber auch sehr langsam. Der Dreh zog sich dermaßen in die Länge, dass die Herbstferien endeten und die jugendlichen Darsteller alle wieder in die Schule mussten. So konnte nur am Nachmittag zwischen Schulschluss und der immer früher einsetzenden Dunkelheit gedreht werden. Für viele Orte der wahren Geschichte gab es keine Drehgenehmigung, zum Beispiel nicht für die Szenen am Bahnhof Zoo. Der Kameramann setzte sich in einen Rollstuhl und verbarg seine Kamera unter einem Karton.

Dann gab es die erste Leiche am Set: Als das Filmteam die Toilette am U-Bahnhof Bülowstraße für den Dreh herrichten wollte, lag da ein Drogentoter. Die Polizei holte ihn ab, noch bevor das erste Kind am Drehort eintraf. Und als der Regisseur Uli Edel gerade auf einer Leiter stand und überlegte, wo er die Kamera aufstellen sollte, fand er oben auf dem Mauerabsatz ein mit Klebeband befestigtes Päckchen. Als er es öffnete, sah er, dass es Heroin war, und im selben Augenblick stand ein zitternder Junkie mit einem Taschenmesser vor ihm. Er hatte sich irgendwie durch die polizeilichen Sicherheitsabsperrungen geschlichen, riss Edel das Päckchen aus der Hand und lief davon.

John Lennon war die zweite Leiche, die den Dreh von „Christiane F. – Wir Kinder vom Bahnhof Zoo" erschweren sollte: Die echte Christiane hatte nach einem Bowie-Konzert im ICC in Berlin-Charlottenburg das erste Mal Heroin probiert. Dieser Moment änderte ihr Leben, und da Bernd Eichinger viel Wert auf Authentizität legte, sah er keine andere Möglichkeit, als dass David Bowie, der selbst für sein Heroinproblem bekannt war, in dieser Szene selbst persönlich mitspielte. Bowie willigte auch tatsächlich ein, doch er gastierte gerade in New York in einer Broadway-Inszenierung, und so gab Eichinger sein allerletztes Geld für einen Flug nach New York und ein amerikanisches Filmteam aus. Am 9. Dezember sollte gedreht werden, und an eben diesem Tag wurde John Lennon vor dem Dakota Building erschossen.

David Bowie traute sich nun nicht mehr auf die Bühne. Er fürchtete, dass es sich um einen Serientäter handeln oder dass es Nachahmer geben könnte. Erst als Bernd Eichinger eine Truppe von Bodyguards engagierte, die während Bowies Auftritt das Set sicherte, nahm der US-Musiker allen Mut zusammen und „rettete" damit den Film.

Bereits im nächsten Jahr, 1982, war der Film „Christiane F. – Wir Kinder vom Bahnhof Zoo" ein großer, internationaler Erfolg geworden. Er hatte nicht nur in Deutschland fast fünf Millionen Zuschauer in die Kinos gelockt, sondern erwies sich auch in Holland, Belgien, Griechenland und Spanien als Kassenschlager. In Frankreich spielte der Film sechs Millionen Dollar ein und wurde zum erfolgreichsten deutschen Film des Jahrzehnts. Für die englischsprachige Fassung wurde die Filmvorlage um rund vier Minuten geschnitten, eine ungekürzte DVD-Version ist in den USA erst ab 18 Jahren erhältlich.

„Im Chinese Cinema am Walk of Fame war Premiere", erinnert sich Christiane, die zum Start des Films zusammen mit Uli Edel auf eine dreiwöchige Pressereise nach Los Angeles geflogen war.

Aus dem fohlenhaften Mädchen mit den langen, dürren Beinen und den dunklen Augenrändern war eine sehr erotische, junge Frau geworden: Immer noch sehr zierlich, aber gleichzeitig eine robuste, selbstbewusste Gestalt. Ihr Gang war entschlossen, ihre Haltung fest und aufrecht, ihr Ausdruck schelmisch, ihr Blick verspielt. Die großen, hell leuchtend grünen Augen waren mit schwarzem Kajal ummalt, die Fingernägel und die vollen Lippen glänzten mal rot, mal braun. Und Christiane sprach, wie sie lebte: schnell und immer ein bisschen verwegen.

Ihre lange Mähne hatte sie zum Teil rasiert und die verbliebenen Haare auf dem Kopf zu einer Rolle zusammengegelt.
Mit ihren dunklen Punkklamotten sah sie ein wenig aus wie die
kleine Schwester von Nina Hagen. Sie war eine geheimnisvolle,
wunderschöne Frau.

Die Suche der Christiane F. nach Zugehörigkeit schien ein
zauberhaftes Ende zu finden. Das Mädchen mit der schreck-
lichen Geschichte und dem schönen Gesicht, das für sich selbst
immer wieder die scheinbar dümmsten Entscheidungen gefällt
und danach so unfassbar klug über das Menschsein und die
Tücken ihres Lebens philosophiert hatte, war eine Symbolfigur
für jugendliche Unrast und Auflehnung geworden.

Bei Arte plauderte sie mit dem Theaterregisseur Frank
Castorf über die Tugenden der Frau, sie saß neben Jean Paul
Belmondo und Peter Maffay an einem Talk-Tisch, ihr Film-Ich
Natja Brunckhorst zierte das Cover des Spiegel, darüber stand
die Zeile: „Mythos Christiane F."

Spiegel TV und Stern TV luden sie alle Jahre wieder zum Gespräch und wollten von ihr wissen, was mit der Jugend los war;
warum sich terroristische Gruppen wie die RAF gegen dieses
System auflehnten? Ob man es in der Bundesrepublik Deutschland, so wie Christiane, von ganz unten nach oben schaffen
konnte? Ob es Hoffnung gab für all die Söhne und Töchter und
natürlich für Deutschlands bekanntesten Junkie selbst?

Hoffnung gab es durchaus, aber würde sie sich auch
erfüllen?

Zum geläuterten Mitglied der heilen Welt ihrer Oma im
norddeutschen „Stoltenberg-Country", wie Buch und Film am
Ende suggerieren, ließ sich Christiane jedenfalls nicht machen.

Nachdem der Rausch des Ruhms langsam abebbte, versuchte sie sich als Sängerin. Zwischen 1981 und 1983 trat sie
zusammen mit Alexander Hacke, Gitarrist der Einstürzenden
Neubauten, als Musikduo Sentimentale Jugend auf.

1982 legte sie als Solosängerin einige Schallplatten im Stil der Neuen Deutschen Welle vor, spielte in den Independentfilmen „Neonstadt" (1981) und „Decoder" (1983) mit und lebte über Jahre hinweg immer wieder für ein paar Monate als „Au-pair-Mädchen" in der Schweiz.

Aber egal, wohin sie auch ging und was sie auch tat, sie nahm ihr altes Leben mit.

Von den Drogen kam sie nicht los. Immer wieder las man von Rückfällen. In welchem Ausmaß, das wurde allerdings nie bekannt, Beweise gab es nicht. „Kenner" behaupteten, dass erst die plötzliche Prominenz und das viele Geld durch den Erfolg des Buches Christiane wieder tiefer in die Sucht getrieben hätten – wer Aufmerksamkeit und Fürsorge durch seine Krankheit erfährt, der hält daran fest, analysierten die einen. Andere sahen in Betäubungsmitteln den Versuch, mit dem Druck der Öffentlichkeit klarzukommen, durch die Erlöse waren sie plötzlich auch ganz einfach zu besorgen.

Ob eines der Gerüchte um Christianes Rückfälle stimmt? Wie viele Drogen sie wirklich nimmt und welches Schicksal sie nun erlebt, das war der Presse immer wieder neue Recherchen wert. Kameras begleiteten sie über die griechischen Inseln, wo sie von 1987 bis 1993 lebte, sie besuchten sie nach der Geburt ihres Sohnes 1996, Günther Jauch lud sie zu sich auf die Couch bei Stern TV und Sandra Maischberger zum „Late Night Talk".

Seit 2008 redete Christiane F. mit keinem Journalisten mehr. Nicht dass es seither niemand mehr versucht hätte, in unregelmäßigen Abständen, anlässlich einer neuen Drogenstudie etwa oder nach dem Tod von Bernd Eichinger, klingelten immer wieder Reporter an ihrer Tür. Doch Christiane traut ihnen nicht mehr – seit dem Tag, an dem ihr das Jugendamt das Sorgerecht für ihren Sohn entzog und ihr Leid in den Boulevardmedien breitgetreten wurde.

Die BZ hatte Christianes Mutter für eine mehrteilige Interview-serie gewonnen, und andere Medien hatten einem Freund Geld für Informationen bezahlt. Christiane brach mit allen dreien: mit den Journalisten, mit ihrem Bekannten und auch mit ihrer Mutter.

S. V.

Zickzack

Kein normaler Vermieter wollte uns haben: vier Männer und eine als Junkiebraut bekannte, wenn nun auch reiche Frau. Ein Haufen „Genialer Dellitanten", wie wir uns damals selbst nannten – Arbeitslose, in den Augen vieler Spießer im vornehmen Hamburg. Der „Geniale Dellitantismus", der gegen jede Tradition der Popmusik anspielte und sich schon in seiner Schreibweise gewollt „dilettantisch" gab, war voll auf dem Vormarsch, Musikgeschichte zu schreiben. Und wir vorne weg, mit super coolen Film- und Musikprojekten.

Ich war zu der Zeit in Nietenstiefeln unterwegs, mit schwarzem Lidschatten und auf einer Kopfhälfte kahl rasiert. Die Jungs hatten auch Iros oder eine andere Rasurfrisur, sie trugen dunkle Klamotten und meist einen schläfrigen Blick. Es war 1980.

Die Vermieter schauten uns nur an und sahen gleich Drogenpartys und Sexorgien – so mieteten wir uns letztlich direkt an der Reeperbahn über einem Sex-Shop in die ehemaligen Redaktionsräume der St. Pauli Nachrichten ein. Hein-Hoyer-Straße 12, das war früher mal ein Puff, ein wunderschönes Jugendstilhaus mit hohen Decken und Stuck.

Das schönste und ruhigste Zimmer bewohnte Klaus Maeck, der das RipOff, den ersten Punk-Plattenladen an der

Alster, aufgemacht hatte und später Mitbegründer des Independent-Musikverlages Freibank wurde. Er war 30, was ich mit meinen 18 Jahren damals total alt fand. Auf seinen Namen lief alles, er war der Älteste, so etwas wie unser Guru. Ich hatte die 6.000 Mark Kaution bezahlt und wohnte das Geld dann einfach ab.

Frank-Martin Strauß, alias FM Einheit, war der Dritte im Bunde. Er war Mitglied gleich von mehreren berühmten Bands, etwa Abwärts, Palais Schaumburg und später bei den Einstürzenden Neubauten. Er ist der jüngere Bruder des Schauspielers Ralf Richter. Wir nannten ihn „Mufti"! Dann war aus Berlin noch Jochen Hildisch dazu gezogen, der unter dem Namen Jackie Eldorado als erster Punkmusiker Berlins berühmt geworden war und mal für Schlagzeilen gesorgt hatte, als er 1977 bei einem Livekonzert an der Spree Iggy Pop das Hosenbein von oben bis unten ableckte. Zu guter Letzt war da noch der Sänger von Abwärts, Frank Ziegert, von dem ich damals ein Riesenfan war. Mir blieb fast die Luft weg, als ich erfuhr, dass ich mit dem Sänger meiner Lieblingsband zusammen in einer WG leben durfte.

Die Wohnung bestand einfach nur aus einem langen Flur mit fünf Zimmern, die alle zur Straße hin lagen. In jedem war ein Waschbecken, die stammten noch aus den Rotlichtzeiten. Wenn man reinkam, gab es gleich rechts eine größere Nische, in der früher wohl eine Rezeption gewesen war. Dort parkten wir unsere Fahrräder. Gleich daneben gab es ein Gäste-WC und gegenüber davon das erste Zimmer, dem dann vier weitere auf derselben Seite folgten. Das letzte davon war unser Gemeinschaftsraum, dort lagerten wir Musikinstrumente und Putzzeug. Ständig wohnten zeitweise weitere Künstler bei uns, die gerade einmal genug Geld hatten, um im Hafenklang-Tonstudio irgendeinen Song aufzunehmen, aber keine Miete bezahlen konnten – unter anderen Campino, dessen Band damals noch ZK hieß und nicht Die Toten Hosen.

Das Hafenklang-Studio ist ein wunderschönes Kultur- und Musikzentrum in Altona. Es ist eines der letzten erhaltenen Häuser aus dem 19. Jahrhundert und erinnert bis heute daran, wie Altona früher einmal ausgesehen hat, mit engen Straßen und verwinkelten Treppen, die zum Elbhang runterführten. Vom Studio kann man die Boote auf der Elbe sehen, es ist einfach nur schön, und Musiker wie Udo Lindenberg und die Einstürzenden Neubauten haben dort gewohnt und gearbeitet. Das Haus war in den Achtzigern der Treffpunkt der Kreativen, weil es darin das erste 24-Spur-Tonstudio der Stadt gab. Im Keller fanden damals außerdem immer Konzerte statt, die die Betreiber des Tonstudios organisierten.

Die Bands der Zeit waren neben den Neubauten und Abwärts Die Krupps, Freiwillige Selbstkontrolle (FSK) und Palais Schaumburg. Sie wurden durch das Hamburger Label ZickZack promotet, das aus dem RipOff-Plattenladen im Hamburger Karoviertel entstanden war und neben einigen wenigen Labels in Düsseldorf, Berlin und Hannover zu den ersten innovativen und prägenden Institutionen der Musikkultur in Deutschland gehörte.

Es war die Zeit des Punk und der Neuen Deutschen Welle, und unsere improvisierte Wohnung in der ehemaligen St.-Pauli-Nachrichtenredaktion war das musikalische Epizentrum!

Ich hatte meine Mitbewohner alle in der Hamburger Markthalle kennengelernt. Dort fanden damals die angesagten Konzerte statt, überwiegend von Klaus Maeck organisiert, und auch sonst hing man hier ab, es gab Bars und Spielhallen, es war ein Sammelpunkt für viele Künstler. An den Wochenenden fuhr ich von meiner Oma in Kaltenkirchen aus für sieben Mark mit der Altona-Kaltenkirchen-Neumünster Eisenbahn, der AKN, die 25 Kilometer bis Hamburg-Eidelstedt – und von dort zur Markthalle.

An das Leben auf dem Land hatte ich mich nie so richtig gewöhnen können. Für ein paar Wochen war es okay gewesen, als ich mit 15 erstmals bei meiner Oma und meiner Tante untergebracht worden war, weil keine Strafanzeige und kein Entzug, kein Ohnmachtsanfall und kein Klinikaufenthalt mich vom Heroin hatten abbringen können. Deshalb war der Versuch meiner Mutter, mich aus der Szene rauszuholen, sicher richtig. Aber meine Oma und ich, das passte ganz und gar nicht. Sie lief im Dirndl rum, obwohl wir in Schleswig-Holstein lebten, war ein Bayern-Fan, liebte Franz Josef Strauß und war konservativ bis zur Ausländerfeindlichkeit.

Als Hitler an die Macht kam, war meine Oma elf Jahre. Genau im richtigen Alter, um dann später mit dem Strom zu schwimmen. Diese Gesinnung wurde sie Zeit ihres Lebens nicht mehr los.

Meinen Opa, einen wirklich gestandenen Mann, der in Ostdeutschland eine Druckerei und eine Zeitung besessen hatte, bis er nach dem Krieg in der DDR enteignet worden war, hatte meine Großmutter verlassen, weil sie ihn für ein Weichei hielt. Nachdem er einmal vor Gästen über seine Kriegsgefangenschaft gesprochen und dabei erwähnt hatte, dass die Polen eigentlich ganz nette Menschen seien, war es angeblich vorbei gewesen. Auch alles, was ich verkörperte, was ich tat und wie ich aussah, war ihr vollkommen zuwider.

Anfangs lief ich noch in High Heels und engen Jeans rum, bis ich einfach nicht mehr hören konnte, ich sähe aus wie eine Nutte. Ich war für meine Oma eine einzige Zumutung: Dass ich nicht mehr essen wollte, wenn mein Magen

voll, aber der Teller noch nicht leer war, dass ich am liebsten nachts lernte, weil ich nachmittags keine Ruhe fand,
dass ich rauchte und trank und wie ich mich ausdrückte.
Ich musste auf jedes Wort aufpassen: Wenn ich zum Beispiel
nur „Scheiße" sagte, gab es sofort Krach.

Das alles machte es mir nicht leicht mit ihr, sie war sehr
streng und legte Wert auf sämtliche preußischen Tugenden.
Ich fühlte mich bei ihr wie ein Gast, aber nie wie ein Enkel.
Nie zu Hause.

Meine Tante, mein Onkel und meine Cousins lebten auch
mit uns im Haus. Die Jungs waren ganz okay, aber meine
Tante war wie ihre Mutter, sie versuchte ständig, mir vor-
zuschreiben, was ich tun durfte und was nicht. Ich musste
schon um halb zehn abends zu Hause sein, wenn ich überhaupt ausgehen durfte. Solche Einschränkungen kannte ich
gar nicht, und es hat mich total genervt. Alle wollten mir
gegenüber Stärke demonstrieren und mich mit Verboten
und Regeln dazu zwingen, mich anzupassen.

Natürlich hat das nicht gerade dazu beigetragen, dass ich
mich wie in einer Familie fühlte – und es trug auch nicht
dazu bei, dass ich Lust hatte, mich auf dieses Landleben ein-
zulassen.

Wenn man gegen dich rebelliert, dann rebellierst du eben
zurück. Ist doch klar.

Ich passte da einfach nicht hin, fand ich. Das Leben in
Kaltenkirchen war langweilig. Am liebsten hätte ich mich
nur noch zugedröhnt, um das Kaff zu vergessen. Es ist grün,
das gefällt mir, ich liebe die Natur. Der Marktplatz ist ganz
schön, wie ein Park ganz bunt bepflanzt. Es ist alles total
übersichtlich, man weiß schnell nicht mehr, wo man hingehen soll als Jugendlicher. Wenn man Kind ist, kann man
auf der Straße spielen, da fahren nicht so viele Autos. Aber
als Teenie kannst du nur noch am Bahnhof oder am Brun-

nen abhängen. Oder in einer dieser miesen Diskotheken, in denen überwiegend Schlager gespielt werden.

Vermutlich weil ich eine Exotin war, machten mich andauernd irgendwelche Typen an. Ständig pfiff mir jemand hinterher oder gab einen dummen Spruch von sich. Ich fand die Jungs viel gröber und aggressiver als in Berlin. Und die Mädels waren viel devoter, die knutschten auch mit denen, auf die sie gar keinen Bock hatten – aus Angst, sonst würde gar nichts passieren.

Auf dem Land sind die Rollen noch sehr verteilt, das schreckte mich dermaßen ab, dass ich keinen Typen mehr an mich ranließ. Kein Knutschen, kein Sex, nix von all dem wollte ich haben.

Nachdem ich in Berlin fast drei Jahre praktisch nicht mehr zum Unterricht gegangen war, versuchte ich jetzt, mich auf die Schule zu konzentrieren. Ich wollte etwas aus mir machen, damit ich es wieder rausschaffe aus Kaltenkirchen. Das war mein Hauptziel. Doch dann flog ich schon sehr bald von der Realschule – nicht, weil ich nicht klar kam oder mich danebenbenommen hätte, sondern einfach weil der Rektor nach drei Wochen meine Akte aus Berlin bekam, in der meine Fehltage, meine Sucht und meine Vorstrafen penibel verzeichnet waren. Er sagte mir, dass er mich nicht auf der Schule behalten könne, weil ich den Anforderungen nicht entspräche.

Das warf mich natürlich wieder aus der Bahn und nahm mir jeden Antrieb. Als Hauptschülerin giltst du auf dem Land gar nichts. Also hing ich wieder ab – mit ein paar Freunden, die über diese Zeit hinaus aber keine Bedeutung hatten, und mit viel Alkohol. Wir trafen uns abends und tranken literweise Wein oder Rum-Cola. Ein paar Mal habe ich auch wieder Valium geschmissen, aber vom Heroin ließ ich die Finger. Ich war ja noch auf Bewährung.

Wegen wiederholter Verstöße gegen das Betäubungsmittelgesetz war ich vom Amtsgericht Neumünster zu sechs Monaten Jugendhaft, ausgesetzt zur Bewährung, verurteilt worden. Natürlich stellte man mir auch einen Bewährungshelfer zur Seite. Der ließ sich allerdings eher selten blicken, und wenn er kam, habe ich ihn meiner Tante überlassen, die ihn mit Kaffee und Kuchen versorgte, am liebsten mochte er ihren Bienenstich. Aber es gab ja auch nichts zu beanstanden.

Ich lebte dort in einer Familie, alles in dem Haus war ordentlich, an den Wänden hingen Geweihe, mein Opa väterlicherseits war nach der Enteignung Gutsverwalter gewesen.

Dank eines netten Jungen, der aufs Gymnasium ging und mich zum Lernen animierte, sowie eines engagierten Klassenlehrers machte ich schließlich sogar einen ganz guten Hauptschulabschluss.

Als dann im Herbst 1978 die Magazinserie und das Buch „Christiane F. – Wir Kinder vom Bahnhof Zoo" erschienen und ich mein Konterfei auf einem riesigen Stern-Plakat an einem Kiosk in Kaltenkirchen sah, war mir sofort klar, dass dies mein Leben umkrempeln würde. Meine Familienprobleme und meine Drogengeschichte waren jetzt öffentlich. Es gab keinen Weg zurück. Plötzlich war ich ein Promi.

Drei Monate lang hatten mich zuvor Kai Hermann und Horst Rieck jeden Tag nach der Schule bei meiner Oma besucht. Wir arbeiteten dann immer circa vier Stunden, bis ich völlig erschöpft war. Dennoch waren die Gespräche für mich wie eine Therapie. Die vielen Fragen halfen mir irgendwie, selbst alles besser zu verstehen, was in Berlin geschehen war. Aber genau wie bei einer Therapie, wenn man alles noch einmal hochholt, strengte mich das über die Maßen an.

Horst war gut bei den Recherchen, Kai hat geschrieben. Was für harten Tobak wir da gemeinsam in die Welt entließen, wurde mir erst später wirklich klar. Ich habe den beiden Journalisten einfach alles erzählt, was ich erlebt hatte – und ich wundere mich im Nachhinein, dass niemand aus der Familie mal bei den Gesprächen dabei gewesen war. Weder meine Mutter noch mein Vater sind jemals dazugekommen oder haben sich auch nur erkundigt, wie es so läuft, worüber wir reden, was da zu Papier gebracht wird. Vieles, was ich damals als Jugendliche einfach so preisgab, tut mir heute leid. Vor allem für meinen Vater, der als prügelnder Versager erscheint.

Dabei war er einfach nur viel zu jung, er war erst 18, als ich geboren wurde. Das entschuldigt sein Verhalten sicher nicht, macht es aber ein bisschen verständlicher – und erträglicher. Bis heute habe ich ein schlechtes Gewissen, weil ich ihn vor aller Welt bloßgestellt habe. Aber das hätten meine Eltern sich und mir auch ersparen können, wenn sie sich dafür interessiert hätten, was ich den Journalisten erzählte.

Im Ort war ich nach Veröffentlichung des Buches jedenfalls schnell Gesprächsthema Nummer eins, selbst wenn ich in Hamburg unterwegs war, erkannten mich viele Menschen. Das war gerade anfangs irgendwie seltsam, denn ich war doch nichts Besonderes, ich hatte ja im Grunde nur Negatives geleistet. Es war mir auch nicht klar, über wie viel Geld ich plötzlich verfügen würde.

Als ich 18 Jahre alt wurde, erhielt ich Zugriff auf ein Konto mit rund 400.000 Mark!

Und ich bekam jetzt, da mein Buch auf Platz eins der Bestsellerlisten stand, auch eine Stelle in der Branche, in der ich plötzlich jemand war: In einer Buchhandlung in Kaltenkirchen begann ich eine Lehre zur Buchhändlerin.

In der Commerzbank gegenüber der Buchhandlung, in der ich meine Ausbildung machte, arbeitete Nikolai Walter, ein total hübscher junger Kerl. Er war überall beliebt, und die Frauen stiegen alle hinter ihm her. Ich sollte ihn eigentlich mit einer Kollegin von mir verkuppeln, aber als wir uns kennenlernten, fanden wir uns gleich so super, dass wir selbst ein Paar wurden. Mit seinem Mini Cooper sind wir dann immer gemeinsam nach Hamburg zur Markthalle gefahren. Das waren Höllenfahrten auf der Autobahn mit diesem alten, kleinen, tief liegenden Wagen. Man kommt sich vor wie auf einem Bobby-Car, die anderen Autos wirken so riesig, und man spürt jede noch so kleine Unebenheit auf der Fahrbahn.

Auch Nikolai hat an Kaltenkirchen so ziemlich alles gehasst. Trotzdem hielt unsere Beziehung nicht lange. Als er zur Bundeswehr eingezogen wurde, verstand ich ihn und die Welt nicht mehr. Wehrdienst, bitte was? In München? Ich kannte so was nicht. Schon gar nicht aus Berlin. Und Nikolai? Er war Bankkaufmann. Ein schlanker, junger Schönling, keiner, der im Dreck kriecht. Aber es half ja nichts.

Also habe ich mich von nun an meistens allein nach Hamburg aufgemacht, und wenn Nikolai an den Wochenenden da war, kam er sich blöd vor, weil ich den anderen Männern irgendwie näher stand als ihm. Er mochte die Leute auch und wollte mit ihnen zu tun haben. Der Sprung vom Dorfleben in die Stadt, auch noch mit Tonstudio und Musikern, das war schon was. Das ist, als würdest du von den Suburbs bei London nach Soho kommen und auf einmal die große, bunte Welt sehen. Aber irgendwie ging das dann nicht mehr mit Nikolai und mir. Und so habe ich in meinem jugendlichen Überschwang einfach Jackie Eldorado abgeschleppt.

Ich wundere mich bis heute, wie abgrundtief naiv ich damals gewesen bin. Sobald ich volljährig wurde, setzte ich die Pille ab. Ich war von meiner Mutter gezwungen worden, die Pille zu nehmen, als sie in Berlin von meiner Beziehung zu

Detlef erfahren hatte. Im Nachhinein muss ich einräumen, wie gut das war, denn die Maßnahme hat mich wohl vor einigem Unheil bewahrt. Das war mir aber damals als Jugendliche und junge Erwachsene durchaus nicht klar, und ich wollte die Pille einfach nicht mehr nehmen. Es war meine Art von Widerstand und Freiheit, sie abzusetzen. Nach all den krassen Geschichten, die ich mit Freiern beim Anschaffen in Berlin erlebt habe, all diesen fiesen Geschlechtskrankheiten, die ich bekommen habe, bin ich froh, dass ich überhaupt noch Spaß an normalem Sex haben kann.

Als junge Frau wusste ich auch gar nicht, was Verhütung überhaupt ist. Den Aufklärungsunterricht in der Schule habe ich verpasst, weil ich stattdessen auf den Strich gegangen bin – das muss man sich einmal vorstellen!

Ich hatte keinerlei Durchblick, von nichts eine Ahnung, spielte mich aber als Erwachsene auf, die genau wusste, was sie wollte – und sich das auch nahm. Jetzt nahm ich mir also erst mal Jackie Eldorado.

Manchmal frage ich mich, was passiert wäre, wenn das Buch nicht erschienen wäre. Die Lehre in der Buchhandlung hätte ich garantiert nicht bekommen, denn die wurde mir nur angeboten, weil ich Christiane F. war.

Ich hatte mal die Möglichkeit, ein Jahr in eine Hauswirtschaftsschule zu gehen. Anschließend hätte ich Näherin werden können. Ein paar Wochen lang habe ich mich auch als Schaufensterdekorateurin ausprobiert, aber das war nichts für mich. Ich brauche Menschen um mich, nicht nur Puppen und Stoffe. Ich glaube, wenn das Buch nicht erschienen wäre, hätte ich den Nikolai geheiratet und mit ihm zwei Kinder bekommen. Ein langsames, ruhiges Leben hätten wir gelebt und wohl auch aufs Geld gucken müssen. Denn am Bankschalter wirst du nicht gerade reich, und ich bin nicht der Typ für eine normale Karriere. Ich bin nicht faul, ich muss immer was zu tun haben, aber ich kann mich einfach nicht auf geraden Wegen halten, lasse mich immer von Gefühl und Lust leiten, denke nicht so sehr an langfristige Ziele.

Als ich in Kaltenkirchen ankam, hatte ich überhaupt keinen Schimmer, was aus mir werden sollte. Ich war völlig perspektivlos, wusste nichts mit mir anzufangen und traute mir auch nichts zu. Ein komplett hoffnungsloser Fall. Insofern war es gut, dass das mit dem Buch auf mich zukam, das holte mich erst einmal aus diesem Loch – und führte mich nach Hamburg, in eine neue Welt und in meine Musiker-WG.

Anfangs machte ich mir gar nicht klar, dass die anderen in der Wohngemeinschaft viel weniger Geld hatten und weniger bekannt waren als ich. Ich bewunderte sie einfach und fühlte mich wahnsinnig wohl mit ihnen. Meine Ausbildung konnte ich in einer Hamburger Filiale der Buchhandlung fortsetzen, und an den Wochenenden arbeitete ich für Klaus. Entweder waren wir in der Markthalle beschäftigt, wo ich mich Backstage um die Künstler kümmerte, deren Konzerte Klaus organisierte. Oder wir waren in der Feldstraße 31 im Karolinenviertel.

Da war das RipOff, das heute RuffTrade Records heißt, ein Punk-Plattenladen und ein Label, das Klaus zusammen mit Jochen und Alfred betrieb. Alfred Hilsberg war Kritiker bei den Fachmagazinen Musik Express und Sounds, und er war derjenige, der den Begriff Neue Deutsche Welle prägte. Überhaupt hat er die Musikszene der späten Siebziger- und frühen Achtzigerjahre stark beeinflusst.

Nachts im RipOff schnürten wir Pakete zum Verschicken an die großen Plattenläden. Klaus hatte mich gern dabei, weil ich mich durch meine Ausbildung mit Buchhaltung auskannte, sodass ich den Papierkram für ihn erledigen konnte.

Aber ich war bald überfordert mit der Lehre und diesem Zweitjob, denn ich kam quasi gar nicht mehr ins Bett und fing irgendwann an, Kokain zu schnupfen, um mich wach zu halten.

Viele meiner Freunde koksten, aber es gab kein Braunes. Von Heroin wollten die nichts wissen. Was Stärkeres als Koks gab es nicht, aber das dafür jeden Tag. Gekifft haben wir auch. Aber vom Braunen war ich zu dieser Zeit clean.

Eines Abends, als ich in der Markthalle vom Koksen auf der Toilette kam, stand ich mit Frank und Mufti an einem Flipper und sah einen Typen, der einfach unglaublich gekleidet war. Seine Hosen waren aus dem Stoff genäht, aus dem Autohimmel gemacht sind. Er trug durchsichtige Gummistiefel, darunter löchrige Socken, und seinen Hals schnürte ein echtes Priester-Kollar! Mit dunklen Rändern unter den Augen und seinem blassen Gesicht sah er aus, als käme er gerade von einer Punk-Beerdigung – und hätte noch selbst die Predigt gehalten. Das war Blixa Bargeld, Sänger der Band Einstürzende Neubauten.

Die Jungs waren damals noch ganz unbekannt. Nach einer Show von Campino und ZK, bei der so ziemlich alles durch die Gegend geflogen war, was sich irgendwie bewegen ließ, trauten sie sich erst gar nicht auf die Bühne. Dieser Auftritt in Hamburg sollte ihr erster außerhalb Berlins werden, er war also eine große Chance, die sie schließlich auch nutzten. Es war unglaublich, als sie dann spielten. Ich war hin und weg und bedrängte Klaus sofort, die Jungs unter Vertrag zu nehmen. Tatsächlich ist aus dieser musikalischen Begegnung dann eine lange Freund- und Partnerschaft entstanden. Klaus wurde für lange Zeit Berater und Musikvideoproduzent der Neubauten und gründete ein paar Jahre später zusammen mit dem Bassist der Band, Mark Chung, den Musikverlag Freibank.

Der Gitarrist der Einstürzenden Neubauten hieß bekannt-
lich Alexander Hacke. Als wir uns kennenlernten, war er
noch Teenager und lebte noch bei seiner Mutter in Berlin-
Buckow, also Neukölln. Ich fand ihn einfach niedlich. Wir
schrieben uns zunächst nur Briefe, manchmal waren auch
nur Fotos in den Umschlägen oder kleine künstlerische
Souvenirs. Als Alex mit der Schule fertig war, zog er zu uns
nach Hamburg in die WG. Dort wurden wir ein Paar.

Direkt anschließend flog ich in die USA. Bernd Eichinger
hatte mein Buch verfilmt, der Film war in Europa ein großer
Erfolg und sollte nun auch in Amerika in die Kinos. Natja
Brunkhorst, die mich gespielt hatte, war erst knapp vierzehn
Jahre und konnte daher nicht über sich selbst entscheiden.
Ihr Vater wollte unbedingt mit in die USA auf Pressereise
und machte Ärger, sodass Eichinger und der Regisseur Uli
Edel dann lieber mich fragten.

Edel, der Drehbuchautor Hermann Weigel und ich, wir
flogen First Class nach Los Angeles! Bernd lebte ja in Hol-
lywood, den trafen wir später. Und es ging direkt richtig ab.
Als wir gelandet waren, stand eine riesige Limousine für uns
bereit. „Wir fahren nicht gleich zum Hotel", sagte Uli, als wir
einstiegen. „Wohin denn?", fragte ich. Als ich erfuhr, dass
wir zu Rodney Bingenheimer zum Rockradiosender KROQ
fahren würden, bin ich total ausgeflippt. „Echt? Voll geil. Ich
kenne seine Tapes, jeder kennt seine Tapes, totaler Hammer!" Bingenheimer hat die amerikanische Rock-, Punk-
und New-Wave-Zeit maßgeblich gestaltet. Als einer der
Ersten hatte er Bands wie Blondie, The Sex Pistols und The
Ramones aufgelegt und ihnen dadurch ermöglicht, Musikgeschichte zu schreiben.

Das KROQ-Studio war unerwartet winzig. Alles stand
voll mit Schallplatten und war mit diesen Eierschalentape-
ten aus Schaumstoff tapeziert. Hinter einer Glasscheibe saß

der Tontechniker, sonst war da niemand, nur wir. Und die Leute riefen an, Amerikaner, die unseren Film gesehen hatten. Aber verflucht noch mal: „My English, oh my god! I am sorry." Manchmal wusste ich einfach nicht, wie ich reagieren sollte. Zum Glück war Uli Edel dabei, der einen Teil der Fragen einfach übernahm. Oder er übersetzte für mich.

Rodney und ich verstanden uns von Anfang an ganz hervorragend. Als er anbot, mir die Stadt zu zeigen, war ich natürlich sofort einverstanden. Also holte er mich abends ganz artig im Chateau Marmont ab, und dann ging es in die besten Bars und Restaurants. Aber um 22 Uhr musste ich wieder zurück sein, klar, ich war ja erst 19.

Das war schon seltsam, da hatte ich in Deutschland seit Jahren gefeiert, und in den USA kam ich nirgendwo rein. Einlass ab 21, Freunde, das ist Amerika! Einmal waren wir in einer Disko, in der kein Alkohol ausgeschenkt wurde; es war bis dahin außerhalb meiner Vorstellungskraft, dass es so etwas überhaupt gab. Bingenheimer selbst hat nicht getrunken, nicht geraucht, keine Drogen genommen, nix. Ich war in besten Händen, das wussten auch Uli und Bernd.

In dieser Disko haben wir tatsächlich Billy Idol getroffen und zusammen Saft getrunken. „Das glaubt mir keine Sau", dachte ich in dem Moment.

Am ersten Morgen hatten wir um halb neun den ersten Termin. Die Leute vom TV-Sender hatten eine passende Location für das Interview gefunden, einen schwarz gekachelten Hotelpool. Ich hatte damals schwarz gefärbte Haare und fand, das Kamerabild sah aus wie gemalt. Wir saßen also da draußen, unter freiem Himmel in dem Hotelinnenhof, als plötzlich eine Tür aufgeht, ein kleines Baby mit Strampler rausgedackelt kommt und schnurstracks auf den Pool zusteuert. Doch dem Kleinkind auf den Fuß folgt direkt eine schwarze Frau, die Babysitterin. Das Baby war Cosma-Shiva

Hagen, sie war erst knapp ein Jahr alt und hatte wohl die Tür allein aufgekriegt.

Aufgeregt hinter Baby und Kindermädchen kam die Mutter, Nina Hagen. Sie steckte erst den Kopf raus, sah uns auf diesen Stühlen, zum Interview bereit. Uli und mich. „Ist doch nicht zu fassen, wohin du auch gehst, überall sind die Berliner", sagte ich. Und Nina: „Ey, wer bist denn du?"

So lernten wir uns kennen und wurden so was wie Freundinnen. Wir hatten eine Menge Spaß zusammen, sie nahm mich mit in ihrem türkisfarbenen Buick mit Chauffeur zum Shoppen und zu Fashion Shows in geräumigen Fabrik-Lofts. Ein richtiges Gespräch zwischen uns war zwar kaum möglich, sie hatte gerade ihre „Ufo-Phase", sodass jede Unterhaltung irgendwie im außerirdischen Nichts endete. Aber wir hatten trotzdem Spaß und ließen es qualmen.

In L. A. rauchten alle Joints ohne Tabak. Rauchen, pfui. Aber kiffen. „Du hast den ganzen Joint versaut", bekam ich zu hören, als ich mal einen mit Tabak gebaut hatte.

An einem Tag besuchten wir Rodney in seinem Studio – und durften prompt mit moderieren. Das war der Tag, an dem Nena in Amerika ein Star wurde.

Wir machten die Show, Nina, Rodney und ich – und die Zuhörer fragten mich, was ich denn so für Musik höre. Und dann legte ich ein Tape ein, das ich aus Deutschland mitgebracht hatte. Darauf war eine Aufnahme von Nena: „99 Luftballons".

Bingenheimer war so angetan, dass er das Lied in einer seiner nächsten Sendungen abermals einspielte und von dem Popsong aus Deutschland schwärmte. So eroberte Nena auch den amerikanischen Markt.

Später gingen wir auch einmal zu Bingenheimer nach Hause, ließen dort den Tag zu Ende gehen. Seine Wohnung war überraschend klein, ein Einzimmerappartement, schick eingerichtet mit allerlei Technikkrams, ja. Aber klein, bescheiden im Vergleich zum Pomp, den du sonst so in L. A. findest. Bingenheimer ging in seinem Job voll auf. In seiner Spüle lagen lauter Fotos: er mit Jimi Hendrix, er mit The Jackson Five, er mit Blondie, er mit Boy George, er mit The Rolling Stones. Er tat mir fast ein bisschen leid, als ich das so sah. Er schien sich total damit zu identifizieren, dabei ist Starkult doch so etwas Unwirkliches. Was bleibt, wenn das Mikro ausgeht? Oder das Scheinwerferlicht? Als ich ihn bei späteren USA-Reisen öfter wieder traf, wurde mir mehr und mehr klar, dass dieses Leben mit den Stars Rodneys einziger Lebensinhalt war. Er hatte keine Kinder, keine Frau, niemanden, im Grunde war er total einsam.

Ich war mächtig angetan von den USA, das war alles saucool. Das änderte sich auch nicht, als ich eines Morgens aufwachte und im Chateau Marmont am Sunset Boulevard das Chaos herrschte: Polizei und Krankenwagen, Paparazzi und Fernsehteams überall. Ich lief sofort zu Uli Edel ins Zimmer, und der rief unten am Empfang an. Was war passiert? John Belushi, einer der Blues Brothers, war in der Nacht im Chateau Marmont an einem Speedball gestorben. Es gibt Berichte darüber, dass ich über seinen Drogentod total in Panik verfallen sein soll, und Uli und ich dann sogar das Hotel wechselten, weil es mich angeblich so sehr mitnahm. Das ist aber Blödsinn.

Ich wusste damals gar nicht, wer John Belushi war. Wir wohnten im Chateau Marmont, da ziehst du doch nicht einfach aus, weil jemand gestorben ist, den du gar nicht kennst!

Wenn mich irgendein Drogentod in dieser Zeit schockiert hat, dann der meines Cousins aus Kaltenkirchen. Zwei Jahre, nachdem ich ihn das letzte Mal gesehen hatte, starb er an einer Überdosis Heroin. Keine Ahnung, wie er an das Zeug gekommen ist, er hatte auf jeden Fall die falschen Freunde, die ließen ihn tot auf einer Parkbank im Ort sitzen.

Es war fürchterlich, meine Tante und mein Onkel gaben natürlich mir die Schuld. Aber ich hatte nichts damit zu tun, wir hatten doch nie über Drogen gesprochen.

Aber das war weit weg, wir flogen indes weiter nach New York. Dort wohnten wir im Park Inn im 23. Stock, ich hatte eine riesige Suite. Dennoch war ich heilfroh, als dann Klaus Maeck kam. Er hatte ohnehin in New York zu tun, und ich bat sofort um ein neues Zimmer mit zwei Betten. Ich wollte nicht mehr alleine sein.

In L.A. hatte es mich noch kein Stück genervt, dass ich immer auf dieselben Fragen antworten musste. Man kümmerte sich rührend um mich, ich sog Englisch auf wie ein Schwamm und freute mich, dass ich mehr und mehr verstand und mich besser ausdrücken konnte. Ich und nicht reden können? Das geht gar nicht!

Nach der schönen Zeit in L.A. kam ich aber nun in das graue, betriebsame New York, wo mir die Leute alle furchtbar angespannt und hektisch vorkamen. Das hat mich alles nur noch genervt, sodass ich einfach drei Tage zu früh abgereist bin. Ich weiß nicht mehr genau, wie das war, aber ich hatte mein Ticket und bin damit zum Flughafen und einfach nur weg, zurück nach Hause. Ich war auch noch nie zuvor so lange weggewesen.

Es war gegen fünf Uhr morgens, als ich wieder in Hamburg landete. Klaus war noch geblieben, und ich hatte Probleme mit meinem riesigen Koffer. Damals war ich ja eine halbe Portion von 53 Kilo, und ich hatte so viel Krempel mit angeschleppt, solch unsinniges Zeugs wie einen Totenschädel, der sich mit Licht auflädt und leuchtet, wenn es dunkel ist, dass ich es damit gerade so zum Taxi schaffte. Das waren Zeiten, als die Koffer noch keine Rollen hatten.

Zu Hause angekommen, weckte ich sofort Alexander auf. „Wach auf, ich bin wieder da und habe den Koffer voll mit Sachen." Und er, er sprang sofort auf, küsste mich und forderte wie ein kleiner Junge: „Oh ja, komm, mach auf. Was hast du da? Zeig, was hast du mitgebracht?"

Diese Art habe ich an meinen späteren Freunden total vermisst, dieses Unbedarfte, Unangestrengte. Die Lust auf Leben und Entdecken.

Wir waren das Jahr darauf auch zusammen in Amerika. Das war kein Urlaub, ich habe noch nie im Leben Urlaub gemacht, ich hasse das Wort. Du musst doch irgendwas tun, irgendeinen Grund musst du haben, und den hatten wir auch: nämlich die Mucke. Durch das Zusammenleben mit all den Musikern war ich auf die Idee gekommen, mich auch mal als Solosängerin zu probieren.

Im Stil der Neuen Deutschen Welle hatte ich unter dem Künstlernamen Christiana eine Platte aufgenommen und außerdem mit Alex die Band Sentimentale Jugend gegründet; wir sind unter anderem beim Festival „Geniale Dellitanten" im September 1981 in Berlin aufgetreten.

In der Berliner In-Kneipe Risiko hatten wir damals Rick und seine Freundin kennengelernt, sie war die Tochter von spanischen Einwanderern, er Norweger. Sie lebten in Pasadena, dem kleinen Vorort von L.A., der wie für mich gemacht ist. Kleine Fertighäuschen mit Vorgärten, viele Bäume und Palmen, Gebirge und Sonne. Da gehöre ich hin. Wenn man mich fragt, wo ich mich am wohlsten fühlte, antworte ich: in Pasadena.

Dort, in Pasadena, nahmen wir zusammen Musik auf: die Songs „Wunderbar / Der Tod holt mich ein" und „Gesundheit".

Aber, ehrlich gesagt, wirklich ernst war es mir mit der Musik ebenso wenig wie mit der Schauspielerei. Natürlich hat das Spaß gemacht, und natürlich war ich stolz, aber ich wusste, dass ich weder eine tolle Sängerin noch eine geniale Schauspielerin war. Trotzdem war das eine große Zeit für Alexander und mich – auch deshalb, weil ich mein Jugendidol David Bowie kennenlernte.

Eichingers Filmproduktion hatte mich angerufen, „Wir Kinder vom Bahnhof Zoo" war Ende 1981 fertig, und Bowie und ich sollten den Film nun ansehen und abnehmen – dort, wo mein Star jetzt wohnte, in Lausanne! Er hat einen noblen Wohnsitz in der französischen Schweiz, ich war so aufgeregt, wie noch nie in meinem Leben und musste meine Freundin Franziska mitnehmen. Und ein paar Gramm Koks. Wir flogen bis Genf, fuhren dann weiter mit der Bahn um den Genfer See bis Lausanne, wo wir von einem Chauffeur in einem schwarzen Geländewagen am Bahnhof abgeholt wurden.

Mir ging ganz schön die Muffe, ich musste mir mehrmals die Nase pudern.

Bowie besaß ein kleines Chalet. Das Chateau du Signal ist ein sympathisch unprätentiöses Gebäude aus Backstein, es gibt nur ein Haupthaus und eine Garage, in der nicht mehr als zwei Wagen Platz finden. Es gibt viel Grün im Innenhof, dabei handelt es sich um ein bepflanztes Dach. Fensterpyramiden im Rasen lassen erkennen, dass das Gebäude nur die Spitze des Eisbergs ist und es unterirdisch noch einen Wohntrakt geben muss. Sichtschutz ist wichtig, wenn man ein Star von Bowies Format ist, rings um das Grundstück sorgten sehr viele Bäume dafür, dass man das Chateau ausschließlich aus der Luft sehen konnte.

Die Bilder der Villa kenne ich aber nur aus einer Zeitschrift, in Lausanne wohnte ich in einem Hotel.

Als der schwarze Geländewagen vor der Lobby vorfuhr, habe ich mich nicht hereingetraut, denn ich wusste: Da drin sitzt er!

Meine Hände wurden feucht und mein Puls ging schnell. Ich atmete mehrfach tief ein und aus, dann setzte ich den ersten Fuß auf die Stufe hoch in diesen riesigen Wagen! War das real? Dann den nächsten Fuß. Unglaublich, ich träume! Und da saß er: Auf schwarzen Ledersitzen, wie ein König. Wir waren allein im Wagen, erst viel später hat man mir erzählt, dass das eine große Ehre ist, wenn er jemanden ohne seine gluckenhafte Managerin Coco Schwab und seine Assistentinnen empfängt.

Ich traute meinen Augen kaum: Er war kleiner als ich, dünner als ich und er hatte einen Schnurrbart, wie ihn mein Vater trug. Nicht zu fassen. David Bowie mit Schnurrbart?

Ich war noch viel zu aufgeregt und überfordert, um zu begreifen, wie unglaublich mich das enttäuschte. Ich brachte erst mal kein Wort heraus. Bowie bemerkte, wie mich die Begegnung aus der Spur warf. Er fragte, wie es mir so ginge und ob mein Flug gut gewesen sei. Ich sagte: Ja, sah davon abgesehen aber während der ganzen Fahrt verschüchtert aus dem Fenster und traute mich nicht, auch nur einen Satz von mir zu geben. Nach 15 quälenden, peinlich stillen Minuten kamen wir endlich am Kino an.

Bowie war für mich der Star meines Films.

Nach der Vorführung war er dann aber schnell verschwunden, und wir flogen wieder zurück nach Berlin. Zwei Jahre später erschien Bowies Song „Let's Dance", und das hat meiner Faszination für ihn nach der optischen Enttäuschung einen weiteren gehörigen Dämpfer verpasst. Ich hatte den Künstler bewundert, das exotische Hund-Mensch-Wesen vom Diamond-Dog-Cover. Den Verrückten, Unangepassten. Aber die Zeiten waren wohl vorbei und er nicht das, was ich als kleines Mädchen in ihm gesehen hatte.

Seine Musik entpuppte sich für mich, als ich älter wurde, als Elektro-Mainstream!

Heute halte ich ihn für ein Finanzgenie, das den Kommerz vollkommen beherrscht. Er besitzt mehrere Firmen, die aber gar nichts mit Musik zu tun haben, und gilt als einer der reichsten Künstler der Welt. Aber er ist künstlerisch nur mäßig begabt, finde ich. Er ist sein eigenes Marketingprodukt, das Melodien für die Massen macht. Als mir das klar wurde, hat mich die Erkenntnis echt getroffen. Weil eine Illusion platzte, an die ich mich in meinen finstersten Zeiten noch klammern konnte. Ein Lebensgefühl starb.

Noch nicht ganz entschlossen, mir wirklich einzugestehen, dass er nicht war, was ich glaubte, bemühte ich mich 1983 um Tickets für sein Konzert in der Berliner Waldbühne. Das Management versprach mir zwei mit Backstagepass zu schicken, doch ich bekam nur ein Ticket mit ganz gewöhnlichem Einlass. Allein wollte ich nicht hin, wer geht denn schon allein auf ein Konzert? Und ich war sauer: Mein Film hatte Bowie noch bekannter gemacht, vor allem in Europa. Ich war wirklich enttäuscht und zickig. Was für eine Unverschämtheit!

Ich ging nicht zum Konzert, sondern, später am Abend, wie gewohnt, in den Dschungel. Und da war er: Bowie. Wir hatten uns zwei Jahre nicht gesehen, aber er erkannte mich, fragte, wie es so geht. Da erzählte ich, was passiert war, und er fragte: „Are you ready for an awesome trip tomorrow?" – Bist du morgen bereit für einen großartigen Trip? Ja, klar war ich das!

Um zwölf Uhr holte mich eine Limousine zu Hause in der Reuterstraße ab und fuhr mich zum Flughafen Tegel – dort stieg ich zusammen mit der Crew und Bowie in den Jet der Rolling Stones ein. Bowie hatte ihn sich geliehen. Was war das für eine Maschine, einfach unglaublich! Es gab keine Sitze darin, nur etwa ein Dutzend für den Notfall. Stattdessen: riesige, runde französische Betten mit samtenen Bezügen und eine gut befüllte Bar. Hocker, eine Musikanlage, viele Platten. Als ich zur Toilette musste, staunte ich nicht schlecht – alles war groß ausgebaut. Ein Pissoir aus Marmor in der Luft!

Daneben war ein riesiges, verschließbares Schlafzimmer. Die Crew war super drauf, ruhte sich aus, trank unabhängig von der Uhrzeit schon die ersten Gin Tonic. Aber das Beste im Flieger: Bowie saß abseits und starrte vor sich auf den Boden. Und ich durfte ihn nicht ansprechen, weil er so krasse Flugangst hatte. Das behauptete zumindest Coco Schwab. Sie brachte ihn nach der Landung auch schnell aus dem Flieger, sodass er sich nicht einmal von mir verabschieden konnte.

Mit seiner Band reiste ich dann weiter zum Stadion, durfte mir das Konzert backstage angucken, und Bowie kam tatsächlich zwischen zwei Liedern zu mir und fragte, ob es mir gefällt. Als die Show vorbei war, waren alle sehr schnell weg, und niemand hat sich mehr um mich gekümmert. Die haben mich einfach da sitzen lassen, ich wusste nicht mal genau, in welcher Stadt ich war. Spätestens jetzt musste ich mir eingestehen, dass unsere Begegnungen leider so oberflächlich waren wie unsere Gespräche. Bowie und ich, das kam nicht über Small Talk hinaus.

Etwa zeitgleich mit meinem Bruch mit Bowie gab es den ersten zwischen Alex und mir. Ich war mit meinem Kokain-Dealer im Bett gelandet. Er hieß Guido. Er war der Mann von Miriam, die beiden waren Heavy-Metal-Fans und für die Verhältnisse Anfang der Achtziger eine Provokation auf Beinen. Sie hatte ganz glattes Haar, aber viele Stufen und Ecken reingeschnitten. Es war lila gefärbt, mit einer schwarzen Strähne vorne, die ihr ins Gesicht fiel und ihre dunkel geschminkten Augen verdeckte. Miriam trug Samthosen mit schwarz-weißem Tigermuster, dazu rote Cowboystiefel.

Ihr Mann sah aus wie Keith Richards: schmales, eingefallenes Gesicht, wilde Frisur, meist ein Hut. Und egal, wo die beiden hingingen, sie hatten ihren Dalmatiner dabei.

Miriam und Guido haben damals in Hamburg gutes Geld gemacht, indem sie die großen Bands mit Pulver eindeckten. So lernte ich einmal Genesis kennen. Wir sollten eigentlich nur etwas abgeben, sind dann aber die ganze Nacht geblieben. Falls jemand auf falsche Ideen kommen sollte: Phil Collins war nicht dabei!

Miriam landete eines Tages mit einem Rockmusiker im Bett. Als Guido es mitbekam, schmiss er sich aus lauter Verzweiflung an mich ran. Ich sagte da: „Guido, ich weiß, was in dir vorgeht, aber deswegen musst du nicht gleich bei mir Trost suchen. Ich schlafe doch nicht mit dir, nur weil deine Frau nebenan gerade irgendeinen Film fährt." Und dann haben wir, ich weiß gar nicht mehr warum und wie, es eben doch getrieben.

Miriam wurde von der Nummer dann schwanger! Guido hat ihr aber verziehen. Er hat das Mädchen einfach adoptiert, und zusammen haben sie noch ein Kind bekommen. Das hatte viel mehr Bedeutung als alle Fremdgeherei. Für mich ist das ein sehr schönes Beispiel dafür, dass man Betrug verzeihen kann. Es macht etwas mit der Beziehung, ja. Sie kann dadurch aber sogar vielschichtiger und reifer werden. So etwas kann passieren. Mir ist es wichtiger, dass mein Typ mein Freund bleibt, ich brauche von meinem Partner viel mehr als Sex. Aber vielleicht muss man erst ein gewisses Alter erreichen, um zu dieser Einstellung zu kommen. Wenn man jung ist, denkt man: Das ist der eine, und man will mit dem das ganze Leben zusammen sein. Dabei weiß man gar nicht, was das heißt: ein ganzes Leben. Wie lang ein Leben dauert, wussten wir damals noch viel weniger als heute. Wie lang kann das sein?

Ich habe damals echt Mist gebaut. Mit Alexander. Ich war die erste Frau, mit der er geschlafen hat, und nun erzähle ich ihm einfach nebenbei am Frühstückstisch die Geschichte mit Guido. Ich dachte damals, es wäre gut, ich dachte, Ehrlichkeit sei das Beste. Aber es hat ihm wohl das Herz gebrochen.

SZENEPROFIS

2013 sitzt ein deutscher Opiatabhängiger an seinem Schreibtisch. Er trägt sein aschblondes Haar kurz geschnitten, ist ein eher durchschnittlicher Typ mit gepflegten Händen und tatkräftig hochgekrempelten Pulloverärmeln – vertrauenerweckend, unauffällig. Läge da nicht auf dem weißen Tisch vor ihm ein Magazin mit dem Titel „Drogenkurier".

„Mein Name ist Dirk Schäffer, ich bin 45 Jahre alt und arbeite in der Bundesgeschäftsstelle der Deutschen AIDS-Hilfe in Berlin", stellt der Mann sich vor. Genauer gesagt ist er Referent für Drogen und Strafvollzug, er hat seine Passion gewissermaßen zur Profession gemacht. Eine Not zur Tugend. Seine Krankheit zur Chance.

Schäffer sitzt zwischen einer prachtvoll blühenden Büropflanze und einem satt gefüllten Bücherregal. Er spricht langsam in die Kamera: „Seit 15 Jahren bin ich in der Drogenselbsthilfe JES. Die Arbeit bedeutet mir unglaublich viel. JES hat für meine persönliche Entwicklung eine große Rolle gespielt, maßgeblich dazu beigetragen, dass ich als Opiatkonsument an dem Punkt sein kann, an dem ich heute bin: sozial integriert, berufstätig, weitgehend gesund. Nach vielen Jahren der Opiatabhängigkeit führe ich heute ein sehr zufriedenes und ausgefülltes Leben", sagt Schäffer, ohne zu stottern, ohne zu zittern.

Seine Erfahrungen teilt er über ein Video auf der Homepage des Netzwerks der Öffentlichkeit mit.

Mit den Junkies, wie man sie aus dem Buch oder dem Film „Wir Kinder vom Bahnhof Zoo" kennt, hat Dirk Schäffer nichts gemein. Außer eines: Er ist nicht der geläuterte Ex-Abhängige, der mithilfe einer Substitution aus der Drogenhölle fand.

Nein. Zwar stehen die Drogen nicht mehr im Mittelpunkt seines Lebens, sie sind aber immer noch hin und wieder Teil davon.

JES steht für Junkies, Ehemalige und Substituierte. Unter dem Motto „Für ein menschenwürdiges Leben mit Drogen" setzt sich die Initiative seit 1989 für die Rechte von Drogenkonsumenten gegenüber Politik, Ärzten und Gesellschaft ein, stellt sich gegen Ausgrenzung und Diskriminierung und bietet Betroffenen Hilfe zur Selbsthilfe, wenn es darum geht, trotz Abhängigkeit zurück in ein Arbeits- und Sozialleben zu finden.

„Der Vorteil bei JES ist, dass man nicht viele Worte machen muss, sondern alle mehr oder weniger gleiche Erfahrungen gemacht haben. Dass wir eine Gemeinschaft bilden, in der Stigmatisierung und Ausgrenzung keine Rolle spielen", sagt Dirk Schäffer. „Ich möchte viele andere Drogenkonsumenten einladen, sich bei JES zu engagieren, auf unsere Internetseite oder in das Magazin Drogenkurier zu gucken und herauszufinden, ob JES nicht auch eine Möglichkeit für sie wäre, sich drogenpolitisch zu engagieren."

Die 88. Ausgabe des Drogenkuriers beschäftigt sich mit den 30 Ländern, in denen Drogendelikte noch immer mit der Todesstrafe geahndet werden, „der wahrscheinlich menschenverachtendsten Maßnahme", wie es in dem mit einer Auflage von 4.000 Exemplaren erscheinenden Magazin heißt. Außerdem wird vom JES-Fachtag anlässlich des 22. Jahrestages des Netzwerks in Köln berichtet, eine Reihe von Drogenselbsthilfegruppen aus anderen Ländern vorgestellt und über neue Behandlungen von Hepatitis C informiert.

Unterstützt wird die Zeitschrift durch die Deutsche AIDS-Hilfe und zwei Unternehmen der pharmazeutischen Industrie, die Medikamente zur Behandlung der Opiatabhängigkeit herstellen, Sanofi und Reckitt Benckiser. Organisation, Recherche und Produktion übernehmen die Mitglieder von JES *in Eigenregie, über die Inhalte lässt sich sicherlich streiten, über die Qualität des Produktes nicht.*

Davon kann man sich auch im Internet überzeugen, JES stellt die Magazine als PDFs ins Netz – und Pressemitteilungen: Zum Beschluss des Deutschen Bundestages im Jahr 2009, Substitution durch Diamorphin, das ist medizinisch bereinigtes Heroin, zu erlauben, schreibt JES beispielsweise: „Dieses positive Votum wird in der Folge Menschenleben retten und langjährigen HeroingebraucherInnen ein menschenwürdiges Dasein ermöglichen."

Von öffentlichen Bahnhofstoiletten in politisch organisierte und crossmediale Lobby-Initiativen: Die Drogenszene in Deutschland hat sich in den letzten 40 Jahren stark gewandelt. Das liegt zum einen daran, dass sie 35 Jahre nach „Wir Kinder vom Bahnhof Zoo" besser aufgeklärt ist über die Folgen und Gefahren ihrer Sucht, vor allem aber auch daran, dass Drogensüchtige weltweit längst nicht mehr ausschließlich als verabscheuenswürdige, im besten Fall bemitleidenswerte Opfer am Rande der Gesellschaft gelten.

Berühmte und durchaus angesehene Drogenkonsumenten wie Bundesligatrainer Christoph Daum (Kokain), das britische Model Kate Moss (Kokain und Alkohol), Apple-Erfinder Steve Jobs (LSD), der argentinische Fußballstar Diego Maradona (Kokain) oder der 44. US-Präsident Barack Obama („Haschisch hatte geholfen, Alkohol, manchmal Kokain, wenn das Geld da war", schreibt er in seiner Biografie „Ein amerikanischer Traum") sowie einflussreiche Unterstützer einer alternativen, akzeptierenden Drogenpolitik bestärken Konsumenten in der Haltung, ihr „Recht auf Rausch" zu postulieren und ihre Bedürfnisse gegenüber der Politik, der Justiz und dem Gesundheitswesen zu vertreten.

Beim Treffen der 33. Staats- und Regierungschefs Amerikas im Jahr 2012 forderten die Regierungsvertreter Lateinamerikas von Barack Obama ein Umdenken in der Drogenpolitik. Sie forderten die Legalisierung der Substanzen, die überwiegend aus ihren Ländern stammen, damit das Blutbad im Kampf gegen die Drogen und gegen die Drogenkartelle Südamerikas ein Ende haben möge. Der mexikanische Erzbischof Carlos Aguiar Retes und auch Schriftsteller wie Carlos Fuentes (Mexiko) und Juan Gabriel Vásquez (Kolumbien) unterstützten diese Idee.

Dem Thema „Recht auf Gift" widmete Der Spiegel 2013 eine ganze Serie: Ethan Nadelmann, als Chef der Drug Policy Alliance (DPA), einer Organisation, die sich für eine neue Drogenpolitik einsetzt, der wohl angesehenste Drogenexperte der USA, sagte dem Magazin: „Was in Lateinamerika passiert, ist eine Revolution. Präsidenten, die sagen: ,Beendet den Drogenkrieg!' Das war lange völlig unvorstellbar."

„Ein Verbot von Drogen ist wohl die schlechteste Lösung, um Schaden zu verhindern", erklärte der Harvard-Ökonom Jeffrey Miron. „Erstens führt es zu einem Schwarzmarkt, der korrupt ist und Menschenleben kostet. Zweitens schränkt ein Verbot Menschen ein, die Drogen nicht missbrauchen würden. Drittens kostet das Verbot den Steuerzahler Geld." Dem Wirtschaftsprofessor zufolge könnten zum Beispiel die USA durch eine Legalisierung 85 bis 90 Milliarden Dollar im Jahr sparen. „Die eine Hälfte des Betrags durch die Kosten der aktuellen Drogenpolitik, die dann wegfallen würden, und die andere Hälfte durch Steuern, die auf legale Drogen erhoben werden könnten und dem Staat bisher entgehen."

„Wir haben heute weniger als in den Anfangsjahren damit zu kämpfen, dass man uns als Drogenkonsumenten nicht ernst nimmt", sagt Dirk Schäffer. Dennoch lebt das Gros der nach Schätzungen des Bundeskriminalamtes (BKA) bundesweit rund 200.000 schwerstabhängigen Drogensüchtigen auch 2013 noch in sozialen Randlagen. Die Gründe hierfür sind vielschichtig. Anhängern der akzeptierenden Drogenpolitik zufolge liegt eine der Ursachen in den Gesetzgebungen der jeweiligen Länder, die Betroffene bei der Beschaffung der Rauschmittel kriminalisieren.

Die Grundlage hierfür bildet in Deutschland das Betäubungsmittelgesetz (BtMG), dessen Anhang 1 die nicht verkehrsfähigen Substanzen festlegt. Dazu gehören einige biogene und halbsynthetische Drogen pflanzlichen Ursprungs wie Heroin, Kokain und Cannabis sowie synthetisch hergestellte Varianten wie zum Beispiel LSD und Ecstasy. Das Einheitsabkommen über die Betäubungsmittel der Vereinten Nationen ist die Grundlage dafür, welche Stoffe in Deutschland als illegal gelten und welche erlaubt sind. Das 1961 entstandene Vertragswerk soll die Verfügbarkeit einiger Drogen einschränken und bildet bis heute den Rahmen der weltweiten Drogenkontrolle: Kokastrauch, Schlafmohn und Indischer Hanf, die pflanzlichen Rohstoffe Opium, Mohnstroh und Cannabis, Opiate und Heroin sowie einige synthetische Opioide wie Methadon sind Gegenstand der Vereinbarung.

In der Präambel steht, dass die Betäubungsmittelsucht für den Einzelnen ein Übel und für die Menschheit eine wirtschaftliche und soziale Gefahr darstellt. Unter manchen Wissenschaftlern und Politikern gilt das Abkommen als längst überholt: Der britische Lancet, eine der ältesten medizinischen Fachzeitschriften der Welt, veröffentlichte bereits 2010 eine Studie, der zufolge Alkohol die Droge mit dem größten Schadenspotenzial in Bezug auf Selbst- und Fremdschädigung ist.

Zu einem ähnlichen Ergebnis kommt auch der Drogen- und Suchtbericht der Bundesregierung 2013. Demnach trinkt jeder Einwohner der Bundesrepublik Deutschland durchschnittlich 9,6 Liter Alkohol pro Jahr. „Dies ist im internationalen Vergleich ein hoher Wert", heißt es in dem Lagebericht. Und weiter:

„Die empfohlenen Trinkmengen werden in Deutschland von 9,5 Millionen Bundesbürgern überschritten, von denen wiederum 1,3 Millionen eine Alkoholabhängigkeit aufweisen." Die volkswirtschaftlichen Schäden durch Alkohol belaufen sich demnach auf rund 27 Milliarden Euro, fast 75.000 Menschen sterben jedes Jahr an direkten und indirekten Folgen ihres übermäßigen Alkoholkonsums, heißt es.

Zu den abhängigkeitsgefährlichsten Substanzen gehört weiteren Untersuchungen zufolge neben Heroin und Crack auch Tabak. In den meisten Ländern werden Alkohol und Tabak aber ganz legal gehandelt.

Bei anderen Drogen führe vor allem die Prohibition zu Mord und Totschlag, sagt Miron: *„Indem man einen Schwarzmarkt erzwingt, erzeugt man Gewalt, weil die Konflikte der Handelnden nicht innerhalb des Justizsystems gelöst werden können. Die Akteure werden in eine Schattenwelt gezwungen."*

In Deutschland machen sich Süchtige nicht durch den Konsum, sondern durch den Drogenbesitz zu Kriminellen. Mit der Beschaffung der illegalen Substanzen verstoßen sie gegen das Betäubungsmittelgesetz. Das ist Anhängern der akzeptierenden Drogenpolitik zufolge der Grund dafür, dass sich außerhalb der Gesellschaft ein eigenes Milieu bildet, in dem die Beschaffung, der Verkehr und der Konsum toleriert werden. Aus Angst vor strafrechtlicher Verfolgung würden Süchtige in ein Umfeld Gleichgesinnter und aus einem geregelten Leben gedrängt. In solchen peripheren Zweckgemeinschaften sind soziale und körperliche Verwahrlosung aber nur die harmlosesten Folgen, die wiederum, um das besser ertragen zu können, zu einer gesteigerten Flucht in die Sucht führen.

Von dem Ziel, den Konsum illegaler Drogen in Deutschland einzudämmen, ist man laut Drogen- und Suchtbericht der Bundesregierung bis heute weit entfernt. Jeder vierte

Erwachsene im Alter zwischen 18 bis 64 Jahren hat schon einmal illegale Drogen probiert (Stand 2012). Der Trend geht zur „polyvalenten Einnahme" von Betäubungsmitteln, also dahin, gleichzeitig mehrere illegale Drogen oder illegale Drogen zusammen mit Alkohol zu konsumieren. Der Staat stößt im Kampf gegen die Drogen vor allem auch deshalb an seine Grenzen, weil sowohl die Produzenten als auch die Konsumenten sich immer wieder Neues einfallen lassen. Sie suchen nach legalen Alternativen, die meist nicht weniger schädlich sind, oder wandeln Rezepte um.

Die Bundesregierung äußert ihre „große Sorge" über neue psychoaktive Substanzen, die oft legal als Düngemittel, Badesalze oder Räuchermischungen angepriesen werden. Die chemische Struktur bereits unterstellter Betäubungsmittel würde „so verändert, dass der neue Stoff nicht mehr dem BtMG unterliegt. Die für Missbrauchszwecke geeignete Wirkung auf die Psyche bleibt jedoch erhalten oder wird sogar verstärkt."

„King Kong", „Lava Red" oder „Monkey goes Bananas" zum Beispiel heißen die Kräutermischungen, die in vielen deutschen „Headshops" oft ganz legal als Marihuana-Ersatz verkauft werden. Auch über den Online-Versandhandel kann man diese Stoffe ohne Probleme beschaffen, sie gelten als sogenannte Legal-Highs.

Laut Experten verursachen die neuen Rauschmittel unter anderem Schmerzen in der Brust, hohen Blutdruck, Halluzinationen sowie extreme Erregungs- und Angstzustände. Es gab bereits Tote.

Offenbar werden die neuen Stoffe in Asien extra für den europäischen und amerikanischen Markt billig produziert, sie haben eine Pulver- oder eine Kristallform, viele beinhalten unter anderem Methylendioxypyrovaleron, das ähnlich wirkt wie das organische Aufputschmittel Khat, oder synthetische Cannabinoide.

So zum Beispiel „Spice", das 2008 als Cannabis-Ersatz gehandelt und im Jahr darauf dem Betäubungsmittelgesetz unterstellt wurde. Seither entwickeln Hersteller immer wieder neue Abwandlungen dieses Stoffs, und vor allem Jugendliche laufen Gefahr, zu den Versuchskaninchen dieser Industrie zu werden. Was legal online und in Headshops erhältlich ist, kann ja nicht so gefährlich sein, denken viele.

Krötenlecken ist unter manchen Jugendlichen der aktuelle Partyhit. Über das Internet kann man die Colorado-Kröte, auch Aga-Kröte genannt, bestellen. Sie kommt aus Amerika und sondert ein Sekret ab, wenn man ihren Nacken drückt. Manche trocknen das Sekret und rauchen es dann in einer Pfeife, andere lecken das Tier an Ort und Stelle einfach ab und reichen es herum wie einen Joint.

Nach Alkopops ist alkoholhaltige Seife das neue In-Getränk unter Teenagern und jungen Erwachsenen. Mit Cola oder Red Bull mischen, fertig – vor allem auf Musikfestivals sehr beliebt, dort werden gern sämtliche mobilen Toiletten geplündert. Damit sie schneller in die Umdrehungen kommen, setzen Jugendliche mit wachsender Beliebtheit auch sogenannte Stürzer ein. An einem Ende des Gefäßes ist ein Trichter befestigt, am anderen Ende ein langer Schlauch, den der Trinker schluckt. So kann ihm der Alkohol schneller und in größeren Mengen verabreicht werden.

Es heißt, diese Trinkspiele stammten aus Amerika und seien dort ganz gewöhnliche Rituale beim Spring-Break der US-Studenten und -Studentinnen. Dort und in Europa haben vor allem Mädchen für sich entdeckt, dass sie erst gar nicht saufen müssen, um betrunken zu werden: Sie tunken Tampons in Wodka und stecken sie sich dann in die Vagina. Über die Schleimhäute wird der Alkohol absorbiert. Los geht die Party. Vergleichsweise weniger Jungen versuchen diesen Rausch ganz ohne Fahne über ihren Anus herzustellen.

Junge Männer rauchen lieber Cannabis. „Von den männlichen 12- bis 17-Jährigen haben mit 6,2 Prozent etwa doppelt so viele in den letzten zwölf Monaten Cannabis genommen wie von den weiblichen 12- bis 17-Jährigen", heißt es im Drogen- und Suchtbericht 2013. In Deutschland bezeichnen sich 220.000 Personen selbst als von Cannabis abhängig, mehrere Zehntausend begeben sich jährlich in Therapie deswegen.

Im Rahmen einer Drogenaffinitätsstudie fand die Bundes- zentrale für gesundheitliche Aufklärung (BZgA) heraus, dass der Anteil Jugendlicher, die mindestens einmal im Leben Cannabis probiert haben, insgesamt aber zurückgeht. Am häufigsten kiffen demnach Studenten.

Die Droge der ärmeren Aufputschsüchtigen ist eine unglaublich gefährliche: Sie heißt Crystal und stellt Drogen- fahnder vor allem im sächsischen und bayerischen Grenzgebiet zu Tschechien vor enorme Herausforderungen. Crystal ist ein künstlich hergestelltes Aufputschmittel, dessen Grundstoffe vergleichsweise leicht zu beschaffen sind. Die Droge, die je nach Region als „C", „Crystal", „Meth" oder „Ruppe" bezeichnet wird, entsteht meist in Privatlaboratorien und ist auf dem Markt praktisch immer verfügbar. Der Preis liegt zwischen 50 und 85 Euro je Gramm, Crystal ist damit günstiger als Kokain, das je nach Reinheit zwischen 70 und 110 Euro je Gramm kostet.

Die Folgen des Konsums dieser leicht und vergleichsweise günstig erhältlichen Droge sind fatal: Crystal ruiniert den Körper in kürzester Zeit. In seiner Wirkung führt es zu einer Leistungssteigerung. Hunger, Schlafbedürfnis und Schmerz- empfinden werden unterdrückt, der Konsument spürt Euphorie, extreme Nervosität, ein gesteigertes Selbstwertgefühl und eine erhöhte Risikobereitschaft. Für die Nervenzellen ist Crystal jedoch hochgiftig. Vor allem der Langzeitkonsum kann Nerven- schäden, Gedächtnis- und Konzentrationsprobleme, Zahnausfall, Herzprobleme, Hautentzündungen und Psychosen verursachen. Der Stoff frisst den Menschen quasi auf – es beginnt mit einer grauen Haut und einzelnen Pickeln, doch schnell wachsen riesige, entstellende Entzündungen im ganzen Gesicht und am Körper heran. Die Zahnsubstanz zersetzt sich und verfault genauso wie die Fingernägel, alle Körperorgane verlieren Fett- und Muskelmasse, manche Körperfunktionen sind schon nach wenigen Monaten irreparabel zerstört.

Die Droge wird als weißes oder eingefärbtes kristallines Pulver, teilweise auch als Tabletten oder Kapseln verkauft. In Sachsen macht sie inzwischen den Hauptanteil illegal konsumierter Substanzen aus, 40 Prozent der Klienten in Suchtberatungsstellen sind abhängig von diesem Zeug, viele sind erst etwa 16 Jahre alt.

Crack ist ein aus Kokainsalz und Natron hergestelltes Rauschmittel, das in kleinen Pfeifen geraucht wird und ebenfalls aufputschend wirkt. Da es beim Verbrennen der kleinen Klumpen knackt, heißt der Stoff Crack, er hat von allen Drogen das höchste psychische Abhängigkeitspotenzial und wird in Deutschland ebenfalls besonders häufig konsumiert. Zusammenfassend lässt sich sagen: Die Drogen, die in Deutschland auf dem Vormarsch sind, fügen dem Körper die schwersten irreparablen Schäden zu.

Eine positive Entwicklung nimmt die Zahl der Drogentoten in Deutschland. Im Jahr 2011 ist sie um 20 Prozent auf 986 im Vergleich zum Vorjahr (1.237) stark gesunken. 2012 wurden mit 944 noch weniger Todesfälle infolge schwerwiegenden Drogenkonsums verzeichnet. Eine Überdosis Heroin bleibt weiter die häufigste Todesursache, 177 Menschen starben im Jahr 2012 daran. Bei weiteren 250 Personen hat eine Überdosis Heroin in Verbindung mit sonstigen Drogen zum Tod geführt. Der Altersdurchschnitt der Drogentoten steigt langsam, aber kontinuierlich und lag 2012 bei 37 Jahren.

Wie eine Umfrage unter 534 Junkies, ehemaligen Junkies und Substituierten (JES Initiative) ergab, sind mehr als die Hälfte aller Heroinabhängigen mit dem Hepatitis-C-Virus infiziert. Viele wissen gar nicht, ob sie sich angesteckt haben, und werden nach eigener Aussage auch im Rahmen der Substitutionsbehandlung nicht, wie empfohlen, alle sechs oder zwölf Monate vom Arzt einem Test zur Feststellung des HIV-Status unterzogen. 51,6 Prozent gaben an, noch nie getestet worden zu sein.

Solche Ergebnisse zeigen, dass die Substitutionspraxis in Deutschland einer besseren, vor allem personellen Ausstattung bedarf, um ihrem Auftrag, beispielsweise in der Erkennung, Prävention und Behandlung von Infektionskrankheiten, auch gerecht werden zu können.

Neben der Substitutionsbehandlung sollten ab Mitte der Neunzigerjahre mehrere Drogenkonsumräume im gesamten Bundesgebiet dabei helfen, der Ausbreitung lebensgefähr-licher Infektionskrankheiten unter Heroinkonsumenten, sogenannten Fixern, präventiv entgegenzuarbeiten. Durch die Bereitstellung von sterilem Spritzbesteck, Pflastern und Ein-weghandschuhen sowie der Präsenz von Rettungskräften vor Ort sollen die Akuthilfe bei einer lebensgefährlichen Überdosis und der Konsum der Drogen unter hygienischen Bedingungen möglich sein. Darüber hinaus können weiterführende Hilfs-angebote an Schwerstabhängige vermittelt werden. Da der Konsum von Drogen an sich nicht illegal ist, gilt das Injizieren in einer dieser sogenannten Fixerstuben als rechtlich straffreie Selbstschädigung.

Auch die nicht Drogen konsumierende Bevölkerung hat ihre Vorteile durch die Einrichtung solcher Räume, weil weniger Junkies sich ihren Schuss etwa in Parkanlagen, auf offener Straße oder in S- und U-Bahnstationen setzen und daher auch deutlich weniger benutztes Spritzbesteck und andere gefähr-

liche Gegenstände mit Verletzungsgefahr an öffentlichen Plätzen zu finden sind. In Berlin, Hamburg, Hessen, Niedersachsen, Nordrhein-Westfalen und im Saarland gibt es solche Drogenkonsumräume.

Einer wissenschaftlichen Untersuchung zufolge akzeptieren fast 80 Prozent der Nachbarn die Fixerstuben, weil die im Vorfeld befürchtete Ausweitung der Szene im angrenzenden Gebiet nicht stattgefunden hat. Die Bereitschaft der Betroffenen, in eigens dazu bereitgestellten Räumlichkeiten Drogen zu konsumieren, ist allerdings gering: Nur etwa 15 Prozent nahmen das Angebot an. Die Nutzer sehen den Vorteil der Drogenkonsumräume vor allem in der Vermittlung von Drogenhilfe.

Politische Forderungen von JES sind unter anderem ausgeweitete Spritzentauschprogramme, die dabei helfen sollen, dass sich weniger Fixer mit Infektionskrankheiten anstecken, ausreichende Behandlungsangebote mit Substitutionsmitteln auch in ländlichen Regionen und die geregelte Abgabe von sauberem Heroin an Konsumenten, die mit Methadon, Polamidon oder Subutex – den heute gängigen Mitteln zur Substitution – nicht zurechtkommen.

Ein langfristiges Ziel des Bündnisses ist der Verkauf heute illegaler Drogen in Fachgeschäften durch ausgebildetes Fachpersonal. Doch die Lobby, die selbst eine Teillegalisierung verhindern will, ist stark: „Viele tausend Menschen im Staatsdienst würden ihre Arbeitsplätze verlieren. Die Entzugskliniken würden eine Menge Kunden verlieren, weil viele von ihnen von der Justiz zu einem Entzug gezwungen werden. Die Menschen, die Gefängnisse bauen, haben auch ein Interesse an vielen Insassen. Außerdem mag die Kirche Drogen nicht", benannte Harvard-Ökonom Jeffrey Miron im Spiegel-Online-Interview die Interessensgruppen, die weiter am internationalen Krieg gegen Drogen festhalten. Seit 2011 hat JES zumindest in

Deutschland Unterstützung von einer Partei: Die Linke hat auf ihrem Parteitag in Erfurt beschlossen, langfristig den Konsum von Heroin und Kokain zulassen zu wollen. Die Drogen sollen der Partei zufolge nur von Stellen mit der entsprechenden fachlichen Qualifikation ausgegeben werden, zum Beispiel Apotheken. Unter Umständen soll es eine Beratungspflicht für Verkäufer und Käufer geben. In jedem Fall sei nur eine Legalisierung der Drogen und die Entkriminalisierung der Konsumenten eine rationale und humane Drogenpolitik, hieß es vonseiten der Linken.

Das freut Dirk Schäffer: „Wir haben bereits viel erreicht." Dennoch bleibe „für die Zukunft viel zu tun, und hierfür brauchen wir Unterstützung, jüngere und ältere Leute, die gemeinsam mit uns für eine Legalisierung einstehen und die Rahmenbedingungen schaffen, die ein menschenwürdiges Leben auch mit Drogen ermöglichen, das nicht durch Kriminalisierung und Ausgrenzung gekennzeichnet ist."

S. V.

Anna

Eines Tages stand ein farbiger Mann mit einem Karton vor der Wohnungstür. Ich lebte zwar noch in der Vierer-WG in Hamburg, aber die Musiker waren oft unterwegs, auf Tournee, im Tonstudio oder auf irgendeinem Gig, weshalb ich dann meist für ein paar Tage bei Miriam und Guido einzog. Ich wollte nicht allein sein, ich war nie gern allein. Und da stand nun dieser schwarze Fremde und fragte nach den beiden, sonst sagte er nichts, nicht einmal seinen Namen. Doch sie waren nicht da, hatten dem Mann aber offenbar versprochen, dass er seine Kiste auf dem Dachboden lagern dürfe. Was sollte ich machen? Der Typ stand da an der Türschwelle mit dem Karton und starrte mich an. Ich hatte irgendwie Angst vor ihm, also ließ ich ihn seine Lieferung nach oben bringen, dann ging er wieder mit einem genuschelten „Tschüss". Und ich versuchte, ihn zu vergessen.

Ich konnte mir denken, was in dem unheimlichen Paket war. Meine Ahnung wurde eines Tages Gewissheit, als ich mal wieder bei Miriam und Guido zu Besuch war und in die Küche trat. Da saß Guido am Tisch, vor ihm ein aufgefaltetes Blättchen aus silbernem Papier, so wie das, aus dem Kaffeeverpackungen gefertigt sind. Ein sogenanntes Paper. Guido kratzte braunes Pulver daraus. Er habe nicht gewusst, dass dieser farbige Kerl, den er nur um drei Ecken kenne, Heroin gemeint habe, als er darum bat, ihren Dachboden als Bunker nutzen zu dürfen. Jetzt sei der Typ verhaftet worden, und da wollten Miriam und er in aller Vorsicht einmal nachsehen, welche Ware sie da oben unterm Dach gelagert hatten. Dann hätte sie der Schlag getroffen. Mit Heroin wollten die beiden nichts zu tun haben. Auch jetzt, wo es kiloweise umsonst bei ihnen gelandet war, wollten sie es nicht verkaufen. Aber in den Müll kann man so etwas ja auch nicht werfen, also stellten sie es erst einmal wieder zurück auf den Dachboden.

Neben der WG in Hamburg, wo wir meist nur noch wegen der Musik waren, hatten Alexander Hacke und ich jetzt auch wieder eine winzige Wohnung in Kreuzberg nur für uns zwei. So sind wir viel gependelt, aber im Grunde war ich sehr oft allein. Die Jungs, auch Klaus Maeck und die anderen aus der WG, waren einfach viel unterwegs. Irgendwann hielt ich mich also wieder ein paar Tage bei Guido und Miriam auf, die tagsüber zur Arbeit waren, sie verdienten auch als Musiker, so kamen sie überhaupt erst in die Szene.

Irgendwie, ich weiß auch nicht warum, ging ich auf den Dachboden. Ich kann wirklich nicht erklären, was mich da getrieben hat.

Es war, als ob mein Unterbewusstsein die Gelegenheit nutzen wollte, um den Druck abzubauen, den ich die ganzen Wochen seit meiner Begegnung mit dem Fremden gespürt hatte.

Erst versuchte ich noch, mich selbst zu verarschen. Ich las die Bild-Zeitung, die auf dem Küchentisch lag, tönte mir die Haare braunrot, weil ich am Abend wieder nach Berlin zu Alexander fahren und schön für ihn aussehen wollte. Irgendwie konnte ich mich nicht entscheiden, was ich tun sollte. Die eine Seite in mir wollte unbedingt mal wieder einen Turn, die andere wusste genau, was das alles für Schmerzen und Scheiße nach sich ziehen würde. Naja, was soll ich sagen? Nach einer Weile ging ich nach oben und steckte mir einfach ein paar Gramm ein. Zu dem Zeitpunkt war ich seit fünf Jahren clean.

Aber ich habe dieses Heroin lange nicht angerührt. Als ich zwei, drei Wochen später wieder bei Guido und Miriam war, steckte es immer noch in einem Seitenfach von meinem Portemonnaie. Ich kann nicht behaupten, dass ich Größe gezeigt und der Versuchung widerstanden hätte, nein, ich hatte einfach nicht mehr daran gedacht. Mein Hund Igor hatte mich in Beschlag genommen, der tolle große Chow-Chow, den Kai Hermann mir einst geschenkt hatte, als ich nach Hamburg gezogen war.

Igor und ich, das war Liebe auf den ersten Blick, und so bettelte ich Kai immer wieder an, mir das Tier zu überlassen. Aber Kai wollte ihn mir nicht geben, was ich ihm ja auch nicht wirklich verübeln konnte. Trotzdem habe ich es immer wieder versucht, wenn ich die Hermanns auf ihrem Bauernhof in Lüchow-Dannenberg besuchte. Und eines Tages, ich war ganz neu in Hamburg, haben seine Frau und er dann tatsächlich nachgegeben: „Damit du in deiner neuen Heimat nicht so einsam bist." Das war eines der größten Geschenke, die ich je bekommen habe.

Tiere waren schon immer meine Ersatzfamilie, das fing schon mit der braunen Dogge Ajax an, mit der „Wir Kinder vom Bahnhof Zoo" beginnt. Jetzt hatte ich also Igor, und der Arme litt unter einer geschwollenen Prostata und wahnsinnigen Schmerzen. So war ich eine Weile abgelenkt von meinen eigenen Schwächen.

Als ich nun zwei, drei Wochen später wieder bei Miriam und Guido in Hamburg war und in die Küche kam, lag zum ersten Mal nach all den Jahren ein halbes Gramm Braunes auf dem Küchentisch. Sie hatten das Heroin in die Spüle ge-kippt, aber es blieb ein Rest in den Papers und den hatten sie rausgekratzt – zum Eigengebrauch. „Naja, so ein biss-chen was sollten wir schon davon haben", meinte Guido und mischte weißes Kokain mit dem Braunen zum Schupfen durch die Nase.

Er fing an, dann machte Miriam es ihm nach, und ich überlegte keine Sekunde mehr, ob ich sollte oder nicht.

Ich war jetzt richtig heiß darauf, beruhigte mich aber selbst, indem ich mir sagte: Einmal nach all den Jahren – was macht das schon?

Als ich das Zeug durch das linke Nasenloch zog, brannte es fürchterlich. Es schmeckte bitter, roch metallisch, und mir wurde sofort schlecht. Es dauerte keine Minute, da hing ich über der Kloschüssel. Ich war so clean, dass ich es nicht mehr vertrug. Ich habe nur noch gekotzt, immer und immer wieder, selbst als mein Magen schon leer war. Ich hielt den Kopf über die Schüssel und saures Erbrochenes lief raus, ich musste nicht einmal würgen.

„Geil. Total geil", dachte ich jedes Mal, wenn sich mein Magen zusammenzog. Nur ein Orgasmus ist geiler als dieser Turn, dachte ich. Wie sehr hatte ich das all die Jahre vermisst?

Der Herzschlag und die Atmung werden langsamer, wenn du auf Turn bist, Darm- und Muskelfunktion werden schwächer, überhaupt beruhigt sich dein Körper. Das hat damit zu tun, dass er Endorphine ausschüttet, wie wenn er zum Höhepunkt kommt oder Schmerz regelt. Angst, Kälte, Hunger, alles Negative kannst du nicht mehr spüren. Zu-erst setzt die Schmerzlinderung ein und dann kommst du in einen Zustand beruhigender Euphorie.

Ich weiß, es klingt irre: Du kotzt dir die Seele aus dem Leib, aber es fühlt sich an wie das schönste Gefühl der Welt. Ich war schon lange nicht mehr so losgelöst, weit weg vom

Hier und Jetzt, schwer und leicht zugleich. Miriam und Guido war auch übel geworden, sie hatten sich in die Küchenspüle übergeben, die Kotze weggespült und sich dann wieder zurück an den Tisch gesetzt, um Zigaretten zu drehen und die ersten Biere zu öffnen. Ich setzte mich dazu und kratzte mich wie verrückt mit einer Haarbürste, am Po, an den Armen, an den Beinen, es hat überall furchtbar gejuckt. Solchen Juckreiz kannte ich, den bekommt man, weil das Blut nicht mehr richtig durch deine Adern kommt.

Aber auch das fühlt sich himmlisch an, wie ein Kribbeln im ganzen Körper. Es juckt überall, und es ist herrlich.

Es war ein toller Abend, der damit endete, dass wir alle im Wohnzimmer vor dem Fernseher einschliefen. Als ich das Haus verließ, machte ich mir keine Platte darüber, was passiert war. Ich war mir in diesem Moment sicher, dass ich nicht mehr abhängig werden würde. Denn dazu war es einfach zu geil.

Wenn das Fixen nämlich zum Muss wird, dann geht dieser Turn weg. Wenn du nur noch deinen Affen füttern musst, dann wird es zur Sucht, denn diesen Flash bekommst du dann nicht mehr, du musst nur nachschießen, um dich überhaupt normal zu fühlen, gegen den Turkey. Und das ist scheiße. Weniger ist eben manchmal doch mehr.

Und ich hatte ja nur ganz wenig Stoff. Das Päckchen in meinem Portemonnaie enthielt circa ein Gramm. Als Einsteiger benötigst du für einen Schuss Heroin etwa zehn Milligramm, zum Rauchen oder Schniefen vielleicht 25 Milligramm. Damals am Bahnhof Zoo hatte ich bis zu vier Gramm am Tag gebraucht, damit ich nicht auf Turkey kam, aufgeteilt auf sechs bis acht Spritzen. Ein Gramm war nach meiner Erfahrung von damals also eine Winzmenge. Vierundzwanzig Stunden, nachdem ich Guido und Miriam verlassen hatte, war alles weg.

In Berlin wartete nur die leere Wohnung auf mich. Alexander war auf Tournee oder so. Als er zwei Tage später kam, konnte ich mich gar nicht richtig freuen, weil ich total betäubt war. Ich war dann doch zur Szene gegangen – es fühlte sich besser an, als allein zu sein.

Die Szene war aber schon längst nicht mehr nur am Bahnhof Zoo, sondern hatte sich auf die ganze Stadt verteilt, Drogensüchtige und Dealer trafen sich zwar auch noch an U-Bahnhöfen, an der Kurfürstenstraße und in der Neuköllner Hasenheide oder im Görlitzer Park. Aber um sich vor Verfolgung durch die Polizei zu schützen, hatten immer mehr Junkies angefangen, gemeinsam in privaten Wohnungen H zu konsumieren, in manchen Buden hingen bis zu 30 und mehr Fixer rum.

Heute heißt dieses Phänomen „Shooting Gallery", Schuss-Galerie. Der Vorteil ist, dass man gegenseitig auf sich aufpassen kann.

Beate hatte mich in so eine Wohnung nahe der Hasenheide mitgenommen, eine Freundin aus Bahnhof-Zoo-Zeiten, eine dürre, ziemlich kleine Frau von nur einsfünfzig, die mit 20 schon am ganzen Körper Abszesse und fiese Entzündungen hatte und wie 40 aussah, aber trotzdem immer noch genug Geld mit Freiern machte, um ihre Sucht zu finanzieren.

Außer Beate gab es Hatice, eine ganz liebenswerte Türkin, die sieben Jahre zuvor schon mindestens 80 oder 90 Kilo gewogen und nun noch einmal 20 oder 30 Kilo zugenommen hatte. Wenn sie lachte, sah sie aus wie die Grinsekatze aus „Alice im Wunderland".

Und Hatice lachte sehr oft, jetzt, wo sie ihren Mann los war.

Der kleine türkische Fettsack war Dealer gewesen, und Hatice musste Prügel ertragen und für ihren Mann als Prostituierte anschaffen. Hatice war noch nicht einmal 30 und hatte außer ihrer Sucht wirklich nichts. Also blieb sie bei ihrem Tyrannen. Der Trennungsstress wäre zu viel für sie gewesen, auch weil der Typ sie sicher nicht einfach so hätte gehen lassen. Eines Tages hat ein rivalisierender Dealer ihn erschossen. Seither ging es Hatice immer besser.

Wie ihr Körper das alles schaffte, ist mir ein Rätsel. Sie trank viel Alkohol, rauchte und zog sich außer Kokain wirklich jede Droge rein. Sie war jetzt Mitte 40, auf Arbeitslosenhilfe angewiesen und todkrank. Aber sie hatte Humor und lachte sehr viel. Sie sagte immer: „Wenn ich schon sterbe, dann wenigstens verbraucht." Dabei schien sie tatsächlich immer weiter aufzublühen. Es machte einfach Spaß mit ihr.

Dann war da noch Josephine, ein ganz armes Mädchen, das auch nicht von ihrem gewalttätigen Freund loskam. Dabei war der Kerl wirklich nichts Besonderes, außer besonders dumm und besonders aggressiv. Dieser Hüne von einsneunzig lebte im Obdachlosenheim. Ein widerlicher Stinker, der ständig besoffen war und laut pöbelte. Und er prügelte sie.

Einmal brach sie weinend am Gleis vom U-Bahnhof Schönleinstraße zusammen. Wie in einer Schockstarre. So fertig war sie – aber nicht, weil sie ihren Peiniger loswerden wollte, sondern weil sie trotz seiner Schikanen immer wieder daran verzweifelte, dass er sie nicht liebte, wie sie es sich wünschte.

Sie war abhängig von ihm wie von Drogen. Nicht ein einziger Passant habe sie angesprochen und ihr Hilfe angeboten, erzählte sie mir, denn ich war nicht dabei gewesen. Die meisten Menschen ekeln und fürchten sich einfach zu sehr vor Junkies. Und Josephine konnte man ansehen, dass sie Fixerin war. Sie hatte blasse, spröde Haut, dunkle Augenränder und wog kaum 50 Kilo bei einer Größe von einssiebzig. Ihr schönes, langes, rotes Haar war nur noch ein großer Knoten, weil sie vor lauter Leid einfach vergessen hatte, es zu kämmen. Als es ihr nur noch wehtat, weil es schon verfilzte, mussten wir es ihr abrasieren.

Ihr Schläger, Heiko, war auch immer auf der Szene. Er saß meistens einfach neben uns auf der Bank am Anhalter Bahnhof oder in der Hasenheide, wo wir nachmittags zusammen ein paar Zigaretten rauchten. Er saß einfach nur da, trank und meckerte über alles, pöbelte jeden von der Seite an. Aus allen Poren stank er ekelerregend nach einer Mischung aus altem, süßlichem Schweiß und Alkohol, er hatte Dreck unter viel zu langen Fingernägeln, und seine Haare wusch er sich, wenn es hoch kam, einmal alle vier Wochen.

Keine Ahnung, was Josephine an ihm fand. Sie wollte Familie, sie hätte gerne ein Kind gehabt. Aber selbst der Zusammenbruch reichte nicht, dass sie es schaffte, ihn zu verlassen. Stattdessen ertränkte sie ihre Gefühle. Sie war schon morgens immer so besoffen, dass sie weder laufen noch reden konnte. Immer hatte sie ein Dosenbier in der Hand, und wenn sie sich dann den ersten Schuss setzte, saß sie für den Rest des Tages eigentlich nur noch völlig weggetreten oder kotzend auf dem Boden. Sie war erst 32, aber schon voll am Ende.

Zwei weitere Freunde waren Paco und Fritz, nette Jungs Anfang 20. Genau wie ich waren sie immer sauber und ordentlich gekleidet. Für ihren Lebensunterhalt verkauften sie die Motz.

Und weil das natürlich nicht reicht, wenn du jeden Tag 600 oder 700 Mark brauchst, um deinen Affen zu füttern, gingen sie auf den Strich. An der Joachimstaler, am U-Bahnhof Turmstraße und auch noch am Zoo ist bis heute der Schwulenstrich. Viele der Jungs nennen sich inzwischen

Callboy und stehen da nicht nur rum, sondern fahren auch auf Bestellung via Handy durch die Stadt zu ihren Kunden. Am Bahnhof Zoo stehen heute vor allem sehr junge Männer aus Osteuropa.

Heroin ist seit damals sehr viel günstiger geworden. Für ein Gramm bezahlst du heute nur noch 40 Euro, damals war das doppelt so teuer.

Alexander war zwar weiterhin viel unterwegs, merkte aber trotzdem sehr schnell, dass etwas mit mir nicht in Ordnung war. Es dauerte kaum zwei Wochen, bis ich wieder drei, vier Gramm pro Tag brauchte. Ich glaube heute, dass es soweit kam, weil ich versucht habe, die Leere zu betäuben, vor der ich zu dieser Zeit solche Angst hatte.

Alex war 17. Er war erfolgreich, in vielen Ländern unterwegs. Die Frauen standen Schlange für ihn. Er war nun ein Star, begehrt, jung. Er sollte sich ausprobieren, und ich konnte ihn nicht halten, das wusste ich.

Eines Nachts kam ich viel später als er nach Hause. Überall war schon das Licht aus, und ich wusste, er war schon im Bett. Also ging ich noch ins Bad, setzte mir einen Schuss für die Nacht und legte mich neben ihn. Am nächsten Morgen sagte er mir, dass er mich noch gefragt hätte, wo ich gewesen sei, dass er sich Sorgen gemacht habe. Ich hatte ihm keine Antwort mehr geben können, in meinem Tran habe ich gar nicht gemerkt, dass er mit mir sprach. Wie ein Zombie muss ich ins Schlafzimmer gekommen sein, Augen auf, aber im Geiste weg, so ist es ja meistens. Ich sagte dazu nichts.

„Sag mal, Christiane, wie viel verfixt du inzwischen eigentlich wieder?", fragte er mich ein paar Tage später. Seine Stimme zitterte. „Ich habe es im Griff", antwortete ich so unbeteiligt wie möglich und nahm einen Schluck von meinem Kakao. Da brach die Verzweiflung aus ihm heraus: Er trat gegen meine beiden Säcke Hundefutter, die insgesamt 40 Kilo Trockennahrung lagen dann in der gesamten Wohnung auf dem Boden verteilt. Alex setzte sich völlig fertig auf das Sofa, starrte müde und traurig in den Raum. Ich sah ihn an: Er war ein Teenie, völlig unbedarft im Gegensatz zu mir. Da wusste ich, dass ich ihm seine Jugend kaputtmachen würde.

Weil ich ihn nun einmal liebte, konnte ich nicht einfach gehen. Wir nahmen weiter zusammen Musik auf und waren auch noch gemeinsam in den USA. Die Neubauten bekamen eine Tour in Amerika, da wollte ich natürlich dabei sein. Vielleicht hatte ich auch noch ein bisschen die Hoffnung, die Beziehung retten zu können. Aber alles endete im Desaster und damit, dass ich nun auch das erste Mal Opium rauchte.

Ich habe viele schlimme kalte Entzüge durchgemacht, aber bei dieser USA-Reise vermutlich den schlimmsten. Als ich in Deutschland in den Flieger stieg, war ich auf täglich bis zu 60 Tabletten und vier Gramm Heroin. Unglaublich, da sterben andere von. Ich habe wirklich keine Ahnung, wie ich das überlebt habe. Rohypnol warf ich mir wie Smarties ein, außerdem Mandrax, Stadas, also ganz normales Valium. Dieses lethargische Weggedämmertsein, das willst du. Aber für andere ist das schrecklich, das weiß ich heute.

Alex kam damit gar nicht klar. Was ich dem Mann zugemutet habe, tut mir heute sehr leid. Er hat mit mir geschimpft: „Du liegst nur noch rum, nein, du vegetierst vor dich hin. Du bist nicht einmal ansprechbar!"

Und ich wollte ja los von dem Zeug. Um mich runterzubringen, holte ich mir auf dem Schwarzmarkt Codein, damit hat man damals entzogen. Es gab ja noch keine Substitution, es gab nur Schmerzmittel, die den Entzug erträglicher machen sollten. Am Ende war ich süchtig von allem.

In die USA nahm ich mir noch fünf Gramm Heroin mit, aber die waren schon nach zwei Tagen verbraucht. Auf solchen Flügen war mein Haardutt mein Versteck für die vorbereiteten Spritzen. Damals hatte ich noch so dickes Haar, da brachte ich locker zwei Spritzen unter. Der Vorteil war, dass du dir das schnell injizieren konntest, wenn mal etwas Unvorhergesehenes passierte.

Ich war allein vorgeflogen, um ein paar Tage für mich und den Turkey zu haben, denn ich hatte mir fest vorgenommen, erst mal klarzukommen und dann alles besser zu machen, für Alex, für mich, für uns. Es kam anders.

Ich wohnte bei Rick und seiner Freundin, und meine guten Vorsätze waren schnell verflogen. In unmittelbarer Nachbarschaft lebte Hector Coggins, ein extrem gut aussehender Installationskünstler: dunkelhaarig, jungenhaftes Gesicht, breites Kreuz, Brille. Als ich ihn das erste Mal sah, trug er nur eine Jeans und war voller Öl und Schweiß, weil er in seiner Garage an einer seiner Arbeiten tüftelte.

Dieses Schmutzige hat mich direkt total angemacht.

Das Tor stand offen, und weil ich das alles so reizend fand, was ich da sah, ging ich einfach rein. Hector war echt nett und versuchte, mir seine Kunst zu erklären. „My work represents destruction, pain and death – meine Arbeit zeigt Zerstörung, Schmerz und Tod", sagte er mir, und ich muss wohl nicht betonen, dass wir da sofort eine gemeinsame Ebene hatten. Seine Installationen, ergänzte er, stünden für den Drang vieler Menschen, sich durch Dinge, die sie eigentlich töten könnten, lebendiger zu fühlen, eine Art Hochgefühl zu entwickeln durch Sachen, die sie am Ende zu Fall bringen können. „Wenn Menschen sich mit dem Tod konfrontiert sehen, beginnen sie meist, intensiver am Leben zu hängen." Bis dahin hatte ich nie darüber nachgedacht, warum ich mir selbst Dinge antue, die mir am Ende nur schaden, warum mich das Morbide faszinierte. Und auch Hector faszinierte mich. Und ich ihn, das spürte ich.

Das Gewöhnliche gibt mir ein Gefühl der Leere, unterbewusst suche ich immer die Aufregung, um mich lebendig zu fühlen – und die Mittel, mich wieder runterzubringen.

Und Hector war aufregend, in seiner Gegenwart fühlte ich mich, als würde ich betrunken Achterbahn fahren. Mir wurde ganz schwindelig, ich hatte Schmetterlinge im Bauch. Sein Körper war wie aus Stahl, so wie seine Arbeiten. Ich fand das megascharf und wollte unbedingt mit diesem Typen schlafen. Von der Garage aus gingen wir durch die Hintertür ins Haus direkt in sein Bett.

Heute denke ich, dass ich fremdgegangen bin, weil ich ahnte: Auch Alex würde es tun. Ich wusste, er kam mit meinem Rückfall nicht klar. Ich wusste, das mit uns war nicht mehr zu retten. Er war zu jung für so einen Psychoscheiß. Er würde mich für eine andere verlassen. Und so kam es dann auch.

Wir sind zuerst noch zusammen nach San Francisco gefahren, wo er nur arbeitete und ich umherzog und Leute kennenlernte – immer die richtigen, versteht sich. Am Ende eines langen Clubabends landete ich mit lauter fremden Menschen in einem fremden Appartement und rauchte Opium. Wenn ich allein unterwegs war, traf ich immer irgendwie auf Junkies.

Eine Nacht habe ich mit Van Halen durchgekokst, dieser amerikanischen Hard-Rock-Band. Ihr Hit „Jump" zählt angeblich noch heute zu den einflussreichsten Songs der Rock-Geschichte – und ich war dabei, wie sie an dieser Rock-Geschichte schrieben. Das war auf einer Privatparty von AC/DC in einem pompösen Schloss in Kalifornien.

Rodney Bingenheimer hatte mich dorthin mitgenommen, und auch viele andere berühmte Musiker waren dort. Damals waren diese Anhänger mit dem eigenen Namen auf kleinen Reiskörnern total angesagt. Die Reiskörner baumelten in einer Miniaturflasche an einem Lederband um den Hals der Leute, die das mochten. Die Jungs von Van Halen hatten aber keine Reiskörner in den Fläschchen, sondern Kokain. Ich fand das damals wirklich einfallsreich.

Ein Jahr zuvor war der Sänger von AC/DC nach einer langen Partynacht mit Drogen und viel Alkohol an seinem eigenen Erbrochenen erstickt, aber das ist in der Musikbranche ja genauso normal wie auf der Szene. Inzwischen gab es einen neuen Sänger, Brian Johnson, und alle zusammen feierten ziemlich wild und ausgelassen. Der Gitarrist Angus Young trug seine Schuluniform, mit der er zum Markenzeichen der Band wurde. Überhaupt waren die Künstler in dieser Villa mit Stuck, Goldvertäfelung und schweren, dunklen Teppichen auf Marmorböden so drauf, als stünden sie auf der Bühne – langhaarige Köpfe kreisten zur Musik, es wurde wild getanzt, manche Leute waren halb nackt.

Andere hatten einen Laberflash: Auf Kokain bekommst du einen enormen Energieschub. Du bist überdreht und redest unglaublich viel, je später der Abend, desto sinnloser wird, was du von dir gibst. Darum kann ich mich an die Gespräche auch nicht mehr so wirklich erinnern. Tanzen ist auch nicht so mein Ding, aber ich sah den Rüpeln gerne zu.

In einer anderen Nacht in einem anderen Club kam eine Frau, kaum älter als ich, auf mich zu und fragte, was ich sonst noch alles haben wolle: „What's your best trip – heroine, cocaine, ecstasy?" Ich war baff. Ecstasy? „We don't know about this in Germany", sagte ich. Wir kannten das tatsächlich nicht. Ich kaufte das Zeug in Pulverform für sieben Dollar, also so viel, wie auch ein LSD-Trip kostete. Das Pulver steckte in diesen Kapseln, wie man sie von Medikamenten kennt. Eine Zeit lang hat man das auch mit Braunem gemacht, ich fand das immer geil, weil man genau sehen kann, was die Hälfte ist.

Jedenfalls probierte ich zum ersten Mal Ecstasy. Die Wirkung setzt nach circa 30 Minuten ein und hält für einige Stunden an. Dein Bedürfnis zu tanzen steigt ins Unermessliche. Du fühlst dich unglaublich stark, verspürst keinerlei Müdigkeit und nimmst weder Hitze noch Kälte wahr. Anders als beim H fühlst du dich energiegeladen und fängst an, unkontrolliert zu kauen und Grimassen zu schneiden. Du hast alle so lieb, und das teilst du auch mit, alle Hemmungen verschwinden, und es kribbelt, als hättest du Schmetterlinge nicht nur im Bauch, sondern auch in den Armen, den Beinen, unter den Füßen, einfach überall.

Es war nicht mein Ding. Ich suche eher nach Downern, also Drogen, die mich runterbringen, nicht aufputschen. Aber damals war ich ständig auf der Suche nach dem nächsten Kick. Nach Kicks, die viel stärker waren als mein gebrochenes Herz. Das hätte mich fast umgebracht.

Später in Deutschland, Helmut Kohl war gerade Kanzler geworden, berichtete ich meinen Leuten von der neuen Droge Ecstasy. Ein Freund von mir ist daraufhin in die USA geflogen und hat einen ganzen Koffer davon geholt. Die Substanzen waren damals noch gar nicht verboten in Deutschland, das war Anfang der Achtziger, und wir haben mit dem Zeug gefeiert und es verkauft.

Alex lernte auf einer seiner Reisen Tessa kennen, eine hübsche Wienerin, die mit der Künstler- und mit der Drogenszene nichts am Hut hatte. Sie war jung und gesund und himmelte ihn an. Da war es mit uns vorbei. Obwohl ich es hatte kommen sehen, ertrug ich es nicht, verlassen zu werden. Den Schmerz habe ich betäubt, bis zum Gehtnichtmehr. Ich bin andauernd in Ohnmacht gefallen und kauerte eigentlich nur noch zu Hause rum. Aß nichts, trank nichts, nur sehr viel Alkohol.

Und als ich völlig leer und ständig betäubt war, trat Anna

Keel in mein Leben, als wäre sie nun mein Schutzengel. Sie hatte ein Kunststipendium und arbeitete am Kurfürstendamm – ausgerechnet bei dem Künstler, der heute gegenüber meiner alten Wohnung in Teltow sein Atelier hat: Markus Lüpertz.

Jetzt, wo wir in Teltow Nachbarn sind, bin ich auch schon einmal rüber und habe gesagt, wer ich bin. Er gibt eine Zeitschrift heraus, die „Frau und Hund" heißt. Also bitteschön, hier sind wir, Christiane und Leon, ich und mein Chow-Chow. Frau und Hund. Ob er sich an mich erinnern könne, habe ich gefragt. Aber das mit Anna war da schon 25 Jahre her. Er und sein Team schienen sich nicht sonderlich für mich zu begeistern. Später erfuhr ich, dass der Magazintitel sowieso völlig in die Irre führt, „Frau und Hund" ist eine Zeitschrift für Kunst und Literatur. Aber das hätten die mir ja einfach mal sagen können, statt mich doof da stehen zu lassen, als wäre ich ein ansteckender Infekt.

Aber zurück zu Anna: Sie war eine Künstlerin und die Frau von Daniel Keel, einem damals schon sehr berühmten Verleger aus der Schweiz. Hohe Literatur und Kriminalromane waren das Erfolgsmodell des Diogenes-Verlags. Die beiden Keels lebten in ganz anderen Kreisen als ich; im vornehmen Zürich. Gerne hätte ich einen besseren ersten Eindruck hinterlassen. Aber Heiko Gebhardt, ein Stern-Kollege von Horst und Kai, die fünf Jahre zuvor mein »Happy End« geschrieben hatten, in dem ich angeblich clean von der Weltbühne abging, gab ihr meine Telefonnummer ausgerechnet in dem Moment, als ich wieder rückfällig wurde.

Anna war Anfang 40, als sie mich anrief. Sie erzählte mir, dass sie die Jungs vom Stern kenne, dass sie die Frau eines Verlegers aus der Schweiz sei, selbst aber Deutsche, und dass mein Buch das einzige sei, das ihre Söhne Jakob und Philipp je gelesen hätten.

Ich musste lachen. Klar: Was die Eltern machen, ist immer doof. Anna meinte, sie müsse die Frau kennenlernen, die ihre Söhne so fasziniere, dass sie sogar lesen. Und so lud sie mich in ihr halb möbliertes Appartement irgendwo in West-Berlin ein.

Ich kann mich noch erinnern, dass ich vom Lehniner Platz aus mit dem Taxi dahin fuhr. Das konnte man sich damals noch leisten. Ich habe solche Quittungen alle meinem Steuerberater gegeben, als Autorin bin ich ja bis heute selbstständig gelistet und kann so etwas absetzen. Damals bin ich nur Taxi oder Fahrrad gefahren, erst gar nicht rein in die fiese U-Bahn, wo man der Szene in die Arme läuft.

Als ich nun Annas Wohnung betrat, war ich sofort begeistert. Ich mag leere Räume, ich habe selbst auch immer wenig Möbel in meinen Wohnungen gehabt. In Annas Wohnung stand fast nichts, nur ein Bett, ein Tisch und eine Küchenzeile – weiß, alles schick, sehr teuer. Die einzige persönliche Note waren Annas Klamotten, die sie überall ausgebreitet liegen ließ, so wie man das im Hotel auch manchmal macht.

Irgendwie ist da was dran, dass Kreativität Raum braucht. Das Appartement hatte zwei kleine Zimmer und ein Bad. Es gab keine Blumen, keine Fotos, aber in einer Ecke gleich am Fenster stand eine wunderschöne Kreidezeichnung auf einer Staffelei. Es war eine Taube, ganz in Grautönen. Wir unterhielten uns gleich ganz angeregt über ihre Arbeit als Künstlerin, über mein Buch, über alles Mögliche, und irgendwann frage ich: „Was hast du im Kühlschrank?"

Ohne die Antwort abzuwarten, reiße ich die Kühlschranktür auf. Und was sehe ich? Eine tote Taube. Ich fand das geil, aber Anna wurde knallrot und stammelte. Dass sie ihre Polaroidkamera nicht dabei habe und den Kadaver zum Zeichnen brauche. „Bitte denk jetzt nicht, ich bin verrückt", sagte sie. Und ich: „Doch!"

Anna war eine sanfte, gütige Person. Eine schöne, zierliche blonde Frau. Und dabei gar nicht bieder. Ich mochte vor allem an ihr, dass sie immer schick und dennoch lässig aussah. Ihre Haare hatte sie in Stufen geschnitten, und wenn sie sich schnell für einen feierlichen Zweck herrichten musste, reichten ihr ein paar Heißwickler. Nach 20 Minuten saß die Frisur perfekt.

Sie war eine echte Persönlichkeit, und das war auch gut so, denn wie jeder starke Mann war Daniel nicht einfach. Jeder starke Mann braucht eine noch stärkere Frau. Anna war genau das, sie ließ sich nie auf seine Launen und seine Ängste ein, sondern schaffte es immer wieder, ihn aufzufangen. Sie war nie verbittert, dass er ständig in die Arbeit vertieft war, sie hatte ihre eigene. Sie malte viele Stillleben, Aktbilder und war unglaublich gut mit der Kamera. Sie hat zu dieser Zeit wie verrückt Porträts mit der Kamera gemacht, beeindruckende Fotos, die ganze Biografien erzählten. Ich habe Anna dazu ermuntert, ihre Polaroids in einem Buch zu veröffentlichen. Auch von mir ist ein Foto in dem Band. Sie machte es an diesem ersten Tag, an dem wir uns kennenlernten. Ich wog damals 53 Kilo und hatte eine riesige Dogge bei mir: Beate, eine Bullmastiff-Hündin.

Auf diesem Foto habe ich den Hund an der einen Hand, in der anderen einen Kaffee und stehe da in diesen komischen amerikanischen Klamotten mit Streifen und Fransen. Die hatte ich mir zugelegt, als wir zur Promotiontour für den Film „Wir Kinder vom Bahnhof Zoo" in den USA waren.

Es hat sich dann einfach so ergeben, dass ich bei der Familie Keel wohnen blieb, als ich sie ein paar Monate später in der Schweiz besuchte. Sie lebten selbst noch zur Miete in der Eleonorenstraße, in einem alten Reihenhaus mit drei Stockwerken und engen Stiegen. Nichts Pompöses, keine

Rosenstöcke, kein Gärtner, viele Kunstwerke, viele Bücher und überall Papierstapel.

Man hörte immer mal wieder Bahngebimmel und Kuhglocken und eine alte Dame, die von oben unterm Dachstuhl schimpfte: „Seid mal nicht so laut!" Das war die Vermieterin, eine alte, griesgrämige Frau, die nicht Romane von Diogenes, sondern die Bibel las. Sie war genervt, wenn ich abends beim Essen wieder zu hitzig meine Geschichten erzählte und alle lauthals lachten. Die ganze Familie mochte das sehr: „Christiane, erzähl doch mal was von Berlin." Die reichen Leute langweilen sich ja oft echt zu Tode: „Bitte was Verrücktes."

Ich war nicht der erste Gast, der in dem Haus leben durfte, als sei es sein eigenes Heim. In den Jahren des Prager Frühlings musste der jüngere Sohn Philipp, der damals noch ein Kleinkind war, in der Badewanne schlafen, weil die Keels so viele Flüchtlinge aus der Tschechoslowakei aufgenommen hatten. Alles Autoren, Oppositionelle. Er wohnte noch bei den Eltern, als ich da war. Jakob, genannt „Köbi" war mit 18 Jahren, also kurz vorher, ausgezogen; ich bekam sein ehemaliges Zimmer. Außer uns gab es noch Carmelina, eine italienische Haushälterin, die ich mehr mochte als ihr Essen. Sie war keine besonders gute Küchenchefin, aber eine herzensgute, fröhliche Frau Mitte Vierzig, die praktisch zur Familie gehörte.

Anna war geborene Chemnitzerin. Sie hat Daniel in den Sechzigerjahren geheiratet und die DDR nicht miterlebt. Es gibt Fotos von ihr, wie sie mit Anfang zwanzig mit ihrem VW-Käfer unterwegs ist, die Kladden hinten auf der Rückbank, immer ein strahlender Mensch, einfach nur süß und niedlich. Als sie mir die Bilder zeigte, erzählte sie, wie sie dem Daniel einmal nach einem Streit mit ihrem Käfer einfach davongefahren war. Sie hatten sich über ihre gemeinsame Liebe zum Malen kennengelernt.

Er hatte kein Talent als Künstler und sich deshalb irgendwann denen gewidmet, die es besser konnten: Er war aber der Beste, wenn es darum ging, das Beste aus den Schriftstellern herauszuholen. Anna hingegen war sehr talentiert, wusste aber, dass sie ihr Talent hintanstellen müssen würde, wenn sie bei Daniel bliebe. Darüber haben sie anfangs wohl heftig gestritten, sodass Anna dann einmal alles zusammenpackte und sich mit ihrem Käfer allein nach Mailand aufmachte, um dort Malerin zu werden. Aber er hat sie zurückgeholt und ihr Liebe und Dankbarkeit geschworen. Also wurde geheiratet.

Meist waren ihre Streitereien rührend. Einmal habe ich gesehen, wie Daniel aus Wut ein Kleid von Anna in Fetzen schnitt. Er saß mit der Schere auf dem Bett, schnaufte und knurrte vor sich hin und sezierte den Stoff akkurat in ähnlich große Stücke.

Auch eine Art, seiner Wut in Ruhe Ausdruck zu verleihen: Denn eigentlich war Daniel ein eher ruhiger Typ. Ein neugieriger Mann, der lieber zuhörte als redete. Einer, dem man stundenlang seine Geschichte erzählen konnte. Das war ja was für mich, wenn ich einmal anfange! Reden, reden, reden, das ist die beste Therapie für mich.

Daniel saß dann oft da, rauchte Zigarre und hörte einfach nur zu. Und irgendwie erkannte er sich ein bisschen in mir wieder, denn er war als Maler und Autor gescheitert wie ich als Musikerin und Schauspielerin. Er hatte die Schule abgebrochen und im Buchhandel eine Lehre gemacht, genau wie ich auch. Gleich bei unserem ersten Treffen sagte er: „Eine abgebrochene Buchhändlerin darf bei mir schlafen. Ich bin ja auch ein Abbrecher." Wir haben uns gut verstanden.

Zu Anna hatte ich immer den engeren Draht, aber vor Daniel hatte ich einfach sehr viel Respekt. Ich nahm ihn zum Beispiel nicht in den Arm und gab ihm keinen Gutenachtkuss. Das gehörte sich meiner Ansicht nach nicht. Aber ich vertraute ihm. Er war der erste richtige Vater, den ich hatte.

An den Wochenenden zog er sich meist mit Bergen von Manuskripten in den Landsitz zurück, den die Keels neben dem Haus der alten Dame gemietet hatten. Da verbrachte er seine Zeit, wenn er Ruhe brauchte.

Ich begegnete auch hin und wieder einem Freund der Familie, der damals schwer krank war und sich große Mengen Schmerzmittel einflößte. Ich erzähle von ihm, weil ich ihn oft voller Gier ansah: Wenn ich an seinen Medikamentenschrank gekommen wäre, hätte ich mich nicht zurückhalten können. Es klingt wohl ziemlich pietätlos, aber ich war damals neidisch auf die Schmerzmittel, die ihm das Leid erträglich machten.

Anna, deren Refugium ihr Atelier in der Hottinger Straße mit Schlafzimmer und Bad war, wurde für mich beste Freundin und Ersatzmama in einem. Sie nahm mich tröstend in den Arm, wenn ich Liebeskummer hatte, sie spornte mich an zu gesunder Ernährung und Sport, lehrte mich kochen, tauschte Kleider mit mir und lieh mir ihre teuren Pumps. In Zürich lässt sich ganz prima shoppen, aber ansonsten ist es eine zwar schöne, aber ziemlich langweilige Stadt.

Die Leute sind nett, aber auch irgendwie versnobt. Wehe, du willst mit einem Bürli in ein Taxi steigen, also einem Brötchen – da nimmt dich kein Fahrer mit. Es dauerte keine drei Wochen, bis ich mich ähnlich wie damals in Kaltenkirchen fühlte: total gelangweilt, zumindest, was die Stadt betraf. Du kannst da wirklich nichts erleben, um Mitternacht klappen die die Bürgersteige hoch. Du kannst nicht einmal spontan in ein Restaurant gehen, ohne Reservierung läuft da gar nichts. Das ist nichts für mich, ich weiß doch nicht schon zwei Tage vorher, dass ich am Samstag um genau

19:30 Uhr Hunger habe. Da kaufe ich mir lieber ein paar frische Gambas auf dem Markt und bereite mir die zu Hause zu, wenn mir danach ist.

Für die Keels zu arbeiten, machte mir dafür umso mehr Spaß. Ich war so etwas wie eine Assistentin, habe zum Beispiel regelmäßig einen Karteikartenkasten durchgeforstet, um zu sehen, wer von den Freunden und Autoren Geburtstag hat. Dann habe ich einen Strauß Blumen bestellt und den Versand veranlasst. Auch für den Verlag, für Daniels Büro zu Hause, für Annas Atelier und für die Abendessen, die bei den Keels stattfanden, kaufte ich alle paar Tage frische Blumen.

Zwei-, dreimal die Woche gab es in irgendeiner Form ein Dinner, zu dem Autoren und Maler geladen wurden. Federico Fellini war da, Georges Simenon, Patrick Süskind, Patricia Highsmith. Daniel sah neben seiner hübschen, blonden Frau immer so alt aus für mich, dabei war er im Vergleich zu seinen Gästen meist der Jüngste – mal abgesehen von Patrick Süskind, natürlich. Gerade in der Zeit, als ich bei den Keels lebte, wurde „Das Parfum" ein riesiger Erfolg.

Man könnte vielleicht meinen, dass das ein Roman für mich wäre; mein eigenes Buch beginnt ja mit dem Pissgeruch in der Gropiusstadt, und generell dreht sich vieles in meinem Leben um Gerüche. Aber ich mochte „Das Parfum" gar nicht. Ich fand Jean-Baptiste Grenouille total abstoßend und verstand seine Welt nicht. Wenn ich etwas nicht riechen kann, dann weil mich der Geruch belästigt – und dabei handelt es sich meist um Körpergeruch. Was für einen Knall muss man haben, andere Menschen zu töten, um deren Körpergeruch zu konservieren? Das Verständnis für so etwas geht mir ab, das für Gewalt und Mordlust generell.

Aber Süskind hat das nicht gestört. Er war ein zurückhaltender Kerl. Und meine Meinung konnte ihm wohl auch egal sein, denn ein paar Millionen Leser sahen das offenbar völlig anders.

Eigentlich gab es meistens etwas Einfaches bei den Keels, Spaghetti mit Tomaten-Hackfleisch-Soße oder Fisch zum Beispiel. Ein paar Flaschen guter Bordeaux waren der größte Luxus auf dem Tisch – und der war meistens auch noch geschenkt, pflegte Daniel zu scherzen. Sie waren echt keine Darsteller, aber die Abende oft Theater genug.

Es sind tolle Erinnerungen, obwohl wir „Kinder", Philipp, Köbi und ich, solche Abendessen eigentlich nicht so gern mochten. Da es in aller Regel genügte, wenn einer von uns dabei war, wechselten wir uns ab. Und wenn wir uns dabei mal nicht einigen konnten, spielten wir Schnick, Schnack, Schnuck. An einem Abend hatte ich das Spiel verloren und saß links von Friedrich Dürrenmatt. Rechts neben ihm saß seine etwas jüngere, zweite Frau. So gehört sich das ja. Der Herr, der links von der Frau sitzt, ist der Tischherr der Dame. Das hat mir Anna alles beigebracht. Ich mochte Dürrenmatt sehr gern, aber auch seine Bücher sind nichts für mich.

Vielleicht, weil man darüber schon in der Schule nachdenken und zwangsweise diskutieren musste, um sie „richtig" zu verstehen, das finde ich zu anstrengend. Warum sagen die Leute nicht geradeheraus, was sie sagen wollen? Genau diese Frage habe ich Dürrenmatt aber natürlich nicht gestellt, als wir auf seine Arbeit zu sprechen kamen, sondern nur bemerkt, dass Literatur ja auch Geschmackssache sei. In einem Spielfilm habe ich neulich den Satz einer Verlegerin aufgeschnappt, die sagte: „Du kannst die Persönlichkeit von Schriftstellern kritisieren. Dann sagen die: Ich kann mich ändern. Aber bei der Arbeit, da verstehen sie keinen Spaß."

Der berühmte Dürrenmatt war solche Frechheiten nicht gewohnt. Als ich erwähnte, dass ich „Der Richter und sein

Henker" langweilig gefunden hätte, biss er sich auf die Lippe, räusperte sich und schob seine schwere Brille wieder hoch auf die Nase.

Anna und Daniel haben geschmunzelt, das habe ich gesehen. Und einige Zeit später legten sie mir Dürrenmatts gerade erschienene Ballade „Minotaurus" auf mein Kopfkissen, wie sie es mit den neuen Büchern ihrer Autoren immer machten: Darin ist das kinderfressende Ungeheuer mit dem Stierkopf ein armer Tropf, der orientierungslos umherirrt. Damals war ich aber noch nicht in Griechenland gewesen, wusste also noch nichts von Naxos und Ariadne, weshalb mich Dürrenmatts „Minotaurus" nicht sonderlich interessierte.

Die Keel-Jungs und ich haben Dürrenmatt manchmal „Opa" genannt, weil er mit seinem weißen Haar, der knubbeligen Nase und dem dicken Bauch wie ein Großvater aussah und weil er noch ein paar mehr Geschichten als ich zu erzählen hatte, die den Abend auflockerten und uns zum Lachen brachten.

Im Unterschied zu ihm konnte ich seine Frau nicht leiden, weil ich zu wissen glaubte, weshalb sie mit ihm zusammen war. Ich weiß nicht, ob sie am Ende alles geerbt hat. Aber wenn man nicht blöde ist, bleibt man, bis es vorüber ist. Wenn ich mich recht entsinne, hat sie sogar selbst ein Buch über ihr Leben mit Dürrenmatt geschrieben. Ihr Gehabe ging vor allem Patricia Highsmith auf die Nerven. Highsmith war auch beim Diogenes-Verlag unter Vertrag. Welterfolg hatte sie mit „Zwei Fremde im Zug" und „Mr. Ripley", der Geschichte eines Hochstaplers, der die Identität eines anderen annimmt, sich in die Gesellschaft feiner Leute schleicht und dabei über Leichen geht.

Sie stammte aus Texas, rauchte Kette und ich mochte ihre schroffe Art. Das beruhte allerdings nicht auf Gegenseitig-

keit. Noch weniger als mich mochte die Highsmith allerdings Dürrenmatts Frau und gab ihr eine Watsche nach der
nächsten – verbal natürlich – vor allem, wenn die mal wieder von sich selbst erzählte. Was sie alles tat, was sie alles
konnte, dass sie Schauspielerin sei, derzeit in einer, wie sie
sagte, Schaffenskrise stecke. Fantastisch Ski laufen könne sie
übrigens auch.

Anna erzählte mir später, dass Dürrenmatts erste Frau
nach fast 40 Jahren Ehe erst kurz zuvor gestorben war, als er
die zweite kennenlernte. Sie waren erst knapp ein Jahr zusammen, als ich sie beim Abendessen erlebte. Mag sein, dass
sie gut für Dürrenmatt war und ihm half, seine Trauer zu
überwinden. Ein Freund, dem ich von meinen Begegnungen in Zürich erzählte, hat mir viele Jahre später einmal
einen Artikel aus der „Zeit" gezeigt, in dem es hieß: „Dich-
terwitwen, die Salmonellen des Literaturbetriebs". Dabei
wollen wir es dann wohl belassen.

Mit meiner gut trainierten Berliner Schnauze bin ich bei
den anderen aber ganz gut angekommen. „Ey, jetzt habe ich
hier sechs Gabeln! Und? Was soll ich damit?" Da haben sich
immer alle scheckig gelacht, weil sie kaum glauben konnten,
dass man so was im Ernst fragt.

Einmal saßen wir in der Kronenhalle, dem teuersten und
schärfsten Restaurant, wie immer alle meinten. Ein Treffpunkt von Schauspielern, Künstlern, Dichtern. Yves Saint
Laurent, Oskar Kokoschka, Andy Warhol, Max Frisch, solche Leute saßen da herum.

Jedenfalls hatte ich vor mir auf dem Tisch einen leeren
Teller und über dem Tisch an der Wand einen original Picasso. Muss ich ja wissen. Picasso. Ich sage: „Okay, Picasso,
aber wo bleibt mein Essen?" Und die Züricher, so spießig
wie sie sind, lachten sich leise kaputt. Ich rede erst und
denke dann.

Aber die Kreise, in denen ich mich nun bewegte, waren wirklich nicht meine. Das war uns allen klar. Künstler, Schriftsteller, Bankiers und Uhrenmacher, es gab ganz selbstverständlich gegenseitigen Respekt, aber anders als viele andere Menschen mache ich mir nicht viel daraus, namhafte oder reiche Leute zu treffen. Und ich kann auch wenig mit dieser Akkuratesse und der Distanz anfangen, mit der die meisten von ihnen einem begegnen. Wie soll man sich denn nahekommen, wenn man sich immer nur siezt, wenn man sich nur die Hand schüttelt und nie in den Arm nimmt?

Aber klar, das waren ja auch keine Freunde, sondern Geschäftspartner, Angestellte, Leute, mit denen man irgendwelche Verträge zu verhandeln hatte. Das respektierte ich total, es hat auch Spaß gemacht, und ich bin bis heute dankbar, dass ich all das erleben durfte. Aber es war Annas und Daniels Leben, nicht meins.

Einer der engen Freunde von Daniel Keel war Loriot – so eng, dass Daniel ihm nach nur einem Monat hinterhergestorben ist. Das war 2011. Dem Loriot waren die Züricher auch manchmal zu viel, genau wie mir. Nicht, dass wir sie nicht mochten, aber wir Deutschen denken schneller, zumindest sprechen wir schneller als die Schweizer. Bei einem Autorenausflug nach Sils Maria liefen wir dann auch schneller.

Anna, Daniel, die beiden Söhne und ich hatten in Sils Maria den Schriftsteller Urs Widmer getroffen und waren anderthalb Kilometer zu einer Hütte gewandert, wo wir an einem Kaminfeuer Röschti und Wurst aßen. Es war warm und gemütlich, und ich hätte einschlafen können. Den ganzen Tag hatte mir der Kopf gepikst von der dünnen Luft da oben, mir war total kalt und auch ein bisschen langweilig. Ich wollte gar nicht mehr raus, um zurück zum Hotel zu laufen.

Aber dann stieß Loriot dazu und trat mit uns den Rückweg
an. Wir hatten uns vorher schon einmal im Opernhaus in
Zürich getroffen, aber er war total auf die Musik konzentriert gewesen, während ich viel zu viel Champagner trank,
und so hatten wir uns nicht näher unterhalten. Jetzt liefen
wir den anderen voran, rechts und links von uns türmte
sich der Schnee drei oder vier Meter hoch. Aber da wir
uns sofort in ein Gespräch vertieften, waren Kopfweh und
Kälte schnell vergessen. Ich fand an ihm besonders beein-
druckend, dass man ihm nicht ansah, wenn er einen Witz
machte. Trockenen Humor mag ich sehr, und der Loriot hat
so eine Art gehabt, dass man lachen musste und gleichzeitig
irgendwie berührt war. Durch seine Beobachtungsgabe und
seinen Witz konnte er die grässlichen Seiten der Menschen
gnadenlos offenlegen, ohne sie dabei zu verletzen.

An diesem Tag in den Bergen von Sils Maria war er aber
gar nicht so zum Scherzen aufgelegt. Wir unterhielten uns
über die Buchbranche, aber auch über die Komik und Tra-
gik der menschlichen Existenz. Ich hatte ihm gestanden,
dass ich einen anderen, kranken Menschen nur um seine
Tabletten beneide, anstatt mich für sein Leid zu interessieren. Loriot versteht so etwas, dachte ich.

Er hat mich auch nicht verurteilt, sondern laut darüber
nachgedacht, wie seltsam es doch ist, dass Menschen den
Bezug zu etwas nur über den Bezug zu dessen Gegenteil
aufbauen können. Dass man schlimme oder negative Dinge
eher zum Thema machen und sich damit auseinandersetzen
kann, wenn man darüber einen Witz macht, als wenn man
sie ernst anspricht. Und dass man sich durch die Gegenwart
lebensbedrohlicher Dinge auch lebendig fühlt. Als er das
sagte, musste ich an Hector Coggins denken.

Loriot erzählte mir auch, wie schwer es für ihn ist, wenn
er vom Boulevard völlig unverhältnismäßig kritisiert wird.

Die BZ und die Bild fanden ihn nie gut. „Weißt du, Christiane", sagte er, „du darfst dir nicht alles so zu Herzen nehmen, was die Presse über dich schreibt. Du musst unterscheiden, dass das eine dein Job ist und das andere dein Leben."

Ich dachte mir damals: Bei mir geht es immer um mich, meine Person, um Christiane F. Ich habe keinen Job. Gott sei Dank nicht mehr. Nicht mehr diesen „Job", mit dem ich damals mal „berühmt" wurde.

Daniel Keel lud seine Schriftsteller oft zu solchen Ausflügen ein, um über Geschäftliches zu sprechen. Menschen aus der Literaturbranche, das habe ich damals verstanden, sind Menschen, die Sinnliches lieben und pflegen. Nicht nur ihren Sinn für Fantasie, sondern auch den für gutes Essen, besondere Weine und Zigarren. In Sils Maria übernachteten wir in einem Hotel wie aus einer anderen Zeit. So ein Etablissement war ganz typisch für die Keels. Die gingen nicht in das Palace, sondern wählten ein Hotel, in dem auch schon David Bowie übernachtet hat.

Das Waldhaus Sils scheint auf den ersten Blick sehr schlicht. Aber der flüchtige Eindruck täuscht. Es gibt ein paar Kerzenkronleuchter in der Lobby und in einzelnen Räumen. Aber davon abgesehen, versteht man dort unter Luxus keine Suiten mit Whirlpools oder goldenen Löffeln zum Kaffee. Guter, freundlicher, auf seine Gäste zugeschnittener Service und die Entschleunigung der Zeit, das ist auch meiner Meinung nach der größte Luxus, den man heute haben kann.

Die Möbel im Waldhaus sind sehr einfach und aus dunklem Holz, die Sitzecken und Sessel sind grau, dunkel blau, braun. Viele Räume sind holzvertäfelt, und es gibt eine Bibliothek, in der ein Schachtisch steht. Die Männer haben den gleich in Beschlag genommen, Tee getrunken, Zigarre geraucht. Alles dort hatte einfache Formen und Farben, ich dachte, das sei der Stil des Biedermeier. Aber Loriot klärte mich auf, dass es sich um die Belle Époque handelte, die für den neuen industriellen Reichtum des höheren Bürgertums um die Wende von 19. zum 20. Jahrhundert steht.

Im Keller des Waldhauses gab es ein Hallenbad. Dort schwammen Philipp und ich einmal allein.

Offiziell hieß es immer, ich sei das Au-pair-Mädchen der Keels. Aber hey, Philipp war gerade mal sechs Jahre jünger als ich, Köbi bereits ausgezogen. Wer braucht da ein Au-pair?

Tatsächlich habe ich mich mit den Gästen beschäftigt, nicht mit den Brüdern. Zum Beispiel habe ich mich darum gekümmert, wo wir die Gäste abholen mussten, wenn wir Reisen machten, wann sie wieder abfuhren, wie sie zum Bahnhof kamen und wer was brauchte: Mittagsschlaf? Blumen? Medikamente?

Wie ein Kurier habe ich Dinge zum Verlag gebracht und wie eine Sekretärin Reisen organisiert. Die Arbeit hat mir aber auch einfach Spaß gemacht, ich konnte da nicht nur rumsitzen und quatschen, ich musste doch was tun!

Im Nachhinein denke ich, dass die Eltern Keel auch wollten, dass ich den Jungs mal klarmache, wie gut es ihnen eigentlich geht.

Die Keels, die Dekadenz wirklich hassten, bekamen durch mich wohl ein bisschen mehr Bodenhaftung. Vor allem bei Köbi ist mir das auch gelungen. Ich hoffe, Philipp nimmt es mir heute nicht mehr übel, wenn ich sage, dass er ein kleiner Zocker war und ständig irgendetwas unternehmen musste. Vor allem die Flipperautomaten hatten es ihm angetan.

Ich bin alles Mögliche, aber gierig bin ich nicht. Mit Geld konnte ich schon immer gut umgehen. Der beste Beweis ist ja wohl, dass ich heute noch immer von den Tantiemen leben kann, die ich vor 35 Jahren durch das Buch verdient habe. Klar, da ist auch immer wieder Geld dazugekommen, zum Beispiel durch den Film, der irgendwann auf Blu-ray gepresst wurde. Da bekam ich dann noch einmal eine kleine Summe. Aber ich habe auch immer wieder viel Geld gut angelegt, in Lebensversicherungen, in Bausparverträge, und wenn ich mich nicht auskannte, suchte ich mir einen Berater, der mir dabei half zu wirtschaften.

Okay, für mein Dope habe ich immer Geld ausgegeben. Aber andere Menschen investieren dieselbe Summe in ein Auto oder in Schönheitsoperationen. Ansonsten bin ich sehr sparsam. Ich würde zum Beispiel niemals in einem Restaurant ein Wasser bestellen, das vier Euro kostet. Nie! Da gehe ich lieber aufs Klo und trinke aus dem Hahn. Was soll das bitte? Acht Markt, vier Euro – wer so was kauft, ist echt bescheuert.

So habe ich schon immer gedacht, und die Keels haben das gemerkt. Wenn wir alle zusammen in Museen und im Theater waren, trug ich oft Klamotten von Anna oder Schmuck, den sie mir geliehen oder geschenkt hatte. Aber ich habe nie danach gefragt und mich damit auch nie zur Schau gestellt. Es war mir nicht wichtig, ich wollte mich nur ein Stück weit anpassen, das war alles.

Wenn wir mit Loriot oder Federico Fellini ausgingen, konnte ich doch nicht in Jeans mit Nietengürtel auflaufen! Aber keiner hat an mir Gier gesehen, damals nicht und heute nicht.

Natürlich hätten sich die Keels gefreut, wenn ein zweites Buch mit mir zustande gekommen wäre, aber es war nicht so, dass sie nur das von mir wollten. Kai Hermann hat mich damals für ein paar Tage in der Schweiz besucht, genauso der Stern-Kollege Heiko Gebhardt. Es stellte sich jedoch bald heraus, dass weder Hermann noch Gebhardt weiter Lust hatten, mit mir zu arbeiten. Kai ist gekommen und hat ein paar Tage mit mir gesprochen, aber dann war es vorbei, ich denke, weil er merkte, dass ich zu dieser Zeit wieder ziemlich stark auf Heroin war.

Beiden war anzumerken, dass sie keine richtige Lust mehr hatten. Die waren satt. Dass aus dem Buch nichts wurde, war aber kein Problem für die Keels. Die haben mir nie das Gefühl gegeben, dass ich dadurch weniger wert war für sie. Ich wurde eben keine Diogenes-Autorin, durfte aber trotzdem bei ihnen bleiben.

Ich nahm zwar wieder Heroin, aber ich bin nicht abgerutscht in die Züricher Drogenszene, wie das manche Medien nachher geschrieben haben.

Es lag nicht an den Keels, es lag an mir. Ich weiß nicht warum, aber ich war immer und immer wieder so dumm, rückfällig zu werden. Ich hatte damals eine echte Chance, aber der Scheiß hat mir alles kaputtgemacht.

Köbi kiffte nicht, aber ein Freund von ihm hatte gutes Hasch am Start. Dieser Freund war Kellner in der Kronenhalle und warf uns oft verschwörerische Blicke zu, wenn wir dort mit den Eltern Keel am weiß gedeckten Tisch saßen.

Was die beiden Jungs verband, war eine sehr ähnliche Geschichte. Köbis Freund kam aus dem Haus eines Uhrenherstellers, interessierte sich aber nicht für das Geschäft. Beide wollten damals nicht in die Fußstapfen ihrer Väter treten.

Philipp hat ja diese Rolle schließlich übernommen. Er ist Buchautor, Künstler und Maler, aber auch Geschäftsleiter des Unternehmens. Zuletzt habe ich gelesen, dass Diogenes seit der Verlagsgründung über 200 Millionen Exemplare auf den Markt geworfen hat!

Köbi hält sich aus dem alltäglichen Geschäft heraus und sitzt im Verwaltungsrat. Ein bisschen trat er also doch in Vaters Fußstapfen.

Diesen Freund von damals, also den Kellner aus der Kronenhalle, mochte ich sehr. Wir trafen uns manchmal, ohne dass die anderen davon wussten, rauchten und probierten zusammen Kleider und Pumps an. Wir hatten eine Menge Spaß zusammen!

Aber ich habe trotzdem nicht aufgehört mit dem Heroin. Das heißt, am Anfang schon, während der ersten drei Monate in Zürich. Einmal hat Philipp mich in der Küche erwischt, wie ich kiloweise Appenzeller in mich reinstopfte. Das war mein Ersatz, ich habe meine Sucht nur umgelagert.

Aber sobald ich zurück in Berlin war, schmeckte der Käse wieder schlechter, und das H kam wieder besser. Die ganzen drei Jahre von 1982 bis 1985 war ich ja nie an einem Stück in der Schweiz. Hin und wieder musste ich mich um meine Neuköllner Wohnung kümmern und nach der Post sehen. Außerdem hatte ich mich auf der Berliner Szene in einen Speedjunkie verknallt. Ungefähr ein halbes Jahr, nachdem das mit Alex auseinandergegangen war, lernte ich diesen Engländer, Greg, kennen.

Keine Ahnung mehr, was ich an dem fand, aber damals war ich schlimm verschossen. Er war mit seinem Vater, einem Musiker, nach Berlin gekommen. Der Vater war auch schon Junkie, und Greg hat es ihm nachgemacht. Soweit ich weiß, ist die ganze Familie heute clean, Speed ist ja auch noch mal etwas ganz anderes als Heroin. Es hat eine ähnlich aufputschende Wirkung wie Kokain, davon kommst du aber schneller wieder los.

Einmal habe ich Greg sogar nach Zürich eingeladen. Anna hat das alles bezahlt, damit ich mich nur wohlfühlte. Hätte ich mich selbst im Haus zu Besuch gehabt, hätte ich das auch so gemacht. Die Keels wollten lieber, dass ich unter ihren Augen bin, als dass ich irgendwo mit einem unbekannten Mann unbekannte Drogen nahm. Wie Eltern eben. Ich war ihre verlorene Tochter.

Ein Glück, dass Daniel all dies nicht mehr erfahren hat. Er wusste nicht, dass ich damals in Zürich auf die Szene ging. Aber es ging praktisch gar nicht anders: Zürich ist eine winzige Stadt mit einem riesigen Drogenproblem. Als Junkie bekommst du das sofort mit. Dann musste ich mir das natürlich gleich ansehen. In jeder Stadt ist der Bahnhof der Ort, an dem du die Junkies findest. Und der Platzspitz in Zürich ist vom Bahnhof nicht weit entfernt. Ganz so langweilig, wie ich eben sagte, ist Zürich also doch nicht. Allerdings hat das wenig mit Spaß zu tun.

So etwas hatte ich bis dahin noch nie erlebt. Am Platzspitz spielte sich alles ganz offen ab. Es gab einen Pavillon mitten im Park, an dem die Leute das ganze Jahr über campierten. Sie bauten da Tische auf, legten Löffel drauf, liefen dann rum und boten ihre Waren an: „Ich habe hier Braunes, wer kann Weißes dazugeben?" Alles natürlich auf Schweizerdeutsch.

Ich weiß nicht, ob es heute noch so ist, aber ich schildere mal, wie ich es in Erinnerung behalten habe: Du kannst dich in aller Öffentlichkeit bedienen, wie an einer Wursttheke geht es zu. Jeder, der sich einen Druck setzen will, macht das an Ort und Stelle, zu Hunderten liegen die Leute da rum, manche haben am ganzen Körper offene Wunden, andere sehen aus wie tot.

In den Fußboden sind Millionen Spritzen eingetreten. Wie auf einem Schrottplatz sieht es aus. So viel machen, was ich wollte, ohne verfolgt und verhaftet zu werden, durfte ich noch nie.

Zum Teil wusste auch Anna gar nicht, dass ich noch in Zürich war. Dann habe ich mal hier und mal da geschlafen, bei irgendwelchen Leuten. Aber dann, im zweiten Jahr bei den Keels, wollte Anna plötzlich etwas von mir wissen: „Was machst du da eigentlich am Platzspitz?" Und ich antwortete: „Komm mit, dann zeige ich es dir. Ihr habt hier auch euren Bahnhof Zoo."

Und dann bin ich mit ihr dahin gefahren, in diesem kleinen Honda Civic. Das Auto parkten wir schön weit weg, damit selbst ein Knöllchen unseren Ausflug nicht hätte verraten können. Aber kaum hatten wir angehalten, standen schon die Bullen vor uns und wollten unsere Handtaschen und Personalausweise checken. Bei den knapp 2.000 Junkies dort laufen viele Bullen rum, und es gibt ständig Routinekontrollen. Anna bekam eine furchtbare Angst: „Wenn Daniel was erfährt!"

Sie hat den Platzspitz dann nie gesehen, stattdessen habe ich ihr doch erzählt, was sie verpasst hatte. Sie war schockiert, fragte mich aber immer mehr und mehr, auch über meine Vergangenheit. Plötzlich sah ich, dass sie weinte. Es war ihr in Mark und Bein gegangen, was ich so erlebt hatte. An dem Tag entschied ich, von nun an sehr vorsichtig damit zu sein, was ich ihr über mich und mein Leben sagte.

Als sie in einem Magazin über eine Frau Miller las, glaubte Anna, die Lösung für meine Probleme gefunden zu haben: Frau Miller machte Hypnose und der Bericht handelte davon, dass ein Mann sich damit ohne Narkose am Knie operieren ließ. Dass Frau Millers Therapie also Schmerz jeder Art beenden könne, auch seelischen. „Check das mal aus, das hilft dir bestimmt", sagte Anna und meldete mich gleich zu zehn Sitzungen an. Eine Sitzung kostete 500 Franken, totale Abzocke, denn Frau Miller setzte mich nur auf verschiedene elektronisch betriebene Massagestühle und sagte dann, als hätte sie einen Sprung in der Platte: „Sie sind jetzt ganz ruhig. Ihr Körper und ihr Geist entspannen sich."

Es war nett, immerhin wurde ich gekrault und konnte weg-dämmern. Aber geläutert wirst du davon nicht. Im Gegen-teil: Ich fragte mich, wie sich das ganze wohl auf H anfühlen würde?

Dass sich die Keels so rührend um mich kümmerten, hatte vielleicht auch mit ihren eigenen Konflikten zu tun. Bei meinen letzten Besuchen konnte Anna mir nicht mehr so viel Aufmerksamkeit schenken. Vielleicht wollte sie das auch nicht, vielleicht war es ihr zu viel geworden.

Ich wohnte dann in der Wohnung eines Bekannten von Anna. Daniel wusste dann gar nicht, dass ich in der Schweiz war. Aber nachdem ich das einmal gemacht hatte, wusste ich: Da will ich nicht mehr bleiben. Sie haben schon genug um die Ohren und brauchen nicht noch mich, Christiane F. Auch wenn Anna es nie gesagt hätte. Ich war nur noch eine Last.

Dann hat mich die Polizei in Berlin mit fünf Gramm He-roin erwischt und eingebuchtet. Angeblich ist das Haus des Typen, bei dem ich eingekauft hatte, observiert worden. Jedenfalls wurde ich kurz darauf verhaftet. Es ist unglaub-lich, wie die Bullen einen dabei zu Boden reißen. Ganz grob, total übel. Dabei sind die meisten Junkies nur Haut und Knochen.

Wozu also diese Brutalität? Bei mir haben die nicht ganz so hart zugepackt, weil ich eine Frau bin und weil ich mich nicht gewehrt habe. Aber ich bin immer sauer, wie die Poli-zei mit Drogensüchtigen umgeht.

Ebenso furchtbar sind diese „Gefangenen-Sammelstel-len", kurz GeSa. Dort gibt es ganz spärliche Zellen mit al-ten, verschimmelten Kacheln und diesen Holzbetten, die mit Eisenketten an der Wand befestigt sind. Es stinkt ganz fürchterlich nach ungewaschenen Menschen. So eine Hölle wie die GeSa hat echt kein Mensch verdient. Du kommst da rein, kriegst deine Matratze runtergelassen und bekommst eine Pferdedecke, von der du nicht weißt, wann sie das letzte Mal gewaschen wurde.

Dann ist da so ein Abfluss hinten in der Sammelzelle, weil ja nicht jeder Lust hat, in einen Becher zu pissen. Es stinkt also alles nach Urin. Ich habe mir alles abgeklemmt und auf das Verhör gewartet.

Der Obermacker vom Rauschgiftdezernat damals hieß Herr Brecht. Dieser Typ hatte noch Bekanntschaft mit meinem Vater gemacht, als sie mich das erste Mal festgenommen und befragt hatten. Da war ich dreizehn, daher die Befragung unrechtmäßig, weil ich ja noch unmündig war und ein Erziehungsberechtigter hätte dabei sein müssen.

Sie griffen mich nachts auf der Straße auf. Ich hatte ein paar Trips und Hasch dabei, da ließen sie mich in einen Becher pinkeln. Damals reichte noch eine positiv getestete Urinprobe, um verhaftet zu werden. Also hielten sie mich fest und dachten wohl: Prima! Die Kleine können wir so richtig ausquetschen.

Sie fütterten mich mit Kakao und Kuchen und taten so, als ob sie selbst zur Szene gehörten. Sie gaben mir also das Gefühl, dass sie ganz genau wissen, was Sache ist. Dann kamen sie mit einer großen Akte aus so einer alten Langschublade und zeigten mir Bilder. Damals war ich noch auf der Suche nach Zugehörigkeit und echt beeindruckt von diesen Männern. Natürlich habe ich alles verpfiffen, was ging.

Dann kam mein Vater reingestürzt. Kein Hallo, kein gar nichts. Er hat nur gesagt, dass er mich abholen will und dass alles, was ich ausgesagt habe, nichtig ist. So war es auch, das wurde alles gelöscht. Immerhin: Dafür danke ich meinem Vater bis heute, dass er so etwas machte. Dass er in solchen Situationen nicht auf ein „Herein" wartete, sondern gleich hereinstampfte.

Als ich nun mehr als zehn Jahre später wieder da in diesem Dezernat saß, kam mich niemand holen. Aber ich hatte inzwischen gelernt, die Wahrheit so hinzubiegen, dass es für mich von Vorteil war. Der Polizei erzählte ich also, ich hätte nichts verkaufen wollen, sondern lediglich zum Eigengebrauch einen Bunker ausgeräumt. Ich hätte zwei Araber in der Hasenheide beobachtet und deren Lager ausgeraubt, als sie weg waren.

Das hatte ich tatsächlich schon einmal vorher getan, aber dieses Mal stimmte es nicht. Ich hoffte, auf diese Weise nur wegen des Besitzes von Drogen angezeigt zu werden, nicht wegen des Verkaufs. Aber mein Anwalt hat damals einen Fehler gemacht. Er hätte wissen müssen, dass unten schon der Dealer saß, bereit zur Aussage gegen mich.

Also musste ich vor Gericht und kam erst einmal wieder in diese ekelhafte GeSa in der Gothaerstraße. Und am nächsten Morgen kommt dieser Brecht und sagt: „Na, wie geht es deinem Vater, dem Eierkopf?" Das werde ich nie vergessen. Der kam in die Zelle, hockt sich vor meine Liege auf den Boden und sagt: „So, Christiane, was machen wir denn nun? Du fährst jetzt ein."

Ich: „Na dann los. Wenn Sie das so wollen?"

Er: „Es wird Zeit. Sonst lernst du es nie. So Kleinkriminelle wie du halten sich immer für die Größten. Im Bau sieht die Realität anders aus, meine Liebe." Ich sagte dann nichts mehr.

Ich bekam einen kurzen Prozess. Klar, denn es war nicht mein erster in diesem Jahr. Es war September 1985. Im Mai desselben Jahres war ich bereits mit Drogen erwischt und zu 3.000 Mark Strafe verurteilt worden.

Jetzt stand ich wieder hier und dachte nur: „Oh man ey, haben die keine Lust, sich mit richtigen Kriminellen zu beschäftigen? Ich bin jetzt schon zum zweiten Mal in diesem

Jahr hier, dabei bin ich doch nur ein Junkie. Was soll denn der Aufriss!"

Und mit dieser Haltung trat ich auch vor Gericht auf. Ich war gekleidet wie der sechste Rolling Stone, wie eine Rockerbraut mit aufgerissenen Jeans und einer weißen Lederjacke mit Fransen. Heute weiß ich, wie unvorteilhaft das war. Ja, also ist doch klar, dass ich in den Knast ging, so wie ich aussah.

Nach wenigen Stunden gab es das Urteil. Als ich aus dem Mund des Richters hörte, dass ich für ein Jahr in den Knast muss, sackte ich sofort auf meinen Stuhl zurück, ohne zu warten, bis alle sich hinsetzten. Ich dachte: „Das darf doch nicht wahr sein! Wer zum Teufel nimmt denn bitteschön Schaden an meiner Sucht außer mir? Was zum Teufel wollen die von mir?"

Dann schlug mir der Richter noch eine Alternative vor. Immerhin. Ich hätte eine Therapie machen können. Aber ich lasse mich nicht erpressen: Entweder Knast oder Therapie! So etwas läuft nicht mit mir. Also haben sie mich ins Gefängnis geschickt. Ende.

Als Anna von all dem erfuhr, drehte sie richtig durch. So etwas habe ich noch nicht erlebt: Sie kam sofort aus der Schweiz angeflogen und war völlig außer sich. Ich war inzwischen in die JVA Moabit verlegt worden. Anna besuchte mich und versprach, dass sie mich rausholen würde. Und tatsächlich: Zwei Tage später kommen die Wärter und lassen mich frei.

Anna hatte es geschafft, mich für umgerechnet 15.000 Franken aus dem Knast zu kaufen – mit der Versicherung, dass sie mich in ihre Obhut nehmen wird und dass ich bis zum Antritt der Haftstrafe eine Therapie in Zürich mache. Drei Monate später, am 2. Januar 1986, sollte ich in die Haft zurückkehren, bis dahin durfte ich Berlin nicht mehr betreten.

Anna hat mich also wieder mitgenommen in die Schweiz. Und sie hat meinen Lügen geglaubt, dass die Anschuldigungen der Polizei falsch seien. Da sich auch ansonsten niemand um mich scherte, ließ ich kurzerhand meinen Freund Greg nachkommen, und wir waren dann die ganze Zeit high. Eine Therapie habe ich natürlich nicht gemacht.

Als ich mich dann im Januar stellen musste, holte die Polizei mich direkt aus dem Flieger. Was für ein Irrsinn, es war mir unglaublich unangenehm, denn alle Passagiere starrten mich an. Wie furchtbar peinlich! Ich sagte: „Was, bitte wie? Ich war sowieso unterwegs, um mich zu stellen." Es war Neujahr, und ich hatte extra einen Tag früher den Flieger genommen, um noch ein paar Sachen in meine Wohnung zu bringen.

Bei den Keels hatte ich ja mehrere Koffer stehen, und da ich nicht wusste, wie es nach der Haft weitergehen würde, hatte ich alles mitgebracht. Aber die legten mir Handschellen an und durchwühlten mein Gepäck. Dabei stießen sie unter anderem auf verdammt viel Sexspielzeug, Greg und ich hatten uns mehrere Dildos und Handschellen und so besorgt. Peinlich!

Zu allem Überfluss hatte ich auch noch meine Tage. Nachdem ich in Handschellen abgeführt worden war, kam ich wieder in dieser GeSa an, wieder in der Gothaerstraße, wieder dieses ekelhafte Ding. Wieder das gleiche Büro, wieder der schrecklich nette Brecht. Als Erstes jedoch die Leibesvisitation: Alles ausziehen! Ich sagte noch: Ich habe meine Tage und benutze, da ich keine Tampons vertrage, nur Binden.

Trotzdem musste ich mich untenrum komplett frei machen und in die Knie gehen. Hinhocken, Beine breit und husten. So wird geprüft, ob man etwas in der Vagina versteckt hat. Die Beamtinnen sagten: „Husten Sie noch mal."

„Wollen Sie, dass ich Ihnen hier auf den Boden blute?"

„Husten Sie bitte noch einmal!"

„Hören Sie auf. Was soll denn das? Den Gefallen, das auch noch wegwischen zu müssen, tue ich Ihnen nicht!" Dann zog ich mir meine Hose wieder an. Eine Beamtin lachte.

Sie hatte während der ganzen Chose ihre Leberwurststulle gegessen.

Nun also wieder in diese fiese GeSa-Zelle, ich musste auf die Verlegung warten. Und was passierte da? Der Fahrer des Gefangentransporters war der Vater einer Klassenkameradin meiner Schwester. Der Kerl hatte mich früher nicht in der Nähe seiner Tochter sehen wollen, weil er glaubte, ich könnte einen schlechten Einfluss haben. Und ausgerechnet dem begegnete ich nun, ausgerechnet der fuhr mich in den Knast.

Wir haben uns sofort erkannt, ich sah mit Anfang zwanzig noch aus wie mit fünfzehn. Aber er sagte nichts, wir schwiegen uns die ganze Fahrt lang an.

Da ich bereits zwei Monate in U-Haft gesessen hatte, blieb ich nur noch zehn Monate in der neugebauten JVA Plötzensee. Anna und Daniel haben mich nicht besucht. Ich wollte auch nicht, dass sie kommen, da Daniel ja gar nicht wusste, dass ich wieder rückfällig geworden war.

Miriam und Guido aus der Hamburger WG kamen mich besuchen, ebenso viele Freunde aus der Berliner und der Züricher Szene. Auch Nina Hagen war bei mir in Plötzensee, und sogar Hector Coggins tauchte auf. Unglaublich! Er war wegen einer Ausstellung seiner Arbeiten in Deutschland und hatte sich bei Alexander Hacke erkundigt, wie es mir ging. Als der ihm erzählte, dass ich einsaß, kam Hector vorbei. Er fand es ziemlich cool, mich hinter Gittern zu sehen. Es inspirierte ihn wohl mal wieder auf irgendeine Art und Weise.

Aber ich war inzwischen in Gode verknallt. Einen Freund hatte ich gebeten, Gode zu fragen, ob ich ihm aus dem Gefängnis heraus schreiben dürfe. Ich durfte, so kamen wir uns näher, auch wenn er mich nie besuchte, weil ich das nicht wollte. Wir schrieben uns mindestens drei Mal in der Woche – aber das habe ich, glaube ich, schon erwähnt. Wir benutzten immer dasselbe Briefpapier. Und irgendwann zierten Schleifen die Umschläge und Herzchen oder ein Lippenstift-Kuss. Nach meiner Haftstrafe kamen wir dann zusammen und flogen gemeinsam in mein Griechenland-Abenteuer.

Auch von Griechenland aus besuchte ich noch ein paar Mal Daniel und Anna in Zürich. Sie nahmen mich auch wieder auf, aber meistens schlief ich doch bei Bekannten vom Platzspitz. Denn Daniel wusste ja nicht, wie tief ich schon wieder im Drogensumpf steckte. Doch irgendwann konnte ich den beiden nicht mehr unter die Augen treten. Ich glaube, dass ich den Kontakt darum einfach habe schleifen lassen.

Zu groß war mein schlechtes Gewissen, und ich denke, dass Anna der festen Überzeugung war, mich loslassen zu müssen, weil ich sowieso nicht mehr lange zu leben haben würde. Das denken die meisten, wenn sie mitbekommen, dass ich wieder an der Nadel hänge.

Mehr als fünfundzwanzig Jahre später rief ich Anna einmal wieder an, als ich in großer Not war. Ich brauchte ziemlich dringend ziemlich viel Geld, an mein eigenes kam ich nicht ran, und es fiel mich nichts anderes ein, als Anna anzurufen. Sie stellte nicht einmal die Frage, wofür ich es brauchte, sondern sagte mir sofort ihre Hilfe zu.

Doch als sie erwähnte, dass sie erst jemanden suchen müsse, der für sie die Anweisung machen kann, weil sie selber das Haus nicht verlassen könne, da hätte ich schalten müssen. Verdammt noch mal. In dem Moment hätten meine Alarmglocken schellen müssen, aber ich war nur mit mir selbst beschäftigt, wie so oft. Anna war damals schon schwer krank, und es tut mir wahnsinnig leid, dass ich mich nicht mehr bei ihr entschuldigen und mich auch nicht mehr richtig bei ihr bedanken konnte.

Danke. Für das alles!

2010 starb Anna. Ein Jahr später Daniel.

UNHEIMLICHER BASAR

Aus morschen Brettern und auf gestohlenen Gepäckwagen aus dem nahe gelegenen Hauptbahnhof haben sie Verkaufsstände gezimmert, Löffel liegen zum Erhitzen der Cocktails darauf ausgebreitet. „Koki, Koki, a guates Koki!", hallt es wie auf dem Wochenmarkt. Andere Verkäufer bieten lauthals „Braunes", Barbiturate, Whiskey oder Bier an.

Hunderte „Drögeler", wie die Züricher Drogenabhängige nennen, drängen sich in diesem Park, an manchen Tagen sind bis zu 3.000 von ihnen versammelt.

Sie sitzen auf einem Spritzenteppich, in den Blumenbeeten und hinter den Büschen, sie drücken sich vor den Augen von Schaulustigen Nadeln in Arme und Beine. Einige reißen sich die Kleider vom Leib auf der Suche nach einer intakten Vene an ihren mageren, von eitrigen Wunden übersäten Körpern. Auch im Winter. Sie stochern verzweifelt in ihrer Leiste herum, oder in ihrem Hals, weil alle anderen Venen bereits entzündet sind. Halbnackte Leiber liegen unter freiem Himmel – bläulich angelaufen vor Kälte, manche sind bereits tot.

Nur zehn Gehminuten vom Glanz der Züricher Bahnhofsstraße entfernt bildete diese gespenstische Szenerie auf der schmalen Uferpromenade zwischen dem Schweizerischen Landesmuseum und den beiden hier spitz zusammenfließenden Flüssen Sihl und Limmat viele Jahre die größte und offenste Drogenszene Europas. Gegen Ende der Achtzigerjahre wurde dieser Park, der Platzspitz, zum Treffpunkt der Drogensüchtigen, die zuvor von anderen Plätzen vertrieben worden waren. Von Polizei und Politik lange toleriert, kamen Süchtige aus der ganzen Schweiz und aus dem Ausland hier zusammen. Die meisten lebten in Armut und finanzierten ihre Sucht durch

Diebstähle oder Prostitution. Am Flussufer bauten sie aus Kartons und Sperrmüll mehrmals kleine Dörfer, ein Zuhause hatte das Gros der Süchtigen damals nicht. Die provisorischen Behausungen wurden von der Polizei immer wieder abgerissen, doch die Behörden befürchteten bald, dass auf dem Platzspitz ein rechtsfreier Raum entstehen könnte.

Die Szene war brutal geworden, vor allem seit Kokain das Heroin vom Markt verdrängt hatte.

Passanten rund um den Platzspitz wurden überfallen und ausgeraubt, tote Drögeler trieben in den Flüssen. Sie waren von anderen Junkies zum Beispiel im Streit um eine Decke oder um ein Stück Schokolade gefesselt, geknebelt und ertränkt worden.

Gleich hinter dem Ausgang zum Sihlquai begann die Haschgasse, wo Cannabis verkauft wurde. Es gab Leute, die die Stoffe mischten, andere, die Lieferanten vermittelten, Rufer, die Konsumenten lockten. Dealerbanden aus Bürgerkriegsländern organisierten und kontrollierten den Handel mit Gewalt, ganz am unteren Ende der Handelskette standen die „Filterlifixer" – Menschen, so weit am Boden, dass sie Spritzen, Nadeln und sonstige Utensilien zum Gebrauch der Drogen verteilten, um als Lohn die zum Aufziehen der aufgelösten Drogen in die Spritze benutzten Zigarettenfilter behalten zu können.

Daraus lösten sie Drogenreste zum Eigengebrauch – HIV- oder Hepatitis-C-Infektionen waren meist inklusive.

An den Abenden wurde die Szene zu einem gespenstischen Gewimmel am Rondell, einem beleuchteten Pavillon inmitten des Parks. Einige Abhängige wankten umher, andere lagen halluzinierend auf dem Rasen oder übergaben sich im Gebüsch. Die Marktrufe verstummten bis in die frühen Morgenstunden nicht. Dann räumte die Polizei das Rondell wieder, damit Gartenarbeiter den Schmutz der Nacht in die Sihl spülen konnten.

Als diese traurigen Szenen Ende der Achtzigerjahre durch die Weltpresse gingen und der Platzspitz inmitten des vornehmen Zürich als „Needle Park" in furchtbaren Ruf geriet, wurde das Zürcher Aids-Interventions-Projekt (Zipp) ins Leben gerufen. In den ehemaligen Toilettenhäuschen der Anlage gaben Ärzte, Sanitäter und Sozialarbeiter zusammen mit freiwilligen Helfern saubere Spritzen, Tupfer und Wundcreme aus. Drei- bis viermal am Tag mussten sie bewusstlose Drögeler wiederbeatmen, Spritzenabszesse behandeln und Aidstests durchführen.

Bis zu 15.000 Spritzen verteilten sie am Tag im Tausch gegen gebrauchte Kanülen, erteilten Ratschläge zur Methadon-Behandlung, vermittelten soziale Hilfe und Entzugsprogramme. Andere Hilfsorganisationen versorgten die Drögeler mit warmen Mahlzeiten und Getränken. So versuchten die Helfer, Sucht und Seuche am Platzspitz in den Griff zu bekommen.

Wegen Überdosis, eitriger Infektionen, Aids und Hepatitis war Drogenkonsum die häufigste Todesursache von Menschen mittleren Alters geworden, europaweit hatte Zürich die meisten HIV-Fälle. In der Politik forderten die einen zur Lösung des Problems eine kontrollierte Freigabe von Heroin, die anderen den gesetzlichen Zwangsentzug und eine Internierung der Drögeler. Drogenfachleute und Straßenarbeiter waren gegen Zwang und Räumung des Platzspitz. Ihrer Ansicht nach konnte man nur auf einem zentralen Platz die Drögeler kontrollieren und ihnen helfen.

Das Statthalteramt sah das anders und ließ am 5. Februar 1992 den Park überstürzt räumen. Mit Schlagstöcken, Wasserwerfern und Gummischrot reinigte die Polizei den Platzspitz von Dreck, Gestank und Leibern – schob die verelendete Szene vor sich her durch die ganze Innenstadt.

Die Vertreibung der Drogensüchtigen vom Platzspitz führte jedoch nur dazu, dass sie sich auf dem stillgelegten Bahnhof Letten wieder ansiedelte. Dort breitete sich das Elend dermaßen aus, dass selbst die nicht Drogen konsumierende Bevölkerung in Not geriet – irgendwann mussten die Nachbarn von Letten auf dem Weg zu ihren Häusern über Nadeln und Kot, durch Dreck und Urin laufen; Frauen wurden von Freiern des nahe liegenden Straßenstrichs belästigt und Kinder als Drogenkuriere angegangen.

Im Sommer 1994 war das Lettenareal derart verkommen, dass die Stadt es aus hygienischen Gründen von Ratten, Wespen und Müll reinigen lassen musste. Der Polizei schien die Situation zu entgleiten: An mehr als 200 Tagen in diesem Jahr herrschten in den Polizeigefängnissen Aufnahmestopps aufgrund von Platzmangel. Trotzdem waren die Zellen notorisch überbelegt, zum Teil mit doppelt so vielen Insassen wie vorgesehen. Dealer und Drögeler tanzten Politik und Polizei auf der Nase herum. Dann eskalierte die Gewalt: In der größten offenen Drogenszene Europas tobte ein Bandenkrieg zwischen Libanesen, Kosovo-Albanern und Nordafrikanern um Marktanteile. Die Stadt Zürich richtete Hilfsappelle nach Bern, Anwohner und anliegende Gewerbetreibende verrammelten Türen und Fenster, ein Einsatz der Armee wurde ernsthaft debattiert.

Dann endlich erklärte die Schweizer Regierung die Situation am Lettenareal zu einem nationalen Problem und veranlasste weitgehende präventive Maßnahmen im ganzen Land, ließ „kantonsfremde" Konsumenten konsequent in ihre Heimat- kantone zurückführen und stellte Fixerräume bereit.

Die damals beschlossene Vier-Säulen-Politik aus Repression, Prävention, Therapie und Überlebenshilfe trug maßgeblich dazu bei, dass die Schließung des Lettenareals im Februar 1995 zu einer Wende der Drogensituation und einer Besserung der Lebensqualität in Zürich führte.

Der Platzspitz wurde erst im Juni 1993 wieder für die Bevölkerung geöffnet. Polizeiliche Kontrollen und die Sperrung des Geländes nach 21 Uhr sollten das Wiederaufleben der Drogenszene verhindern. Die Drogensituation in Zürich hat sich seitdem stark verändert. Eine offene Drogenszene gibt es heute nicht mehr, die Beschaffungskriminalität ist zurückgegangen, Drogenabhängige sind weniger verelendet.

Zehn Jahre nach der Lettenschließung zog die Stadt Zürich die Bilanz, dass sich das restriktive Vorgehen bewährt habe, die Drogenpolitik dennoch weiter angepasst werden müsse. Man habe sich derart stark auf die Überwindung der offenen Szene konzentriert, dass andere Entwicklungen fast verschlafen worden seien, hieß es. Die Stadt sei zum Beispiel nur zögerlich in die Partydrogenprävention eingestiegen. Und die Entwicklung beim Cannabiskonsum habe man praktisch ausschließlich der Justiz überlassen.

Der Konsum von Heroin ist seit 1995 stark zurückgegangen. In den vier städtischen Gassenzimmern halten sich derzeit täglich je 50 bis 100 Süchtige auf. Die 1.500 Plätze in Methadon- und Heroinprogrammen sind weiterhin gut ausgelastet, die Zahl abgegebener Spritzen ist von 15.000 pro Tag während der Lettenphase auf 1.500 gesunken.

Dass weniger Heroin konsumiert wird, bedeutet aber nicht, dass insgesamt weniger Drogen in Umlauf sind. Mittlerweile hat Kokain unter den harten Stoffen die größte Verbreitung, die Beliebtheit dieser Droge wird nur noch von Alkohol und Cannabis übertroffen.

Die Stadt Zürich strebt nicht das Ideal einer drogenfreien Gesellschaft an, sondern eine stadtverträgliche Drogenszene.

Im Vergleich zur Zeit der Platzspitzräumung gibt es heute nicht weniger Drogenkonsumenten. Das Konsumverhalten, die Verfügbarkeit sowie die Art der Drogen und die Süchtigen selbst haben sich aber stark verändert. Die Polizei geht von aktuell rund 5.000 Schwerstabhängigen in der Stadt aus, viele Heroinkonsumenten sind inzwischen gut integriert und fallen kaum mehr auf. Die Verwahrlosung, ein typisches Merkmal der offenen Drogenszene, ist praktisch verschwunden.

Substitutionsprogramme, Fixerstuben und auf in die Jahre gekommene Junkies zugeschnittene Angebote von Sozialhilfe und Alterspflege haben den Gesundheitszustand und die soziale Integration der Betroffenen deutlich verbessert.

S. V.

Plötzensee

Ich war nicht grausam genug. Am ersten Tisch war einfach nicht mein Platz. Ich mag andere Leute nicht rumkommandieren und korrigieren und beschimpfen und zusammenschlagen. So wie die Tollkühn. Ihr Nachname sagte schon alles. Das war eine Teufelin, wie sie im Buche steht. Anna Tollkühn. Groß, dunkelhaarig, massiv.

So ein Mannweib mit harten Gesichtszügen, riesigen Füßen und krausem Haar, das sie jedes Mal an einer anderen Stelle rasierte, wenn sie wieder in den Knast kam. Sie hat auch immer eine neue Sprache gelernt, zuerst Englisch und Spanisch. Weil sie so aggressiv ist, musste sie früher in die Zelle als die Mitinsassinnen. Diese Zeit nutzte sie, um Sprachen zu lernen. Dieses Mal lernte sie Russisch.

Die Tollkühn stand permanent dermaßen unter Anspannung, dass sie die Schultern ständig angezogen hatte, um jederzeit ausholen und zuschlagen zu können. Sie saß immer wieder wegen Drogen, Überfällen, Totschlag oder Körperverletzung mit Todesfolge ein. Vor der Frau habe ich noch Angst gehabt, als ich längst wieder frei war. Wenn ich sie zufällig irgendwo in Berlin sah, bin ich ganz schnell weg, damit sie mich bloß nicht ansprechen konnte. Denn jede Antwort hätte die falsche sein können.

Rund ein Dutzend solcher Frauentypen saßen mit Tollkühn zusammen am ersten Tisch in der Kantine, furchteinflößend wie eine Footballmannschaft.

Das waren die, die im Knast das Sagen hatten, leider ist es ja meistens so, dass der Pöbel regiert.

Tisch zwei war der interessante, da saßen die hübscheren Frauen: Dealerinnen, Hehlerinnen, Prostituierte oder andere, von denen sich die Oberbossinnen irgendetwas versprachen: Drogen, Tabak, Kontakte oder sonst irgendwas.

Wenn du an Tisch Nummer drei sitzen musstest, warst du der Vollarsch, dann hast du besser in deiner Zelle gegessen, sonst sahst du die Krankenstation häufiger, als dir lieb war. Tollkühn und Team machten dich dann richtig fertig. Die hatten mit nichts ein Problem, nicht einmal damit, Scherben in deinem Essen zu verstecken oder dich mit einem Messer abzustechen. Aber zuerst kommandierten sie dich rum und bestraften Ungehorsam mit Prügel.

Noch viel schlimmer war die subtile, psychische Gewalt. Die flößen dir eine Höllenangst ein, bedrohen deine Kinder, deine Partner, deine Gesundheit, beleidigen dich, demütigen dich, machen dich fertig, bis du gefügig bist und alles machst, was sie von dir wollen. Es wird deine Überlebensstrategie, den Chefinnen zu dienen. Oder du hängst dich besser gleich auf.

Wo mein Platz war, sollte sich gleich am ersten Tag erweisen.

Unter den Mitinsassinnen hatte sich schon rumgesprochen, dass Christiane F. eingebuchtet wird, ehe ich den ersten Fuß in den Knast gesetzt hatte. Ich weiß nicht, ob es Neid war oder ob sie glaubten, ich sei irgendwie gefährlich, jedenfalls stellte ich irgendeine Art Bedrohung für viele dar. Und deshalb wollte man gleich am ersten Tag klarstellen, wer im Knast das Sagen hat.

Sie hetzten eine Schwangere mit einer Blechschippe auf mich. Ganz perfide. Auf der einen Seite darfst du dich nicht zu Brei hauen lassen, auf der anderen Seite kannst du gar nichts machen, um dich zu wehren, denn jeder Gegenschlag kann einer zu viel für das Baby sein.

Ich war gerade aus der Isolierhaft entlassen worden. In jedem Knast wird man erst einmal isoliert und medizinisch durchgecheckt. Im sogenannten Aufnahmehaus wirst du auf ansteckende Krankheiten untersucht. Es wird automatisch ein Aidstest gemacht und deine Lunge geröntgt, um zu checken, ob du frei von Tuberkulose bist.

Ich war kerngesund und machte mir gerade auf der Station, wo ich von da an zehn Monate leben sollte, einen Tee. Gleich neben dem Eingang gibt es auf jedem Korridor eine kleine Küche mit zwei Öfen und acht Herdplatten, die nachmittags und abends zur Verfügung stehen. Außerdem gibt es Kühlfächer, denn jede Frau hat ja auch ihre eigenen Lebensmittel.

Erst 30 Minuten lang war ich nun Häftling in der Frauenhaftanstalt Plötzensee. Ich brühte mir gerade meine Minze, es war später Nachmittag, als ich plötzlich von hinten eine Stimme hörte, die mit russischem Akzent sagte: „Na, wen haben wir denn da?" Ein echt fieses Weib, klein, mit Flachkopf und schwarzem Damenbart, stand vor mir.

Ich dachte, dass sie gerade von der Knastarbeit gekommen sein musste, denn sie hielt in der einen Hand eine Blechschippe und in der anderen einen Besen. Sie sah verschwitzt aus, ihr dunkelblondes Haar war vom Fett gesträhnt. Am liebsten hätte ich mich über ihre sackähnlichen, beigen Hosen, über ihre Kartoffelnase und ihre furchtbar gedrungene Gestalt kaputtgelacht, aber ich merkte, dass sie nicht zum Lachen gekommen war und auch keinen Spaß verstand.

Trotzdem wollte ich nicht unhöflich sein, also stellte ich meine Tasse und den Wasserkocher beiseite, ging auf sie zu und streckte ihr meine rechte Hand entgegen. „Ich bin Christiane", wollte ich sagen, aber dann wurde mir mit einem Schlag klar, dass sie das offenbar schon wusste, denn sie schmiss den Besen weg und holte mit der Schippe aus. Ich war noch außer Reichweite, das Blech krachte gegen die Wand links von der Tür. Schusssichere Verglasung, extra dick. Es war kein Sprung zu sehen, aber mein Kopf wäre Matsch gewesen, wenn sie mich getroffen hätte.

„Olga ist schwanger", sagte dann eine Frauenstimme aus dem Off, die ich später als Tollkühns erkannte. Keine Ahnung, was die wollten, ich hatte keine Chance, irgendwie nachzudenken, geschweige denn zu verstehen.

Olga kam aus Weißrussland und saß wegen Drogendelikten und schwerer Körperverletzung ein. Als sie wieder zuschlug, bin ich ausgewichen, beim dritten Mal warf sie ihre Waffe, und ich konnte mich gerade noch rechtzeitig bücken, sodass das Ding über mich hinweg gegen die Küchenzeile flog. Es hat laut gescheppert, Kochtöpfe und Gläser flogen durch die Luft und knallten auf den Gussbetonboden. Dann, endlich, kamen die Wärter, sie hatten den Lärm gehört. „Wir haben nur ein bisschen aufgeräumt", sagte Olga, riss die Hände unschuldig in die Höhe und ging weg.

Da bemerkte ich, dass ich eine brennende Schramme an der linken Schläfe abbekommen hatte, aber sonst nichts. Natürlich habe ich den Wärtern gesagt, was geschehen war. Aber was sollten sie machen? Olga einsperren?

Das Gebäude am Friedrich-Olbricht-Damm heißt heute JVA Charlottenburg und ist ein Männergefängnis. Ein Jahr vor meiner Haftstrafe, die im Januar 1986 begann, waren die Vollzugsmitarbeiter und die Insassinnen aus der Lehrter Straße in diese „modernste und sicherste Frauenhaftanstalt Europas", wie es damals hieß, eingezogen. Sie war gebaut worden, weil der Knast in der Lehrter Straße total heruntergekommen war. Zudem waren hier Mitte der Siebzigerjahre vier Top-Terroristinnen ausgebrochen, weshalb man nun das mehr als 40.000 Quadratmeter große Areal am Friedrich-Olbricht-Damm gebaut hatte. Es war mit einer fünf Meter hohen Mauer gesichert, und es gab fünf Bewachungstürme, in denen manchmal auch bewaffnete Polizisten saßen und die Lage von oben überblickten.

Da war nichts mit Ausbruch, nicht mal für die Tollkühn. Angeblich sollten mehr als 300 Frauen dort untergebracht werden können. Aber die Hälfte der Betten war eigentlich immer leer. Ich hatte ein Einzelzimmer.

Das war mir nur recht, denn ich wollte nirgends mitmischen, sondern nur meine Ruhe.

Aber deine Ruhe bekommst du im Knast eben nicht einfach so, die musst du dir schon verdienen. Ich bekam sie im Gegenzug für ein paar Gramm Heroin.

Eine Freundin von mir hatte 50 Gramm Heroin in die JVA geschmuggelt. Einen Flieger können die Bullen stürmen, aber sie sind zu dumm, eine bekannte Dealerin ordentlich zu untersuchen. „Husten Sie mal", so wie es die Bullen in der fiesen GeSa von mir verlangt hatten, bringt nämlich gar nichts, wenn du ganze Pakete im Unterleib versteckt hast. Der Dilettantismus der Beamten, die meine Freundin verhaftet hatten, war mein Glück.

50 Gramm, das ist mehr als die Monatsration eines Hardcore-Junkies. Aber im Knast kannst du ja nicht ständig auf Jum sein, dann fliegt das sofort auf. Darum hat diese Freundin mir fast die Hälfte ihres Heroins abgegeben, und ich war schlau genug, mir die Richtigen auszusuchen, an die ich einen Teil weiterverschenkte. Im Vollzug nehmen fast alle harte Drogen. Kaum einer kifft oder trinkt, da sind richtige

Opfer dabei, die gleich mit Heroin oder Crack eingestiegen sind und gar nicht wissen, was es bedeutet, einen Trip, also LSD oder Ecstasy, zu werfen.

Wenn du Drogen hast, musst du die taktisch klug verteilen. Du kannst dich hinter Gittern nicht allein aufstellen, dann bist du tot.

Natürlich habe ich der Tollkühn etwas angeboten. Das heißt, nicht direkt, denn ich wollte ja auch nicht, dass sie denkt, ich will mich bei ihr beliebt machen, das hätte sie erst recht ausgenutzt.

Wie nebenbei erzählte ich ihrer besten Freundin, einer brutal üblen Braut, die mehrfach wegen Körperverletzung mit Todesfolge und schweren Diebstahls einsaß, dass ich Stoff hätte, den ich gern unter den Frauen verteilen würde. Ehe die Bullen ihn finden. Kurze Zeit später stand sie im Auftrag der Tollkühn vor mir und fragte, was ich haben wolle für ein Gramm.

Ich habe es ihr nicht geschenkt, die sollte nicht denken, sie bekäme was umsonst.

Ich habe ihr einen Zwanziger abgenommen, viel zu wenig, aber im Knast hat ja niemand so viel Geld. Außerdem wollte ich noch etwas anderes: Sie solle mir künftig doch bitte schwangere Furien mit Blechschippen vom Hals halten, habe ich gesagt.

Das hat dann auch geklappt, das Verhältnis zwischen der Tollkühn und mir beruhte ab dem Zeitpunkt nicht unbedingt auf Sympathie, aber auf so etwas wie gegenseitigem Respekt.

Im Gefängnis haben mehr Leute Spritzbesteck, als man denkt. Aber meist wird das Zeug eher geraucht oder geschnieft. Irgendwann geht es aber natürlich doch hoch, wenn im Gefängnis Drogen verteilt werden. Klar. Die Leute werden extrem unruhig, wenn sie wissen, dass es Drogen gibt. Es gab Raufereien und Erpressungen, und am Ende hat jemand den Wärtern gezwitschert, dass Dope im Umlauf war. Fast allen wurde das Zeug wieder abgenommen, nur mir nicht, denn ich hatte nur zwei Gramm behalten und sofort gezogen. Danach hatte ich mit der Sache nichts mehr zu tun.

Zumindest nicht offiziell, also nicht für die Wärter. Die Häftlinge wussten natürlich, woher das Zeug kam, und das verschaffte mir dann auch einigen Respekt bei den anderen Insassinnen. Von da an saß ich an Tisch Nummer zwei in der Kantine.

Auch mein Job als Hausmädchen half mir dabei, dass ich nicht ganz am unteren Ende der Knasthierarchie landete. Ich war diejenige, die aufräumte, sauber machte und das Essen austeilte. Es dauerte eine Weile, bis ich realisierte, was ich da für einen Job hatte. Die anderen schoben mir immer heimlich etwas unter – Briefe, Drogen, kleine Geschenke wie Süßigkeiten oder Tabak. Ich musste gar nichts tun, das Zeug nur transportieren. Die Empfängerin war meist eingeweiht und wusste, wo es die Absenderin versteckt hatte – hinter diesen Stoppern an den Rädern zum Beispiel, unter den Tassen oder im Essen der Empfänger. Ich fuhr nicht von Zelle zu Zelle, sondern mit einem Wagen, auf dem die Töpfe mit den Gerichten standen, von Station zu Station. In der Küche holte sich dann jeder selbst sein Essen bei mir ab – und sein Mitbringsel.

Als mir bewusst wurde, was ich da für eine Position habe, machte ich mir das zunutze, wenn es sein musste. „Pass auf, Süße, wenn du mich nicht in Ruhe lässt, transportiere ich deine Briefe an deine Freundin nicht mehr", habe ich der einen oder anderen dann mal gesagt.

Natürlich war ich nicht allein, die Stationen sind ja untereinander abgeschlossen, man kann nicht einfach von einer zur anderen laufen. Es war also immer ein Wärter oder eine Wärterin bei mir, um aufzuschließen.

Trotzdem war das eine Vertrauensstellung, denn man kommt ja auch mit Gefangenen außerhalb seiner Station in Kontakt. Dabei darf man allerdings nicht alles mitmachen. Zum Beispiel habe ich keine Trenner-Briefe angenommen. Trenner sind zwei oder mehr Leute, die wegen demselben Vergehen sitzen, aber voneinander abgetrennt sind, damit sie sich nicht absprechen können. Wenn mir Trenner irgendwas unterschieben wollten, musste ich das irgendwie loswerden, mit dem Ellenbogen vom Rollwagen stoßen oder so etwas in der Art. Denn wenn die Schließer dir draufkommen, dann bist du den Job los und verlierst auch den Respekt der Mitinsassinnen; denn wenn du etwas für andere tust, was dich selbst Kopf und Kragen kosten kann, giltst du als dämlich. Die Schlusen, so nannten wir die Wärter, die uns die Zellen aufschließen, sind ja auch nicht ganz blöd.

Im Gefängnis wachst du morgens auf und weißt nie, was der Tag bringt. Obwohl alles so monoton ist, irgendwer sorgt schon dafür, dass was Aufregendes passiert.

Entweder es gibt eine Schlägerei, oder es kommt eine Drogenlieferung, oder jemand setzt sich den Goldenen Schuss. Langweilig wird es jedenfalls nie.

Wir haben unseren eigenen Alkohol gemacht. Die JVA Plötzensee ist so ein typischer Neubau der Achtzigerjahre mit abgehängten Decken. Wir haben dann so eine Rigips-Platte aufgeschraubt und da unsere Vorräte versteckt. Zum Gären nahmen wir leere Seifenkanister, füllten sie mit Wasser, Hefe aus der Küche und Apfelscheiben oder Kirschen. Nach einer Woche konnte man das Zeug trinken. Die Kanister besorgen, das konnte natürlich auch nur ich, das Hausmädchen.

Dann kam Tschernobyl, und ich dachte, ich müsste sterben. Wir haben doch im Knast nichts gewusst. Um acht mussten wir dichtmachen, Zellen zu, Ruhe. Ich hatte Aufschluss von sechs Uhr morgens bis acht Uhr abends. Das heißt, ich konnte tagsüber raus aus der Zelle und arbeiten oder Sport machen. Am Wochenende ging das sogar bis 22 Uhr, und an besonders schönen Tagen durften wir Frauen uns auch draußen auf dem Hof sonnen. Als wir nun hörten, dass es in der Ukraine zu einem nuklearen Unfall gekommen war, aber sonst nichts weiter darüber erfuhren – einen Fernseher gab es damals noch nicht in den Zellen –, gerieten einige von uns in Panik.

Wir Insassinnen dachten, die Angestellten rennen jetzt alle weg, verlassen das Land und lassen uns zurück. Was passiert dann mit den Knackis, haben wir uns gefragt. Die werden uns ja sicher nicht freilassen, dachten wir.

Es herrschte wirklich Unruhe in Plötzensse, weil wir gar nichts wussten. Ich sollte einige Tage nach der Katastrophe draußen kehren. Aber es fing an zu regnen, und da habe ich gestreikt: „Nee, Arbeit im radioaktiven Regen muss echt nicht sein. So eine Strafe habe ich wegen ein bisschen Dealerei nicht verdient", habe ich zur JVA-Leitung gesagt. Das war in der Situation dann auch in Ordnung.

Von meinem Verdienst habe ich damals literweise Dosenmilch gekauft. Mein ganzes Geld habe ich dafür ausgegeben, weil es hieß, dass vor allem Gemüse und Milch radioaktiv belastet seien. Ich glaubte, dass Dosenmilch durch die Reduktion oder das Einkochen bei der Herstellung nicht betroffen sei, erst einige Jahre später las ich, dass dies ein Irrglaube war. Naja, damals kam ich mir clever vor, ich hatte 20 Dosen in meiner Zelle. Also gab es erst einmal eine zweiwöchige Dosenmilchdiät.

Dann ging die Welt doch nicht unter. Wobei man sich ja jahrelang nicht so sicher war, wie schwerwiegend die Folgen dieser Katastrophe sein würden. Man durfte ja nichts mehr essen, keine Pilze mehr sammeln. Auch das Knast-essen wurde den Warnungen angepasst. Das fanden wir gar nicht selbstverständlich und waren einigermaßen erstaunt. In solchen Krisenzeiten ist man als Gesellschaft doch froh, die Bösen durch verseuchtes Essen loszuwerden, dachten wir. Das war im Frühling 1986.

Zu trinken gab es nur Kaffee und Tee. Alles andere konnte man nicht bezahlen, es gab zwar Coca-Cola und Ap-felschorle und all das, aber das war zu teuer. Wasser aus der Leitung gab es umsonst, Löskaffee und Tee waren also die günstigsten Varianten. Eine Cola kostete drei Mark. Wenn du im Gefängnis keinen Job hattest, konntest du dir das eigentlich gar nicht leisten.

Ich war selten so gesund, körperlich und geistig, wie in diesen Monaten im Knast. Der Entzug von Heroin und Gras fiel mir leicht, denn da drin ist alles anders.

Du hast die Sorgen nicht, die du draußen hast. Da drin schreit dich kein Lehrer an, nur weil du morgens um acht noch nicht ganz wach bist und den Kopf in die Hände stützt. Da drin reduziert dich keiner auf die Fehler, die du im Le-ben gemacht hast, denn deretwegen sitzen da alle ein. Da drin musst du nicht allein frühstücken, weil deine Eltern keine Zeit haben, du musst dich nicht den Nachbarn erklä-ren, nicht der Presse und nicht der Polizei. Es gibt da drin keine Steuer, um die du dich kümmern musst, keine versof-fenen, falschen Freunde, keine Kritik, keine Beobachtung und keine Bewertung durch andere. Ich habe mich im Ge-fängnis oft freier gefühlt, als ich es in Freiheit je war.

Hätte ich meinen Hund Poncho mitnehmen können, wäre ich gern auch länger geblieben. Für andere mag der Knast traumatisch sein, für mich war es dort traumhaft!

Ich gebe zu, die Tollkühn hat ein paar Mal versucht, es mir echt zu vermiesen. Sie fand immer irgendwas, was sie störte, völlig unberechenbar. Einmal habe ich ihrer Meinung nach beim Schrubben der Küche zu laut Radio gehört – da machte sie kurzen Prozess und warf mein Gerät in den Wassereimer.

Aber damit nicht genug, sie ging mir auch an die Gurgel und warnte mich, sie nie wieder mit meinem Gedudel zu nerven. Im Radio lief Genesis' „Land Of Confusion", das war da gerade erst rausgekommen. Erst viel später habe ich mal auf den Text gehört und bemerkt, dass Phil Collins davon singt, dass es zu viele Menschen auf der Welt gibt, die Probleme machen und zu wenig Liebe. Keine Ahnung, ob es der Text war, der sie störte, oder ob ihr das Lied nicht Rock genug war.

Es fiel mir sogar leicht, im Knast zu arbeiten, leichter als es mir draußen fällt. Einfach, weil ich nicht den Druck verspürte, irgendjemandem irgendetwas beweisen zu müssen, Anforderungen erfüllen, Normen entsprechen und mich Bewertungen unterziehen zu müssen. So etwas blockiert mich, weil ich nicht selbstbewusst genug bin.

Im Gefängnis zwingt dich niemand zur Arbeit, sie kommen nicht einmal von allein auf dich zu und bieten dir das an. Du musst schon selbst nachfragen, deine Vita aufsetzen, ein kurzes Vorstellungsgespräch führen. Aber das kannte ich ja schon von meiner Buchhändlerlehre, das ging ganz leicht. Ich habe mich beworben, weil ich rauswollte aus meiner Zelle, weil es mir sonst zu langweilig geworden wäre.

Natürlich hatte ich mein Geld draußen auf dem Konto. Meine Mutter, die damals noch eine Vollmacht besaß, hätte es mir gebracht. Aber ich wollte etwas zu tun haben. Und wenn ich ganz nebenbei auch noch ein paar Mark verdienen konnte – toll!

Mein erster Job war in der Holzwerkstatt. Der Meister war total nett, aber die Arbeit schrecklich, weil ich handwerklich überhaupt nicht begabt bin. Meine erste Aufgabe war es, eine Obstschale herzustellen, was an und für sich eine tolle Sache sein könnte. Aber nicht für mich. Ich bekam ein großes Stück Holz und musste die Stücke daraushauen, dann schleifen und feilen. Ich habe stundenlang daran rumgeschliffen – bis mir die Hände wehtaten. Aber egal, wie viel Mühe ich mir gab: Meine Obstschale blieb krumm und schief.

Wenn man nett sein will, nennt man so etwas, was ich da fabriziert habe, Kunst. Aber eigentlich konnte es weg.

Die Eimer und Kisten und Regale, die dort in der Gefängniswerkstatt von den Knackis hergestellt werden, landen später bei einem Flohmarkt auf dem Anstaltsgelände – aber meine „Arbeiten" konnte man echt keinem anbieten. Also warf ich sie weg.

Mit den Farbpaletten hatte ich genauso wenig Glück. Ich sollte die Farben lernen, Übergänge, Mischungen und so weiter. Aber ich kann schon ganz gut einschätzen, wozu ich eine Begabung habe und wozu nicht. Nach drei Wochen sagte ich: Kommt, das bringt doch alles nichts! Weil im Knast jeder froh ist, wenn er einen Job bekommt, habe ich in der Holzwerkstatt aber erst gekündigt, als ich die Zusage für den Hausmädchenjob hatte. Die Arbeit habe ich dann bis zu meiner Entlassung gemacht.

Meine Nachfolgerin wurde eine Neuinsassin, der wir nachsagten, dass sie so gelbe Zähne habe, weil sie die Knochen ihres Ehemannes abgeknabbert hat.

Zwei Tage bevor sie bei uns ankam, lasen wir in der Zeitung, dass in Moabit eine Mutter in U-Haft sitzt, die zusammen mit ihren vier Kindern ihren Ehemann umgebracht und im Keller entsorgt hat. Es gab zwei Tageszeitungen, die BZ und den Tagesspiegel, und wenn über aktuelle Kriminalitätsfälle berichtet wurde, dann wussten wir schon im Vorhinein, wer bald zu uns kommen würde.

In der BZ stand, dass eine ganze Familie den Vater entsorgt hatte. Der Mann war wohl ein Schwein gewesen, ein Säufer, der die Familie übel malträtierte. Jedenfalls hatte der Kerl wohl angefangen zu stinken, so wurden die Nachbarn aufmerksam. Und die Familienmutter, die nun bei uns einfuhr, hatte so furchtbar gelbe Zähne. Das kommt vom Knochenknabbern, sagte dann die Erste im Scherz, und die anderen plapperten das nach. Diese Mutter war aber ganz fit und hat sich gut gegen die Häme gewehrt. Sie sagte nur: „Na was denn, nicht mal der Hund wollte den Alten anknabbern, so widerlich war der!"

Es gab keinen richtigen Knastkiosk. Stattdessen stand auf einer Pappe das Warenangebot, wie ein Menü im Restaurant. Nach Einschluss hatte ich genug Zeit, mir genau auszurechnen, wie viel Tabak und so ich mir leisten konnte von dem, was ich verdiente. Das sollte gut überlegt sein, denn man konnte nur zweimal im Monat einkaufen. Alle zwei Wochen kamen die Händler, die richtige Abzockerpreise hatten. Ich habe meinen Einkauf also immer gut vorbereitet.

Dann ist passiert, was passieren musste: Ich habe mich in eine Frau verliebt.

In eine Wärterin, sie hieß Frau Blume. Die Liebe muss ja irgendwo hin. Ich habe Herzklopfen bekommen, wenn ich sie sah. Es war eine kleine, zierliche, gut durchtrainierte Frau mit kurzen, dunkelblonden Haaren. Aber nicht so ein Mannweib, sie hatte ganz sanfte nussbraune Augen und zarte Gesichtszüge. Eher der Typ junge, dynamische Mutti. Sie gab einem das Gefühl, dass sie sich kümmerte, dass sie uns nicht verurteilte und uns individuell behandeln wollte, so wie es jeder brauchte.

Ab und zu war auch Frau Blume dran, mich bei der Arbeit zu begleiten, und dann verbrachte ich ein paar Stunden mit ihr an meiner Seite. Wie ihr Name schon sagte, roch sie auch total gut, wie ein frisches Blumenbouquet. Und ich hatte jedes Mal den Bauch voller Schmetterlinge, wenn sie mit mir arbeitete, am Ende war mein einziger Gedanke: Wann kommt sie wieder?

Im Knast klammert sich jeder an irgendetwas. Zu den meisten Menschen dort drinnen hätte man keinen Bezug, wenn man nicht zusammen eingesperrt wäre. Und irgendwie stellst du unterbewusst doch einen her, machst dir selbst vor, dass du tatsächlich etwas für all die Leute empfindest, dass sie deine Familie und deine Freunde sind. Zumindest ging es mir so, und ich glaube, es ging den meisten so.

Frau Blume lächelte immer, die hätte ich selbst draußen sehr gern gemocht. Sie war ein guter Mensch. Streng, natürlich. Aber gut. Das gefiel mir. Auch wenn ich es eigentlich nicht so toll finde, wenn Frauen im Gefängnis arbeiten. Man stumpft da echt ab und muss sich eine harte Schale zulegen, und das tut den meisten Frauen nicht gut. Wir sind ja sensible Wesen und irgendwie nicht ganz wir selbst, wenn wir das unterdrücken müssen. Emotionen machen uns erst schön.

Frau Blume war trotz ihres Jobs sehr sensibel und merkte natürlich, dass ich Gefühle für sie hatte. Aber sie durfte das nicht erwidern. Vielleicht war ihr das auch nicht zum ersten Mal passiert, die Art und Weise, wie sie damit umging, ließ mich das vermuten. Denn weder mied sie mich, noch stellte sie mich zur Rede oder behandelte mich besonders schlecht oder gut.

Sie schenkte mir Aufmerksamkeit, weil sie respektierte, wie ich auf meine Einsamkeit im Knast reagierte. Nicht mehr und nicht weniger.

Aber so kam ich mir nicht ganz so doof vor, wie wenn sie mich eiskalt hätte auflaufen lassen oder gar zur Rede gestellt hätte. So gemein war sie nicht.

Aber das ist auch schon die ganze Geschichte. Mehr ging ja nicht. Nach meiner Entlassung hätte ich noch einmal probieren können, ihr näherzukommen. Aber dann war ich draußen, und draußen ist eben alles anders. Es war jedenfalls nett von ihr, mich nicht zu demütigen, das hätte sie in ihrer Position locker gekonnt.

Nachts habe ich seitenweise Briefe geschrieben. Insgesamt 425 Briefe bekam ich in die Haftanstalt, etwa 500 habe ich von dort weggeschickt. Die Briefe kamen von Fans, aber vor allem von Freunden und von meiner Briefliebe Gode Benedix.

Es standen keine Liebesbekundungen darin, vielmehr hielten wir uns einfach auf dem Laufenden, was wir beide so erlebten. Ich schrieb ihm von den Beobachtungen, die ich in der JVA machte und die mich für mein Leben prägen würden, er von den neuesten Geschichten aus dem Dschungel und von seinen Plänen, neben der Musik auch eine Schauspielkarriere wie Otto Sander anzustreben.

Als ich rauskam, war es deshalb so, als hätten wir die letzten zehn Monate miteinander verbracht. Wir waren uns wirklich nähergekommen.

Ich kann einfach besser schreiben als sprechen. Wenn ich jemanden mag, fällt es mir unglaublich schwer, ihn persönlich anzusprechen, weil ich Angst habe, zurückgewiesen zu werden.

Dann gucke ich auf den Boden, weil ich eingeschüchtert bin, zappele ganz viel und stottere, ganz schrecklich, ich mag mich dann selbst nicht und fürchte, dass mein Gegenüber mich auch nicht mag. Beim Schreiben geht alles ganz einfach, denn ich kann noch mal von vorn anfangen, wenn es mir nicht gefällt. Und wenn keine Antwort kommt, dann kann ich mir einreden, dass es nicht an mir liegt, sondern an einem Mangel an Zeit.

Die zehn Monate in Plötzensee gingen für mich schnell vorbei, weil ich sie nicht schlimm fand, man gewöhnt sich halt an alles. Die Psyche hat wirklich gute Schutzmechanismen, sodass man sich in schwierigen Situationen an den schönen Dingen festhält. Auch wenn man sich dabei etwas vormacht. Das sind Verdrängungsmechanismen, die einem helfen. Das Gute im Schlimmen zu sehen macht es irgendwie erträglicher.

Und ich brachte sogar Geld mit nach Hause. Wie sich bei meiner Entlassung herausstellte, war ich extrem sparsam gewesen, 800 Mark bekam ich noch als ausstehenden Lohn. Plötzensee verließ ich mit einer Menge positiver Energie. Neben meiner neuen Liebe war das eine neue Chance, in Zukunft ohne Heroin auszukommen. Zehn Monate war ich nun clean.

Das
zweite Leben

Hätte Angela Merkel mich gefragt! Ich könnte ihr interessante Geschichten über die Griechen erzählen. Von Dörfern, die offiziell gar nicht existieren, von Häusern, die nirgendwo eingetragen und die, an der Steuer vorbeigebaut, lukrative Renditeobjekte für die Hellenen sind. Ich hätte mit ihr eine „Griechisch für Geldgeber"-Reise über die Inseln machen und ihr überall Restaurants, Hotels, Bars und Clubs zeigen können, die offiziell soziale Einrichtungen sind und mit EU-Geldern subventioniert werden; Familien vorgestellt, die ihr ganzes Vermögen in der Schweiz oder in deutschen Immobilien vor der Steuerfahndung versteckt haben; und Ärzte, die sich mit illegalen Abtreibungen eine goldene Nase verdienten. Ich habe keine Ahnung, wie wichtig das griechische Finanzsystem für Europa ist – aber hätte Angela Merkel mich 2009 gefragt, ich hätte ihr gleich sagen können, dass wir von dem Geld, das wir den Griechen gerade leihen, nie etwas zurückbekommen.

Das bedeutet nicht, dass ich es denen nicht gönne. Die Griechenlandkrise ist eine Folge der Freiheit, die das Volk lebt. Die Freiheit von Vorurteilen und gesellschaftlichen Zwängen. Mir hat das sehr viel gegeben, so leben zu dürfen. Deshalb freue ich mich, wenn meine zweite Heimat Hilfe bekommt. Aber klar ist auch: Betrug und Korruption waren schon immer Disziplinen, in denen die Griechen penible Sorgfalt und Ernsthaftigkeit an den Tag legten. Man kann dort ein sehr schönes Leben haben, wenn man das beherzigt und die Spielregeln beherrscht. Für ein bisschen Extra-Geld erhält man extra guten Service. Im Gegenzug bekommst du quasi an jeder Ecke von ein paar gut gelaunten, offenen und freundlichen griechischen Barbesitzern ein paar Bier aufs Haus. So rechnet sich das, man muss eben nur wissen, wie das läuft.

Ich glaube, Griechenland war eines der letzten europäischen Länder, die Abtreibung legalisiert haben, Ende der Achtzigerjahre muss das irgendwann gewesen sein, kurz bevor ich dort lebte. Maria hat mir damals, als ich von Panagiotis schwanger war, erzählt, dass Abtreibungen lange ein riesiges, illegales Business waren. Frauen aus ganz Europa sind jahrzehntelang nach Griechenland gereist, um abzutreiben, weil die Eingriffe dort einfach und billig zu haben waren. Rund 200 Mark hat das nur gekostet – natürlich an der Steuer vorbei. Ein bekannter Arzt erzählte Panagiotis und mir, dass er bis zu 100.000 Mark im Jahr nur durch Abtreibungen verdient hat. Griechenland hatte damals die weitaus höchste Abbruchrate in ganz Europa, dieser Freund sprach von mehr als einer halben Million pro Jahr.

Was für eine erschreckend hohe Zahl! Aus eigener Erfahrung weiß ich, wie sehr einen das mitnimmt. Sein eigenes Kind zu töten ist ein wirklich gewaltsamer Akt, der nicht spurlos an dir als Mutter und auch nicht am Vater vorbeigeht. Viele Beziehungen brechen nach so einem Eingriff auseinander, denn wenn man sich entscheidet, gemeinsam keine Verantwortung übernehmen zu wollen und ein Kind nicht zusammen großziehen zu können, dann wird einem dadurch meist auch bewusst, dass das, was man hat, nicht für die Ewigkeit ist. Dass etwas fehlt, um wirklich aneinander zu glauben. Das tut sehr weh.

Es ist wirklich erschreckend, wie leichtfertig man als junger Mensch mit Verhütung umgeht, und selbst wenn es heute ganz selbstverständlich ist, dass jede Frau bis zur zwölften Woche nach der Befruchtung abtreiben darf – wer redet schon darüber? Nein, Schwangerschaftsabbrüche sind Gott sei Dank auch heute noch nichts Selbstverständliches, aber damals war das eben verboten. Auch viele deutsche Frauen ließen sich in Griechenland behandeln, bevor der Paragraf 218 in Deutschland in Kraft trat.

Dass man dafür nicht mehr in ein griechisches Gefängnis kam, dafür hat die Mutter von Giorgos Papandreou gesorgt. Der Vater von Giorgos, Andreas Papandreou, war griechischer Ministerpräsident, als ich dort lebte. Und er hatte den Frauen das Wahlversprechen gegeben, Abtreibung zu legalisieren.

Denn obwohl es so häufig praktiziert wurde, drohten den Frauen bis zu drei Jahren Gefängnis, wenn sie abtrieben, obwohl keiner der gesetzlich festgelegten Ausnahmefälle eingetreten war: Behinderung des Kindes, Vergewaltigung der Mutter oder Lebensgefahr für einen oder gar beide.

Von einer Legalisierung versprachen sich die Frauen auch, dass die Eingriffe menschenwürdiger und weniger lebensbedrohlich werden würden. Denn da alles geheim ablaufen musste, konnten sich die Frauen nicht an die Polizei wenden oder gar Schmerzensgeld oder Schadenersatz einfordern, wenn die Ärzte pfuschten und sie zum Beispiel für immer unfruchtbar machten.

Als Andreas Papandreou die Gesetzesänderung trotz Ankündigung zunächst nicht in Angriff nahm, setzte seine Frau ihn öffentlich unter Druck. Sie drohte ihm nicht mit Scheidung, sondern mit dem Aufbegehren irgendeiner bedeutenden Frauenvereinigung, deren Vorsitzende sie war. Panagiotis hat mir von all dem erzählt, weshalb ich mich entschied, den Eingriff in Griechenland machen zu lassen.

Doch das war ein großer Fehler. Zwar machte man sich nicht mehr strafbar, ansonsten hatte sich aber kaum etwas geändert. Natürlich hatten die Ärzte nicht sofort in neue Geräte und bessere Ausbildung des Personals investiert – warum auch? Es hatte bislang ja auch funktioniert.

Aber Margaret Papandreou, die fand ich ziemlich cool, weil sie sich gegen ihren Mann aufgelehnt hatte, was ja in Griechenland noch viel seltener vorkam als in Deutschland. Sie war aber auch gebürtige Amerikanerin, glaube ich. Andreas Papandreou hat sie dann später wegen einer Jüngeren sitzen lassen. Über den hatte es sowieso schon immer geheißen, er sei korrupt und ein Lump.

Einige Jahre später musste ich dann aber leider auch erkennen, dass ich mich in Mutter Papandreou getäuscht hatte. Da las ich, dass sie das ganze Familienvermögen aus dem Land gebracht haben soll. Das muss man sich mal vorstellen: Der Sohn Giorgos Papandreou wird 2009 Ministerpräsident, nachdem schon dessen Vater und Großvater in Athen regiert hatten. Und gerade als die größte Finanzkrise aller Zeiten über sein Volk hereinbricht, bringt die Mutter klammheimlich eine halbe Milliarde Euro Vermögen in die Schweiz, weil sie keinen Bock hat, Steuern zu zahlen!

Ich Dummkopf dagegen habe sogar brav meine Steuern in Deutschland bezahlt, als ich von 1987 bis 1993 in Griechenland lebte. Es ist mir nicht einmal in den Sinn gekommen, mich in Berlin abzumelden, um Steuern zu vermeiden. Allerdings lebte ich nicht ununterbrochen in Griechenland.

In Wahrheit habe ich mich zwischendurch auch einmal von Panagiotis getrennt und war für ein Jahr wieder mit

Gode Benedix zusammengekommen: Nach den ersten drei
Monaten war erst einmal Schluss mit dem Griechen.

Und zwar wegen seiner Ex. Bis wir uns kennenlernten,
war Panagiotis sechs Jahre lang mit Marijanna zusammen
gewesen, einer kleinen, sehr temperamentvollen Frau in seinem Alter. Sie hat einen großen Busen, dunkle Haare und
dunkle, wunderschöne Haut. Sie war eher der sportliche
Typ, ganz anders als ich. Ich mochte sie, doch sie war Panagiotis wohl zu stark. Als ich ihn am Pounda Beach traf, waren sie schon auseinander, aber noch nicht sehr lange, und
Marijanna wollte das nicht recht akzeptieren.

Selbst als sie mich kennenlernte und wusste, dass Panagiotis und ich ein Paar waren, wollte sie nicht wahrhaben, dass er sie verlässt. Sie ist uns überallhin gefolgt und
hat mich auch gar nicht ernst genommen, so wie ich da mit
meinen Pumps durch den Sand stakste. Sie lachte mich aus,
was ich an ihrer Stelle vermutlich auch getan hätte.

Nach ein paar Wochen fragte ich Maria und Christos, ob
es Sinn hat, um Panagiotis zu kämpfen oder ob Marijanna
ohnehin gewinnen wird. Und beide sagten: Nein, das mit
Marijanna ist vorbei! Gleichzeitig machten sie mir aber klar,
dass ich ihre Gegenwart akzeptieren musste. Doch dazu war
ich nicht bereit.

OXI war mein erstes geschriebenes griechisches Wort.
Das heißt „Nein". Nachdem wir so eine traumhafte Zeit in
diesem wunderschönen Paradies um den Pounda Beach
erlebt hatten, fuhren wir in das verdreckte, laute, krachige
Athen, wo Panagiotis mich allein ließ. Wir stiegen in einem
Hotel direkt am Hafen von Piräus ab. Es war so furchtbar
dort in dieser Baracke, dass Negrita und ihr Junges sich vor
Angst unter dem Bett verkrochen. Die Zimmer waren winzig, acht Quadratmeter vielleicht, Toiletten und Duschen lagen auf dem Flur. Lange habe ich mir alles verkniffen, weil

ich einfach nicht rauswollte. Das war eine Matrosenpension, und die anderen Gäste lungerten oft besoffen in den Gängen rum. Den ganzen Tag hat es an meiner Tür geklopft, weil diese widerlichen Typen dachten, sie könnten mich ficken. Die meinten wohl, Panagiotis und Christos hätten mich da als meine Zuhälter abgesetzt, damit ich anschaffen kann.

Ich wusste wirklich nicht, wohin mit mir, drinnen bleiben konnte ich nicht, aber sobald ich rausging, kam ich mir noch verlassener vor. In Piräus staut es sich überall, weil an allen Ecken und Enden gebaut wird, es gibt keine einzige Grünfläche, die Luft ist schlecht, und es herrscht ein unerträglicher Großstadtlärm. Ich kannte Panagiotis seit August, es war November. Ich wusste nicht, was aus Gode geworden war, und er wusste nichts von mir. Aber jetzt zog es mich einfach nur zurück nach Hause.

Panagiotis war am Tag nach unserer Ankunft in Athen morgens gegangen und wollte abends wieder zurück sein. Doch er blieb tagelang weg. Vier Tage war ich komplett allein, ich glaube, Maria und Christos waren unterwegs, um einen Dealer auf einer Fähre zu treffen. Zwischendurch schickte Panagiotis einmal seinen Bruder, um mir Heroin zu bringen. Da wusste ich, etwas stimmt nicht. Wieso kam er nicht selbst? Denkt er, ich sitze hier rum, betäubt, und warte auf ihn? Mir war klar, dass es da eine andere Frau geben musste, und ich ahnte, dass er in diesen Tagen mit Marijanna zusammen war.

Schließlich nahm ich einen Zettel, schrieb „OXI – Nein", und legte ihn auf das Bett. Ich habe dann ganz allein in dieser riesigen Stadt rausgekriegt, wie ich mir Geld schicken lassen kann. Ich rief meine Mutter an, die mir dann telegrafisch 1.000 Mark auf ein Postkonto anwies. Mit dem Geld bin ich dann einfach zum Flughafen, um die nächste Maschine nach Berlin zu nehmen. Es ging dann ganz schnell,

ich war schon eingecheckt und hatte mein Gepäck aufgegeben, da werde ich plötzlich ausgerufen. Ich wusste:
Panagiotis. Christos musste ihm erzählt haben, wie wütend
ich gewesen war, als er kam, um mir Drogen zu bringen und
einen schönen Gruß zu bestellen. Panagiotis hat sich dann
schon gedacht, dass ich mich vom Acker machen würde,
und ist ins Hotel, las das „OXI" und fuhr sofort zum Flughafen.

Doch ich bin in den Flieger gestiegen. Ich wollte nur noch
nach Hause.

Und wer sitzt da in meiner Wohnung in der Reuterstraße, als ich ankomme? Gode. Wir sprachen uns aus, und
ich habe mich unendlich oft entschuldigt, denn in dem Moment fühlte ich mich einfach nur schlecht. Ich hatte es nicht
besser verdient, als dass man mich in einer fremden Stadt
mit lauter notgeilen, ekligen Kerlen alleinließ. Ich wollte,
dass Gode mich in den Arm nimmt, was er dann auch tat.
Anschließend waren wir dann noch einmal ein Jahr lang zusammen.

Aber es war nicht mehr gut. Es hat unserer Beziehung
wehgetan, was ich gemacht habe. Gode war die ganze
Zeit allein geblieben und hatte seinen Job als Einlasser im
Dschungel wieder aufgenommen.

Ich war die, die immer nach etwas suchte, wovon ich
selber nicht wusste, was es eigentlich war. Ich weiß nicht,
was meine Ruhelosigkeit ausgelöst hat, warum ich immer
dachte, ich muss weiter, immer weiter. Vielleicht weil ich ein
Scheidungskind bin und mir die Erfahrung gezeigt hat, dass
es keinen Sinn hat, sich zu binden.

Panagiotis, Maria und Christos sind währenddessen nach
Indien gefahren. Das war schon der Plan, als ich noch bei
ihnen war, aber ich wollte nicht mitkommen. Ich sagte, dass
ich niemals nach Indien fahren werde, weil ich von dort

nicht mehr lebend zurückkehre. Da sterbe ich. Die wollten
nämlich diese Magic-Bus-Tour machen. Das war damals ein
Muss für jeden Hippie, die Reiserouten und auch die bekanntesten Stopps erfuhr man eigentlich nur über Mund-
propaganda. Du konntest nicht in ein Reisebüro und eine
Hippie-Trail-Reise buchen, davon hörte man abends am
Lagerfeuer oder in der Kneipe, das war etwas Magisches.

Die Reisen nach Asien starteten meist in europäischen
Ländern, oft in Amsterdam oder Athen. Reisende aus den
USA kamen mit günstigen transatlantischen Flügen der Ice-
land Air rüber nach Luxemburg und fuhren von da aus weiter, zum Beispiel nach Istanbul, Teheran, Kabul, Peshawar
und Lahore, es sein denn, es ging über Syrien oder Jorda-
nien nach Iran und von da aus weiter zu den Endzielen Goa,
Dhaka, Bangkok oder Kathmandu.

Viele kamen aber erst gar nicht in Indien, Thailand oder
Nepal an. Sie gingen auf dem Weg drauf, weil sie einfach zu
viele Drogen nahmen. In Kabul gab es zumindest vor dem
Afghanistankrieg sogar einen Friedhof für die Toten vom
Magic Bus. Dahin konnten andere aus dem Hippie Trail pil-
gern und für ihre Leute beten oder meditieren oder weiß
der Kuckuck was.

Ich wäre bestimmt da gelandet. Lauter H-Junkies in
einem VW-Bus durch die Wüsten und Mohnfelder – ich
hätte nie genug bekommen, ich hätte nie wieder da wegge-
wollt. Ich hätte mich da totgefixt. Darum wollte ich nicht
mit.

Die drei sind also ohne mich nach Indien, kurz nachdem
ich abgehauen bin. Und ein Jahr später war es mit Gode
endgültig vorbei. Er hatte die Schnauze voll von mir – zu
Recht. Ich war nur noch beschissen drauf und mit mir selbst
beschäftigt. Total auf Droge, mit mir war echt nichts anzufangen. Man kann nicht behaupten, dass er nicht gegen

meine Abhängigkeit gekämpft hätte: Manchmal rief er sogar meine Dealer an und bedrohte sie. Einmal nötigte er mich, ihm einen Schuss Heroin zu setzen, was ich nach einigem Widerstand auch tat. Er wollte mir beweisen, dass man seinen Tagesablauf auch mit H im Blut gestalten könne. Aber die Beziehung ging einfach kaputt. Ich versuchte daraufhin, mich zu Tode zu hungern. Ich sagte ihm: „Wenn du nicht zurückkommst, dann esse ich nichts mehr." Das hat ihn überhaupt nicht mehr beeindruckt.

Da kaufte ich mir wieder ein Ticket und bin einfach los: Ich habe in Griechenland alles kaputtgemacht und dachte: Gut, jetzt fährst du wieder zurück an die Stelle, wo das alles zerbrochen ist. Vielleicht fällt dir ja was ein.

15 Stunden nach der Trennung von Gode kam ich also wieder am Pounda Beach an, genauso wie damals. Es war nachts, als ich an der Taverne aufschlug. Es war alles noch so, wie ich es kannte. Schlafsack an Schlafsack pennten Dutzende Leute unter freiem Himmel, alle grummelten, weil ich mir Platz machte zum Durchkommen. Ich hatte einen Druck mit, versteckt in meinem Dutt, sodass ich zwei Tage überleben konnte, ohne einen Dealer finden zu müssen. Jedenfalls nahm ich ein bisschen H und dämmerte weg.

Einmal wurde ich wach, weil ich dachte, eine bekannte Stimme gehört zu haben. Aber im Jum drehte ich mich einfach um, mit dem Gesicht zur Wand, und schlief weiter. Auf einmal springt jemand über mich. „Christiana!" flüsterte Panagiotis ein paar Mal, bis ich realisierte, dass das kein Traum war. Er war vier Tage vor mir dort angekommen.

Sie waren, wie geplant, in Indien gewesen, wo Maria schwer krank wurde und nach hohem Fieber fast gestorben wäre. Am Ende mussten sie ihre Pässe verkaufen, weil sie wirklich nichts mehr zu essen hatten, und sind über das Konsulat mit Ach und Krach wieder nach Hause gekommen. Sie haben während des Monsunregens kniehoch in Wasser und Matsch gestanden, es muss eine Tortur gewesen sein. Ich hatte so recht, nicht mitzuwollen auf diese Reise. Irgendwas ist da passiert, was alle sehr mitgenommen hat. Christos und Maria waren nicht mehr zusammen. Sie erzählten mir aber nicht, was vorgefallen ist. Maria zog erst einmal wieder zurück zu ihrer Familie, sie stammte aus reichem Hause, ihre Eltern hatten in Athen, nur zwei Häuser vom Ministerpräsidenten Papandreou entfernt, ein riesiges Anwesen.

Ich bin bei Panagiotis geblieben, na klar. Was sollte ich denn noch in Berlin? Wir haben dann alle entzogen, auch Maria und Christos, die sich schließlich wieder versöhnten. Wir mieteten uns hierfür ein Haus auf Ios. Dort hatte man in den Vierziger- und frühen Fünfzigerjahren Gefangene ausgesetzt: Kommunisten, politische Gegner, Drogenabhängige. Und weil das so lustig war, hat man ihnen Land am Strand geschenkt, unfruchtbares, also wertloses Land – nicht urbar. Aber dann kamen die Touristen, und einer der Gefangenen wurde der reichste Mann der Insel. Alle haben ihn gehasst, er war Kommunist – und jetzt eben auch Kapitalist. Alle Touristen strömten auf sein Stückchen Land, unten am Milapotas Beach, wo er lauter Bars, Restaurants und Clubs aufmachte.

Ab und zu zog es mich auch aus Griechenland noch für ein paar Wochen wieder in die Schweiz zu den Keels. Mit den Jahren wurden die Abstände zwischen meinen Besuchen jedoch immer länger, bis unser Kontakt irgendwann komplett verebbte. Einmal habe ich sogar Panagiotis mitgenommen. Das muss 1990 gewesen sein, im Jahr der Wiedervereinigung. Zum Mauerfall waren wir sogar in Berlin gewesen, meine Wohnung in der Reuterstraße lag ja nicht allzu weit weg von der Grenze zur DDR.

Ich hatte abends mitbekommen, dass die Grenzen geöffnet worden waren. Aber wir gingen uns das Spektakel nicht angucken, nein. Ich dachte, wenn die Mauer heute offen ist, dann bestimmt auch noch morgen.

Hinzu kam, dass Panagiotis die Stadt einfach hasste, und daher waren wir so selten wie möglich draußen unterwegs, sondern lagen stattdessen die meiste Zeit in meinem Hochbett und schliefen oder waren total auf Turn.

Die Reise ein Jahr später nach Zürich mit Panagiotis wäre beinahe das Aus für unsere Beziehung gewesen. Denn ich war irgendwie völlig außer mir und habe, ich weiß auch nicht genau warum, dort in einer Nacht 800 Franken verfixt. Natürlich ist Heroin da teurer als in Griechenland. Aber das waren damals etwa 1.000 Mark. Ein Gramm kostete circa 180 bis 200 Mark. Was auch immer in mich gefahren war: Ich war einfach wahnsinnig aufgeregt, was Panagiotis zu dem Treiben am Platzspitz sagen würde, denn auch er fühlte sich als Junkie immer verfolgt und verurteilt. Hier war man das nicht.

So etwas hatte er auch noch nie gesehen. Es dauerte nicht lange, bis wir alte Bekannte von mir trafen. Und mit denen hingen wir dann eigentlich die ganze Zeit im Park ab, obwohl wir ein schönes Zimmer in einem kleinen Hotel nicht weit vom Bahnhof hatten – Anna hatte es uns gemietet.

Anna und Daniel, sie lebten zwar immer in dem Bewusstsein, dass jeder Mensch etwas wert war, egal, woher er kam und wie viel Geld er besaß. Aber am Ende war Panagiotis ein armer, griechischer Junge mit einem Heroinproblem. Nicht der Mann, den die Keels sich für mich wünschten.

Tagsüber kauften wir reinstes Heroin. Wir setzten uns auf die Wiese und nahmen den ersten Schuss. Ich wartete auf den Turn, aber ich kam kaum runter, weil ich so aufgeregt war. Also spritzte ich gleich noch einmal nach. Und noch mehr und wieder und noch einmal. Da bekam Panagiotis Angst.

„Stop it, you've had enough!" – „Lass mal gut sein jetzt, du hast genug."

„Ey, it's not your business, baby" – „Was kümmert es dich?", motzte ich zurück.

„Sag mal, geht's noch? Willst du dir den Goldenen Schuss setzen, oder was ist los?"

„Nein, ich weiß auch nicht, ich komme nicht runter."

„Das ist mir egal. Du lässt das jetzt bleiben."

Dann nahm er mir mein Besteck weg. Er tat mir weh, als er meine Finger mit Gewalt öffnete. Und da setzte bei mir alles aus. „Alter, spinnst du, oder was? Kauf dir dein eigenes Zeug. Mein Geld, mein Dope. Wenn du nur mein Geld und mein Dope willst, verzieh dich. Sonst lass mich in Ruhe!"

Ich fuhr einen Film, dachte, er gönnt es mir nicht. Viele Junkies haben Partner, die kein Heroin nehmen, weil du mit denen keine Konkurrenzkämpfe ausfechten musst. Wer kriegt wie viel? Gehört mir das? Gehört dir das? Wann hast du genug? Man misstraut sich eigentlich immer: Steht der nachts auf und geht an die Morgenration ran?

Du kannst ja keinem Junkie vertrauen, auch nicht denen, die du liebst. Das ist traurig, aber es ist der Preis, den du zahlst. Du lebst in ständigem Misstrauen gegenüber allen Menschen.

Es gibt einige Paare, bei denen funktioniert das irgendwie. Mit Panagiotis hat das eigentlich besser geklappt als mit meinen Männern nach ihm. Aber in dieser Nacht war ich nicht ich, es ist ein Wunder, dass ich nicht gestorben bin – auch Panagiotis war der Meinung, dass mir nicht mehr zu helfen war. Er hat mich dann völlig zugedröhnt am Platzspitz sitzen lassen und ist zum Bahnhof abmarschiert. Er wollte einfach in einen Zug steigen, in irgendeinen, nur weg von mir.

In meinem Turn und meinem Stolz blieb ich völlig verwirrt erst einmal allein zurück und drückte noch einmal nach, um besser klarzukommen. Aber es half nichts, mir wurde bewusst, dass ich die Liebe meines Lebens verlieren würde. Also sprang ich auf und lief Panagiotis nach. Er saß am Gleis, wartete auf den Zug nach Wien, für den er sich bereits ein Ticket gekauft hatte. Ich weiß nicht mehr ganz genau, was dann passierte, nur dass ich ihm eine dramatische Szene mit viel Tränen gemacht habe. „Wenn du nur noch ein paar Stunden wartest", flehte ich ihn auf Knien an, „dann packe ich schnell meine Koffer, und dann fahren wir gemeinsam und machen den Entzug!"

Ich hasste mich, wenn ich so drauf war. So viel Geld verprasst, wieder peinlich benommen, und dann noch den Menschen, den ich am meisten liebte, in Angst versetzt und verletzt. Ich kann so furchtbar sein.

Im letzten Moment entschied er sich gegen die Flucht, für den neuen Versuch. „Ich hätte es mir nie verziehen, wenn du heute Nacht draufgegangen wärst", sagte er mir.

Nach diesem schlimmen Absturz sind Panagiotis und ich zusammen nach Thessaloniki im Norden Griechenlands geflogen, wo seine Schwester wohnte. Wir haben uns einige Wochen bei ihr eingesperrt, um zu entziehen. Das ging so alles nicht weiter, das war uns klar. Wir mussten den Absprung endlich schaffen. Seine Schwester päppelte uns mit Suppen und kalten Umschlägen auf. Und wir schliefen eine

Woche quasi durch. Je weiter der Entzug voranschritt, desto besser ging es uns. Und wir waren wieder wie frisch verliebt und voller Hoffnung auf unsere Zukunft in Athen: mit Tattoo-Laden und Häuschen.

Wir hatten dann auch ein paar Mal Sex. Zu dieser Zeit verhütete ich aber auch nicht, denn es war weiter meine Art von Freiheit, die Pille nicht mehr zu nehmen. Das heißt: Meine fruchtbaren Tage kamen meist dann, wenn Neumond war. Das wusste ich und habe mir dann immer für diese Tage ein Diaphragma besorgt. Mit den Jahren hatte ich ein Gespür für meinen Zyklus entwickelt, der musste aber irgendwie durcheinandergekommen sein. Kein Wunder, immerhin hatte ich mich vollkommen vergiftet zwei Wochen zuvor. Wie leichtfertig ich mit meinem Körper umgegangen bin, habe ich später oft bereut.

In diesem Fall schon wenige Wochen später: Weil ich mich von den Keels nicht richtig hatte verabschieden können, wollte ich noch einmal zurück. Über Budapest flog ich knapp zwei Monate nach meinem letzten, ziemlich unglücklichen Besuch wieder nach Zürich, als ich plötzlich die schlimmsten Unterleibsschmerzen bekam, die ich in meinem ganzen Leben hatte. Das Flugzeug war gerade einmal eine halbe Stunde in der Luft. Alles krampfte, so müssen sich Wehen anfühlen, dachte ich. Und schaffte es gerade noch so auf die Bordtoilette, wo ich einen Blutsturz bekam.

Ich hatte keine Ahnung, aber ich wusste in dem Moment, dass mir die Fruchtblase abgegangen war. Es war ein Schock, und wir sollten noch sechs Stunden fliegen. Aber ich konnte weder rufen noch aufstehen, und es wäre mir auch zu peinlich gewesen, das war einfach zu intim. Der Schweiß lief mir die Stirn runter, und mir wurde schwarz vor Augen. Ich bin fast verblutet, zumindest fühlte es sich so an. In der Not legte ich mir eine halbe Rolle Klopapier in die Unterhose.

Als mein Kreislauf einigermaßen stabil war, kroch ich zurück zu meinem Sitz und bestellte bei der Stewardess drei Wodka mit O-Saft. Dann schlief ich erschöpft ein und wachte erst wieder auf, als wir in Zürich landeten.

Anna holte mich am Flughafen ab. Als ich sie sah, warf ich mich ihr gleich weinend in die Arme. „Ich glaube, ich hatte eine Fehlgeburt. So schlimm habe ich noch nie geblutet. Es tat so weh, Anna." „Du bist hysterisch", antwortete sie kurz, und ich war erschrocken über ihre Zurückweisung. „Du bist eine Frau und hast manchmal doll deine Tage", meinte sie, während wir Richtung Auto gingen.

So kühl war sie selten, aber ich hatte ihr inzwischen auch schon viel zugemutet. In diesem Moment fühlte ich mich nicht nur schlecht, sondern auch furchtbar einsam. Die Fehlgeburt, Annas Unmut, das waren Dinge, die ich mir selbst zuzuschreiben hatte.

Nachdem ich auf dem Weg zum Honda Civic ohnmächtig zusammengebrochen war, glaubte Anna mir. Wir fuhren in ein Krankenhaus, und dort bekam ich die notwendigen Medikamente und eine Ausschabung. Es war schlimm. Sich gegen ein Kind zu entscheiden, ist etwas anderes, als eines zu verlieren. Gerade zurück in Zürich fühlte ich mich so schlimm wie bei meiner letzten Abreise.

Um mich abzulenken von der Traurigkeit und der Wut auf mich selbst, ging ich wieder auf die Szene. Vier Stunden später griff mich die Polizei in einem Gebüsch auf, ich hatte schon zwei Gramm weggedrückt und saß mit heruntergelassenen Hosen da.

Im Jum dachte ich, immer noch zu bluten, und als ich nachsah, standen die Bullen da. „Ich habe mein Kind verloren", sagte ich ihnen. Es gibt wohl nicht viel, was diese Polizisten noch nicht gesehen hatten, aber mein Anblick muss sie ziemlich entsetzt haben.

„Ziehen Sie erst einmal die Hose wieder hoch", sagte der eine, „dann bringen wir Sie zu den Sanitätern, die kümmern sich dann um Sie und ihr Baby."

Als mich der medizinische Notdienst weitgehend aufgepäppelt hatte, ging es auf das Polizeirevier, per Beschluss bekam ich zwei Jahre Einreiseverbot.

Ich rief Anna an. Ich brauchte eine Schulter, jemanden, der mich fest in den Arm nahm und keine Fragen stellte. Anna holte mich ab, nahm mich wieder zu Hause auf und kümmerte sich wie eine Mutter. Ihr Mann wusste von nichts, er dachte wohl, ich sei einfach krank. Anna hat so vieles für sich behalten. Das werde ich ihr nie vergessen.

Eigentlich wollte ich nie Kinder in diese Welt setzen. Diese Welt ist nicht gut zu den Menschen, außerdem wollte ich auf gar keinen Fall eine überforderte und schlechte Mutter sein – so wie es meine war.

Hätte ich gewusst, was für eine Bereicherung ein Kind ist, hätte ich mich schon früher dazu entschlossen.

Aber solange ich mir immer wieder Männer aussuchte, die doch nur waren wie mein Vater? Ich wollte nicht, dass mein Kind einen Vater hat wie ich. Mein Vater war ein Säufer, und er war gewalttätig. Auf der anderen Seite war er ein großer Beschützer, mich durfte niemand einfach so anmachen. Selbst die Polizei durfte mich nicht einfach festnehmen, wie dieser Herr Brecht vom Rauschgiftdezernat es zu spüren bekam.

Auch ein Nachbar in der Gropiusstadt hat mal unangenehme Bekanntschaft mit meinem Vater gemacht, als wir noch Kinder waren. Der Kerl hatte meine Schwester Anette und mich im Hausflur belästigt, mein Vater war gerade beim Essen, als wir ihm das erzählten. Sofort hat er alles hingeschmissen, die Gabel und alles. „Wo sind die Schlüssel, wo ist der Kerl?" Der Mann, Mitte 40, dicker Bauch, arbeitslos, wohnte zwei Stockwerke unter uns. Da ist mein Vater dahin, hat an der Tür geschellt und dem Kerl eine reingehauen. Von da an hat der Mann einen großen Bogen um uns gemacht.

Das war aber nicht das einzig Nette an meinem Vater. Meine ganzen Schulkameradinnen waren verliebt in ihn. Er war charmant und klug und wusste genau, was er wollte. Das bedeutete allerdings für die, die nicht immer taten, was er wollte, viel Ärger. Auch für mich. Er hatte hochfahrende Pläne, die allesamt scheiterten, und daran gab er zum Teil sicher auch mir die Schuld.

Ich glaube, dass meine Geburt für ihn bedeutete, all seine Träume und Bedürfnisse zurückstellen zu müssen, und dass er deswegen so schlecht mit mir umgegangen ist.

Er war so deprimiert, weil er es zu nichts gebracht hatte. Nun war es meine Mutter, die als Sekretärin für den Springer-Verlag das Geld für die Familie verdiente. Das meiste davon versoff er oder steckte es in seinen dämlichen Buckel-Porsche, den er immer noch behielt, um zumindest nach außen hin etwas darstellen zu können. Das ist für einen Mann nicht leicht, wenn die Frau die Familie ernährt.

Machtdemonstration und disziplinarische Erziehungsmaßnahmen waren sein letztes verbliebenes Mittel, sich Respekt zu verschaffen.

Dieser Mann hat es verstanden, kleine Menschen zu erniedrigen und zu enttäuschen. Er lebte auf großem Fuß, und wir waren froh, wenn wir zu Weihnachten warme Pullover geschenkt bekamen. Dabei wünschte ich mir nichts sehnlicher als ein kleines Schlauchboot. Nichts Besonderes, nur ein Boot mit zwei Paddeln. 50 Mark hätte das gekostet. „Ja, kriegst du", sagte er vor Ostern. Nichts. „Zum Geburtstag", hieß es dann. Der ist am 20. Mai, und „vorher ist es sowieso nicht warm, und du kannst gar nicht damit fahren". Bis

Weihnachten gab es nichts. „Macht nichts, kannste ja dann im Sommer sowieso erst gebrauchen." Irgendwann hörst du auf zu fragen, aber wünschst dir insgeheim, dass Papa doch noch dran denkt.

Nicht, dass es richtig war, was er gemacht hat. Aber ich verstand ihn auch ein bisschen.

Wie so viele Frauen habe auch ich mir immer Männer gesucht, die meinem Vater ähnelten. Die herrisch waren und so viele Probleme mit sich selbst hatten, dass sie mich niedermachen mussten, um sich besser zu fühlen. Ja, alle meine Männer hatten auch weniger Geld als ich, so wie es bei meinen Eltern gewesen ist. Alle meine Männer waren mehr oder weniger wie mein Vater.

Diese Mischung aus Angst und Zuneigung, schonungsloser Besserwisserei auf der einen und hoffnungsloser Romantik auf der anderen Seite, das kenne ich, und darauf springe ich an – vielleicht unterbewusst in der Hoffnung, ich würde dieses Mal nicht so ohnmächtig sein, wie ich es damals gegenüber meinem Vater war. Ich würde nicht wieder enttäuscht. Ich würde endlich mein Gummiboot bekommen. Es endete aber immer wieder genauso wie damals in Schmerz und Frustration.

So war es ja auch mit Panagiotis und mir zu Ende gegangen. Inzwischen lebte ich wieder in Berlin, allerdings nicht mehr in der Reuterstraße, die ließ ich mit Gode hinter mir, sondern in der Pflügerstraße, ein paar Blocks weiter nördlich in Neukölln. Leider, und das ist wirklich traurig, habe ich meinen Vorsatz, clean zu bleiben, nicht einhalten können.

Stattdessen gab ich mich mit Menschen ab, die teilweise nicht einmal mehr in der Lage waren, irgendetwas anderes zu tun, als zu fixen. Die wirklich am Ende waren.

Das Problem ist oft nicht nur das Heroin, sondern das soziale Umfeld. Irgendwann, das bekommt man selbst gar nicht mit, ist alles im Leben so eingestellt, dass du am Ende doch immer wieder an dieselben Orte gehst, doch immer wieder gleiche Verhaltensmuster an den Tag legst. Und ich rede hier nicht nur von der Sucht, sondern auch von anderen Dingen, die dich immer wieder in die Abhängigkeit führen.

Bei mir zum Beispiel ist es das tief sitzende Problem, nicht allein sein zu können.

Als ich aus Griechenland wieder zurückkehrte und sich mein Zorn über das Geschehene gelegt hatte, blieb nur noch Einsamkeit. Ich wusste nicht, wohin mit mir, ich hatte niemanden außer meinen alten Bekannten von der Szene. Also ging ich zu ihnen, auch wenn sie sicher keine echten Freunde waren. Sie haben ähnliche Tagesabläufe, Probleme, Lebensgeschichten. Das bringt einander schnell sehr nah, und man denkt, dass das Freundschaft sei. Aber oft ist es nicht mehr als eine Zweckbekanntschaft und endet in tiefer Enttäuschung oder im Streit um ein paar Euro, die man sich geliehen, aber noch nicht zurückgegeben hat. Oder um ein paar Fitzelchen Gras, die dir einer klaut, den seine Drogensucht einfach schon viel länger begleitet als jeder Mensch in seinem Leben. Man gewöhnt sich aber an all das. Selbst an den Tod dieser Kameraden.

Ich habe Dutzende Freunde verloren, zum Teil weiß ich gar nicht wie. Ich erinnere mich nur noch an die krassesten Fälle. Dazu gehören vor allem die Freundinnen, die plötzlich mit irgendwelchen Arabern eine Scheinehe eingingen, weil der eine so seine Aufenthaltsgenehmigung bekam, die andere ihr Heroin.

Die kommen auf die Szene und sagen, was sie wollen. Irgendeine macht das schon mit. Zum Beispiel meine Freundin aus dem Gefängnis, Liane Mayer, eine wunderschöne junge Frau, mit Haaren bis zum Hintern, schlanker Figur und großen, blauen Augen. Sie nannte sich immer noch bei ihrem Mädchennamen, dabei hieß sie längst Al-Hamad. So heißen die dann alle; die meisten überleben solche Junkiehaushalte nicht.

Natürlich hat eine Süchtige keinen größeren Traum, als neben ihrem Dealer zu schlafen. Aber eine Heroin-Flat für ein bisschen Kochen und Lieb-Hausfrau-Spielen, das ist verdammt gefährlich! Schon nach wenigen Wochen leiden diese Frauen meist unter Abszessen und totaler Lethargie.

Ich konnte das Elend kaum ertragen, wenn ich mal die eine oder andere Bekannte mit ihrem neuen arabischen Mann besuchte. Die eine, „Bibi" genannt, saß am Küchentisch, der Sabber lief ihr aus den Mundwinkeln, keinen Laut konnte sie von sich geben außer ein bisschen Gegrummel wie im Fieber. Klar hat die mich wahrgenommen, aber ihr war keine Reaktion mehr möglich. Mit geschlossenen Augen drehte sie sich ihre Zigaretten, beide Hände auf dem Tisch, ihre Arme konnte sie kaum halten. „Huch", brummte sie, wenn ihr wieder die Hände von der Tischkante abstürzten und Papier, Tabak, alles auf den ohnehin völlig versifften Boden fielen. „Huch", hörtest du dann nur noch. Mehr ging nicht.

An Martha erinnere ich mich auch noch: Das war so eine Gothic-Tante, die Korsett trug und auftoupierte, silberblonde Haare. Ihre Haut war weiß, sie puderte sie immer ein. Sie lebte in einer Erdgeschosswohnung in einem kleinen Hinterhof am Innsbrucker Platz. An den Fenstern hingen schwarze Samtgardinen, damit kein Sonnenlicht reinkam. Alles war mit schwarzem Teppich ausgelegt, Hunderte Kerzen tropften die Wohnung voll. Früher war es dort sicher einmal schön gewesen, aber inzwischen stank das alles nur noch.

Das war meine Dealerin. Da saß ich dann und wollte nur schnell wieder raus, aus Angst vor den Bullen und weil alles so gruselig war. Aber sie kriegte weder H-Kugeln noch Geld gezählt, hing am Tisch, und Kaviar lief ihr aus dem Mund, mit dem ein anderer Kunde sie bezahlt hatte. Kaviar!

Sie war ständig viel zu vollgedröhnt, um einzukaufen, um zu essen, um Geschäfte zu machen. Ihr Freund hieß Kurt, ihm ging es auch nicht besser, der Zustand dieser beiden Heroingeister hat sogar mich schockiert.

Kurt hatte lange, schwarz lackierte Fingernägel, wie Marilyn Manson. Diese Leute sind inzwischen alle tot. Totgefixt oder sonst was. Einfach tot. Bei den meisten stellst du keine Fragen, es interessiert nicht, wie und wann. Am Ende wissen wir alle doch warum.

Phillips Vater war lange Zeit auch sehr schlimm auf Heroin. In der U8 habe ich ihn das erste Mal gesehen. Er war ein Zeitungsverkäufer, der in einer Einrichtung für obdachlose junge Erwachsene in der Solmsstraße übernachtete. Er fuhr genau wie ich täglich zwischen Wittenau und Gesundbrunnen hin und her und sah dabei unglaublich niedlich aus: groß, schlank, dunkle Haare und hellgrüne Augen.

Zunächst einmal habe ich mich nicht getraut, ihn anzusprechen, er wirkte kühn und nicht interessiert. Außerdem war er zehn Jahre jünger als ich, und ich sah zu der Zeit ziemlich demoliert und unsexy aus.

Kurz zuvor war ich aus dem Hochbett in der Pflügerstraße geflogen. Eines Abends war ich wieder voll im Jum, ich hatte Schlaftabletten und Heroin genommen, Mandrax und Codein. Alles querbeet. Im Schlaf fiel ich vom Bett, es hatte nämlich nur so eine ganz kleine Leiste an der Seite. Zweimetervierzig in die Tiefe, voll berauscht, ungebremst. Meine rechte Schulter und mein Arm waren zerschmettert.

Ein Bekannter, der ein paar Tage bei mir lebte, rief einen Notarztwagen, und so landete ich im Krankenhaus. Sie konnten Arm und Schulter nicht eingipsen und behielten mich deshalb einige Tage zur Überwachung da. Ich bin natürlich völlig ausgeflippt, weil ich auf Turkey kam. Das war 1995, von Methadon hatte ich bis dahin noch nie etwas gehört.

Bislang hatten die Ärzte dir höchstens Codein als Schmerzmittel verabreicht, wenn du kalt entziehen wolltest. Aber nun waren die ersten Methadon-Programme gestartet – so kam ich in die Substitution.

Als ich entlassen wurde, musste ich fortan immer zu einem niedergelassenen Arzt oder in ein Krankenhaus, das ambulant Metha verteilte. Da es damals noch nicht so viele Mediziner gab, die das machten, fuhr ich mit der U7 und der U9 in die Turmstraße ins Moabiter Krankenhaus.

Eines Tages, als ich im Wartezimmer saß, kam der süße Zeitungsverkäufer aus der U8 aus dem Behandlungszimmer und schnaufte: „Olle Schnepfe". Ich musste lachen, denn die Ärztin dort fand ich auch nicht sympathisch; heute weiß ich, dass eigentlich alle Substitutionsärzte unfreundlich sind und sich wenig für dich als Mensch interessieren. Junkies und Ärzte, das ist eben eine reine Zweckbeziehung, in der die einen Geld bekommen und die anderen so viel Stoff, wie sie sich nie leisten könnten. Mehr nicht.

Also lachte ich, als dieser junge Mann sich so aufregte. Er sah mich streitlustig an: „Was gibt es da zu lachen?" „Naja, ich habe auch schon Stress mit der gehabt. Warum findest du denn, dass das eine olle Schnepfe ist?", fragte ich. „Weil sie sich aufregt über 17 Milliliter", sagte er.

Ich selbst bekam damals zwölf Milliliter Methadon, und das kam mir auch zu wenig vor. Heute, mit 51, nach fast 20 Jahren Substitution, weiß ich, dass das total viel ist. Sebastian meinte allen Ernstes, er bekäme mit 17 Millilitern noch nicht genug. Dabei haut das jeden Ochsen um. Die höchste Dosierung, von der ich jemals gehört habe, sind 23 Milliliter. Mehr tötet selbst den härtesten Hardcore-Junkie.

Ziemlich schnell waren Sebastian und ich heftig ineinander verknallt. Und er erzählte mir seine Geschichte: Sebastian Fischer wurde 1972 in Bayern geboren. Seine Mutter ist Heilpraktikerin, sein Vater aus der gemeinsamen Wohnung ausgezogen. Es kam dann aber, Sebastian war sechs, ein neuer Mann in das Leben der Mutter und drei beziehungsweise vier Jahre später kamen seine Halbgeschwister zur Welt. Doch Alfred, sein Stiefvater, und Sebastian konnten sich von Anfang an nicht leiden. Die beiden unter einem Dach, das war eine explosive Mischung. Seinen Frust und seine Einsamkeit kompensierte Sebastian mit allerlei Unfug, den er anstellte. Genau wie bei mir wurde die Clique die neue Familie. Es waren aber Freunde mit keinem allzu guten Einfluss. Sebastian begann zu kiffen und experimentierte mit vielen Partydrogen, zur Schule ging er kaum noch.

Als Sebastians Verhalten der eigenen Familie zu schwer zusetzte, zog er zu seinem leiblichen Vater. Zwei Jahre zuvor, mit 15, hatte er seinen Vater erst richtig kennengelernt und zog schließlich zu ihm nach Hamburg. Zwischen den beiden war die Liebe und das Vertrauen sehr stark, und der Vater machte seinem Jungen klar, dass er ein Drogenproblem hatte. Zuerst einmal aber waren die alten Gewohnheiten stärker, und Sebastian zog wieder zu seiner Clique nach Bayern. Nach einer Weile und vielen weiteren Drogennächten konnte Sebastian annehmen, was sein Vater ihm gesagt hatte, und recherchierte nach den besten Entzugskliniken des Landes. Es dauerte fast ein Jahr, bis er in Berlin-Grunewald als Patient aufgenommen wurde. Und ein weiteres Jahr, bis er bald alles über die chemische Wirkung von Drogen und die Mechanismen der Sucht wusste. So weit, so gut. Doch als er wieder entlassen wurde, vollkommen allein und ohne eine Vorstellung davon, wie sein Leben weitergehen sollte, saß er auf der Straße. Mittellos, obdachlos, ziellos. So dauerte es nicht lange, bis Sebastian rückfällig wurde.

Natürlich hasst man sich dafür. Ich kenne keinen Junkie, der glücklich darüber ist, wenn er rückfällig wird.

Du lügst andauernd jeden an, darin bist du gut. Vor allem dir selbst machst du ständig etwas vor. Es ist nur das letzte Mal. Nur noch ein Mal. Aber insgeheim weißt du, dass etwas mit dir und deinem Leben nicht stimmt.

Die Vorstellung, daran etwas zu ändern, macht dir aber verdammt viel Angst, und darum ballerst du dich einfach wieder zu, damit du den ganzen Scheiß vergisst. Die einen lernen, damit zu leben, die anderen verrecken daran. Es ist ein schmaler Grat dazwischen.

Ich kann auch nicht genau sagen, was den Unterschied ausmacht. Wichtig ist wohl, dass du die Droge nicht gänzlich in den Mittelpunkt deines Lebens stellst und es nicht nur noch darum geht, an Drogen zu denken, Drogen zu beschaffen und Drogen zu nehmen.

Gesunde Menschen können das einfach nicht verstehen. Wenn man Ähnliches erlebt hat, macht das erst einmal vieles einfacher zwischen zwei Menschen. Die meisten Leute, die meine Erfahrungen nicht teilen, können mich nicht begreifen. Wenn jemand wohlbehütet aufgewachsen ist und sich immer auf seine Eltern verlassen konnte, wie sollte der denn nachvollziehen können, dass ich auch den Menschen misstraue, die ich liebe. Ich habe gelernt, dass die Menschen, die mir am nächsten stehen, mich auch am stärksten verletzen können. Wie soll jemand das nachvollziehen, wie soll jemand mit meiner Angst umgehen, der noch nichts Vergleichbares erlebt hat? Wie könnte ich mit so jemandem zusammen sein?

Die Beziehungen mit Gode und Alexander waren schon schmerzhaft genug als Beispiele dafür, dass das nicht funktioniert. Sebastian und ich, wir waren auch deshalb so heftig ineinander verknallt, weil wir damals dasselbe Level hatten. Aber die Erkenntnis, dass einen außer einer ähnlichen Vergangenheit wenig verbindet, ist sehr schmerzhaft.

Sebastian war trotz seiner Lebenssituation ein gepflegter Mann, er duschte bei mir oder in der Solmsstraße. Es hat mir schon geschmeichelt, dass sich dieser junge Beau für mich interessierte. Aber eigentlich war er ständig unterwegs. Es war Rave-Zeit, seine Haare waren blondiert, seine Klamotten neongrell, die Musik laut und die Partys ewig lang. Sebastian tanzte auf der Loveparade und machte die Clubs unsicher. Gegen Müdigkeit wusste er sich zu helfen.

Irgendwann im Januar 1996 ist Phillip entstanden. Als ich bemerkte, dass ich schwanger war, dachte ich: „Wenn du zu doof bist, auf dich aufzupassen, dann musst du jetzt die Konsequenzen tragen!" Es war für mich keine Frage mehr, abzutreiben. Ich war jetzt 33, und auch wenn das so nicht geplant war, dachte ich doch darüber nach, dass das eine meiner letzten Chancen sein wird.

Außerdem war ich gerade clean vom Heroin, was hätte noch schiefgehen können? Das war alles genau richtig zu diesem Zeitpunkt. Mütter sollen ja auch nicht zu jung sein.

Während der gesamten Schwangerschaft rangen Heißhunger und Übelkeit. Miteinander und um mich. Morgens war mir schlecht, mittags lief ich los, mir saure Gurken, Hering oder Solei zu besorgen. Dann wollte mein Magen das wieder alles loswerden, durch das Übergeben kam der Elektrolyte-Haushalt durcheinander, wodurch ich dann wieder Kohldampf auf Saures und Salziges bekam.

Es waren anstrengende neun Monate, wobei ich am Ende froh war, nur ein einziges Eigenkilo zugenommen zu haben. Ich bekam jede Menge Sommersprossen – die Hormone fördern bei manchen Frauen die Pigmentierung – und meine

Haut wurde unglaublich empfindlich. Jede Feder habe ich gespürt. Jeden Windhauch.

Ich war keine stolze Schwangere, das kann ich wirklich nicht behaupten. Ich habe versucht, mich nicht zu sehr auf mein Kind zu freuen, weil ich Angst hatte, dass irgendetwas nicht in Ordnung sein könnte. Was, wenn es tot ist? Auch darüber nachdenken, wie es heißen soll, wollte ich nicht. Ja, ich wollte nicht einmal wissen, ob es ein Junge oder ein Mädchen wird.

Gymnastik und diesen ganzen Schwangerschaftskram habe ich nicht gemacht, obwohl Sebastian es mehrfach vorgeschlagen hat.

Menschen bekommen schon seit Millionen Jahren Babys, ohne diesen Schnickschnack. Es war mir viel wichtiger, Ruhe in meinen Alltag zu bekommen und meinen Bauch zu schützen. Ständig stieß ich alle Leute um mich herum weg, damit sie mir ja nicht an den Bauch kamen. Mein Substitutionsarzt schlug mir vor: Entziehen sie doch mit dem Kind zusammen auch vom Methadon. Aber ich hatte Angst, dass es mir plötzlich psychisch schlecht gehen könnte und ich Dummheiten machen würde. Nach Absprache mit dem Doc dosierten wir mich dann im Virchow-Klinikum auf einen Milliliter runter.

An dem Sonntag, an dem ich mit starkem Ziehen im Unterleib aufwachte, bin ich nicht gleich ins Krankenhaus, weil ich einmal erlebt hatte, wie man eine Frau, deren Wehen noch nicht regelmäßig kamen, zweimal wieder nach Hause schickte. Unfassbar! Kein Geld, kein Platz, was auch immer der Grund war. Ich fand das ganz schön schlimm, denn wenn du dein erstes Kind bekommst, dann weißt du doch nicht genau, wann es nun jetzt wirklich so weit ist. Da suchst du nur Zuflucht – und die schicken dich weg!

Nach dem Aufstehen ging ich zu meiner Schwester Anette. Sie fragte mich: Kommen die Wehen regelmäßig?

Nein, kamen sie nicht, aber wenn, dann rissen sie mich fast auseinander. Danach hatte ich jedes Mal so einen krassen Adrenalinschub, dass ich einfach drauflosplapperte.

Nebenbei versuchte ich, Sebastian aufzutreiben. Er hatte so einen Piepser, wie ihn Ärzte haben. Als er mich am frühen Abend endlich zurückrief, stand er in einer Telefonzelle nicht weit vom Tresor, einem der bekanntesten Techno-Clubs Deutschlands. Er fragte: „Soll ich kommen?" Aber er klang für mich, als hätte er was eingeworfen. Ob das stimmt, weiß ich nicht. Aber ich wollte ihn in diesem Zustand auf jeden Fall nicht bei mir haben, daher antwortete ich: „Nein, schon okay, ich denke, mir ist nur nicht so gut." Nachdem ich seine Stimme gehört hatte, hörten die Wehen erst einmal auf.

Am nächsten Morgen fuhr ich noch einmal zu meiner Frauenärztin. Dort kam ich an den Wehenschreiber. Es war herrlich ruhig in diesem Zimmer, sie ließen mich da eine Weile liegen, und ich hörte nur das Rattern der Blätter und den Herzschlag meines Babys. Ich war so selig, dass ich einschlief. Wehen hatte ich natürlich nicht mehr.

Als ich wieder zu Hause ankam, war auch Sebastian endlich da. Er hatte geschlafen und da er sonst so selten da war, fielen wir sofort übereinander her, von hinten. Das ist wunderschön, wenn du schwanger bist.

Aber danach war mir sofort zum Heulen, weil mir klar wurde, dass wir keine Familie sind. Und dann gingen die Wehen richtig los.

Wir lagen im Hochbett, und ich rutschte die Leiter runter, weil ich vor Schmerzen nicht mehr klettern konnte. Sebastian schlief indes ein. Dann machte ich wohl alles falsch, weil ich so schreckliche Angst hatte. Ich habe mich mit dem Kopf auf den Boden gelegt und den Arsch an meinem Ledersofa nach oben gestemmt. Ich wollte nicht, dass es rauskommt. „Bleib drin, bitte bleib da drin, ich weiß einfach nicht, wie ich dich zur Welt bringen soll. Bitte komm noch nicht", habe ich ständig geheult und mich so fest an die Couch gekrallt, dass mir alle Fingernägel abgebrochen sind.

Irgendwann, als meine Fruchtblase geplatzt war, warf ich irgendwas aufs Bett und schrie Sebastian an: „Wach endlich auf, ich sterbe!" Dann rief er den Krankenwagen. Am 24. September um neun Uhr morgens kam die Ambulanz und brachte mich in ein Neuköllner Krankenhaus.

Zwischendurch hat der Arzt nur immer wieder Sebastian angesprochen: „Ich will hier nicht zwei Patienten haben, junger Mann. Sie sind blass, setzen sie sich hin." Dabei hat er sich eigentlich ganz tapfer angestellt. Weil meine Venen vom Fixen ganz kaputt sind, war es den Schwestern fast unmöglich und für mich sehr schmerzhaft, einen Zugang zu legen. Sebastian stand neben mir, als sie verzweifelt nach einer Stelle in meinem Arm zum Einstechen suchten, und hat mir die Hand gehalten und die Stirn abgetupft. Ich habe geschwitzt wie verrückt und immer wieder geschrien: „Sebastian! Sebastian!" Es tat so verdammt weh.

Das hat ihn alles schon ein bisschen überfordert, ich rate wirklich niemandem, den Mann in den Kreißsaal mitzunehmen. Es ist sinnlos für beide, das ist eine Tortur, die man dem Mann auferlegt, wenn er all das mit ansehen muss. Und es ist peinlich. Ich habe mich wahnsinnig geschämt, als er zusehen musste, wie mir der Assistenzarzt den Damm zunähte.

Nach zwei Stunden war alles vorbei. Aber diese Geburtsschmerzen: Nie wieder! Das Pressen hat für nichts in der Welt funktioniert, mir sind fast die Augen aus dem Kopf gequollen, ich war überhaupt nicht tapfer. Sie mussten mein Baby schließlich mit der Zange holen, alleine hätte ich ihn niemals rausgekriegt. Der Junge war 46 Zentimeter groß und wog 2.800 Gramm. Er war klein und gar nicht so zerdrückt wie manch anderes Neugeborene. Vom ersten Moment an sah Phillip sehr niedlich aus. Als ich ihn ansah und er schrie, weil er das Licht der Welt erblickte, da war ich der glücklichste Mensch von allen.

Es gibt gar keine Worte, die dieses Gefühl beschreiben können. Da war nun dieses winzige Wesen, das mich jetzt brauchte. Und es war alles, was ich brauchte. Alles andere war mir egal. Ich gab ihm zwei Vornamen. Einer davon ist Phillip. Nach Philipp Keel aus Zürich. Nur etwas anders geschrieben.

Nach der Geburt bin ich ein paar Tage im Krankenhaus geblieben. Ich war viel zu unerfahren, um gleich nach Hause zu gehen, und musste mir noch einige Dinge zeigen lassen. Phillip war ein süßes, friedliches Baby, das mir gar keinen Stress, sondern viel Freude machte. Von seiner Sorte hätte ich drei versorgen können. Ich hasse es, wenn ich von anderen Müttern nur höre, wie gestresst sie von ihren Kindern sind. Und dann dieses Lieblose: „Wenn du ihm dies oder das gibst, wenn du ihm alles hinterherträgst oder alles machst, was er will, dann merkt er sich das und will das dann immer so." Meine Güte, das sind Babys! Wollen die mir erzählen, dass so ein kleiner Wurm derartig berechnend ist? Dass der heult, um mich zu ärgern?

Das sind Menschen, die ihren Kindern vermitteln, das Leben sei ein einziger Kampf. Dass man nichts umsonst bekommt und sich alles verdienen muss, sogar Zuneigung. Aus diesen Kindern werden dann solche Leute, die anderen nichts gönnen und ständig um alles Angst haben. Die immer glauben, dass sie zu kurz kommen. Es ist doch wohl das Wichtigste, dass du ein Kind dazu heranziehst, dass es sich selbst und den Menschen, die ihm nahe sind, vertraut. Dass es sich darauf verlässt: Alles wird schon gut im Leben. Und das fängt doch damit an, dass es sich als Baby nicht die Seele aus dem Hals schreien muss, um etwas zu essen zu bekommen.

Man sieht auch immer wieder Leute, die ihrem acht oder zwölf Wochen alten Welpen „Sitz" und „Platz" beibringen wollen. Das ist so, als ob man einem Einjährigen sagt: Komm, jetzt schreib mal deinen Namen. Die kapieren das nicht. Das ist ein Baby, man darf einen Welpen ruhig auf den Arm nehmen. Aber als ich das mal einem Typen sagte, der ein zwei oder drei Monate altes Schäferhundbaby hatte, bekam ich zur Antwort: „Nein, dann will er das ja immer!"

Und genau das höre ich auch von manchen Menschen-eltern. Ich sag: „Dein Kind schreit, geh mal hin." Und dann die: „Ja, dann lassen wir es schreien. Wenn ich jetzt dahin gehe, dann denkt es nachher, immer wenn es schreit, dann komme ich." Das finde ich schon hart. Man sollte erwarten, dass eine Mutter zumindest einmal guckt, wenn das Kind schreit. Deshalb schreit es doch! Das macht jede Tiermut-ter, selbst nachts. Aber es gibt Mütter, die von ihren eigenen Müttern lernen, dass man auch nachts nicht hingehen soll, weil man schließlich auch durchschlafen müsse, um sich or-dentlich um das Kind kümmern zu können. Furchtbar. Ich habe das nicht gemacht.

Ich war schon immer vor Phillip wach. Irgendwann hatte ich bemerkt, dass er regelmäßig zwischen ein und zwei Uhr nachts anfing zu weinen. Dann hatte er Hunger, ich konnte die Uhr danach stellen. Und als ich das einmal raushatte, war die Pulle zu der Zeit schon einsatzbereit. Ich bin einfach um halb eins raus aus dem Bett, habe die Milch warm ge-macht und die Flasche neben mein Bett gestellt, bis er mich dann rief. Dann hatte ich bald wieder meine Ruhe, und alle schliefen zufrieden wieder ein. Gestillt habe ich nicht, vor allem aus der Sorge heraus, dass er mit meiner Muttermilch irgendwelche Gifte abbekommt.

Als ich Mutter wurde, tat ich viele Dinge zum letzten Mal in meinem Leben. Auch das Anschaffen. Ich habe das nur noch zweimal gemacht seit den Zeiten am Bahnhof Zoo. Einmal kurz nach der Geburt von Phillip: Sebastian hatte mir im Streit das Baby aus dem Arm gerissen. Ich musste loslassen, sonst hätten wir den Kleinen verletzt. Er ließ mich dann allein mit nur fünf Mark in der Tasche in der Hasenheide stehen. Ich wollte zum Argentinier um die Ecke, um ein Bier zu trinken und erst einmal runterzukommen.

Und da fuhr tatsächlich so ein blonder, langhaariger Hippie in einem knallroten Mercedes vorbei. Den Typ fand ich spannend und er mich offenbar auch. Er hielt an, und wir haben dann auf der Rückbank eine Nummer geschoben. 50 Mark gab es dafür.

Danach sind wir noch zusammen in eine Kneipe, wo ich zwei, drei Southern Comfort auf seine Kosten trank. Dann fragte er: „Und, wie wäre es mit noch mal?" Ich sagte „Nö". Sex im besoffenen Zustand kann ich nicht leiden.

Natürlich habe ich das vor allem getan, um Sebastian zu verletzen. Aber da ich weder Geld noch Bankkarten dabei hatte, wäre es auch eine ziemlich kalte und trockene Nacht geworden. Was sollte ich machen? Die Polizei rufen? Die hätte mir gleich das Kind weggenommen. Am nächsten Morgen war ich wieder zu Hause.

Wir blieben noch ein paar Wochen zusammen. Wegen des Kindes. Irgendwie haben wir es versucht, aber er war einfach noch viel zu jung und konnte die Verantwortung nicht übernehmen. Und zu krank.

Der Grund, weshalb die meisten Heroin-Junkies sterben, ist ja in der Regel nicht die Droge selbst. An einer Überdosis krepieren die wenigsten, in den meisten Fällen geschieht das durch andere Krankheiten, die sie durch ihre Sucht bekommen. So wie bei mir.

Sebastian hat eine Grippe verschleppt. Es war 2005, er war Anfang dreißig, hatte gerade eine Ausbildung zum Grafik-designer gemacht, einen Job bei einem großen deutschen Start-up-Unternehmen angetreten und eine eigene Woh-nung in Berlin-Friedrichshain bezogen. Er war wieder clean vom Heroin, aber er arbeitete viel an den Werktagen und ging an den Wochenenden feiern – ob und welche Auf-putschmittel im Spiel waren, weiß ich nicht. Jedenfalls hat er nicht auf sich aufgepasst, aus der Grippe wurde eine Lungenentzündung und schließlich eine Embolie. Als der Schmerz zu groß wurde, ging er ins Krankenhaus, entließ sich aber wieder selbst, nach seinen Angaben wegen einer Fortbildung, die er unbedingt absolvieren wollte.

Er glaubte, nach den drei Tagen Workshop einfach wieder zurückkommen und dann stationär behandelt werden zu können. Aber sein Körper machte ihm einen Strich durch die Rechnung, nach nur einem Tag brach er zusammen und wurde von den Ärzten, weil sein Zustand inzwischen so kri-tisch war, in ein künstliches Koma versetzt.

Drei Monate lang lag Sebastian auf der Intensivstation. Seine Mutter, eine sehr nette Frau mit kurzen blonden Haa-ren und einem freundlichen Lächeln, lebte während die-ser Zeit in seiner Wohnung und hat mit Sebastians neuer Freundin, die zufällig Krankenschwester war, um sein Le-ben gekämpft. Wir alle haben uns mit den Besuchen im Krankenhaus und mit der Kinderbetreuung abgewechselt. Natürlich nahm ich Phillip nicht mit ins Krankenhaus, er war erst neun, er sollte seinen Vater nicht so sehen, mit all den Apparaturen. So etwas Schreckliches vergisst man sein Leben lang nicht, wenn man es als Kind sieht. Nur Silves-ter haben wir ihn einmal kurz mit seinem Vater telefonieren lassen. Sebastian sprach durch eine Trachealkanüle zu unse-rem Sohn.

Nachdem die Ärzte Sebastian aus dem Koma geholt hatten, musste er noch einmal operiert werden, weil sich ein Abszess in seiner Lunge gebildet hatte. Um den zu entfernen, haben sie drei seiner Rippen herausnehmen müssen, sein Herz liegt seit den Eingriffen völlig frei. Es dauerte eine gefühlte Ewigkeit, bis er wieder einigermaßen fit war.

Und als er sich gerade wieder allein zu Hause versorgen und längere Strecken laufen konnte, lief er vor einen Bus und wurde erneut lebensgefährlich verletzt.

Wir hatten alle befürchtet, dass das irgendwann einmal passieren würde, weil Sebastian einer dieser Menschen ist, die im Gehen Bücher lesen. Wie oft hat ihn jemand im letzten Augenblick vor einem vorbeifahrenden Auto oder einem dieser wilden Radfahrer, die es in Berlin zu Hunderttausenden gibt, gerettet. Und bumm, da war es passiert, 2006, nur ein Jahr nach der schweren Grippe.

Es hatte die restlichen Rippen zertrümmert. Er litt an inneren Blutungen. Dieser Bus hat ihn am Alexanderplatz frontal erwischt. Nach diesem Unfall musste Sebastian lange Zeit mit Opiaten behandelt werden. Das warf ihn in seiner Sucht natürlich wieder zurück.

Seit dem Unfall konnte er lange Zeit nicht mehr arbeiten, und seine Beziehung ist leider auch in die Brüche gegangen. Doch es ist eine schöne Wohnung, die er da hat. Eine, die sich viele wünschen, mit alten Dielen und Stuck und so. An ein paar Wochenenden im Jahr geht Phillip ihn dort besuchen. Manchmal verreisen sie auch zusammen für ein paar Tage. Sebastian ist inzwischen 40 und versucht, was er kann. Weder beruflich noch gesundheitlich konnte er sich wieder richtig fangen.

Als Phillip drei Jahre alt war, habe ich mit ihm zusammen noch einmal Urlaub in Griechenland gemacht. Ich bin wieder nach Athen, nach Kreta und an den Pounda Beach – auf der Suche nach Panagiotis. Der Eigentümer des Café Neon, in dem wir damals mit Maria und Christos immer waren, hatte ihn über das Mobiltelefon informiert. Inzwischen gab es Handys, die allerdings schwer waren wie Briketts. Drei Tage zu spät kam Panagiotis an, doch ich hatte meine Nummer hinterlassen, und er meldete sich tatsächlich, als ich schon wieder in Berlin war. Leider habe ich dann wenige Tage später mein Handy verloren. Das war 1999, seither habe ich nie wieder etwas von ihm gehört.

Entführungen

Wir waren erst höchstens 15 Minuten auf der Autobahn, als schon der Chef des Taxiunternehmens anrief. „Aus dem Jugendamt in Potsdam-Mittelmark ist ein Kind entführt worden, laut Polizei sind Mutter und Kind in einem Großraumtaxi geflohen", sagte er über Funk. Seine Stimme krächzte und knackste in der Leitung, es war eine dieser von Unwettern durchzogenen Sommerwochen, und es regnete in Strömen. „Sämtliche Taxiunternehmen werden um Mithilfe gebeten. Weißt du etwas darüber, Klaus?"

Er betonte den Namen seines Fahrers so, als stelle er keine Frage, sondern ein Ultimatum. Mir blieb das Herz stehen. „Gott, sind die schnell, das ist doch alles gerade erst passiert", dachte ich panisch. Ich sah Phillip an, hielt mir den Finger vor die geschlossenen Lippen. „Psst!"

Mein Hinweis war eigentlich unnötig. Phillip ist ein schlaues Kind, er gab keinen Mucks von sich. Aber in der Aufregung wusste ich nicht, ob er ganz klar war. Oder besser: Ich war nicht ganz klar, ich stand völlig neben mir. Man wollte mir mein Kind wegnehmen, ich hatte noch nie in meinem Leben solche Angst.

Eine kurze Weile war es still im Auto. Der Taxifahrer sah über den Spiegel an der Frontscheibe zu uns auf den Rücksitz, während vor ihm die Scheibenwischer hin- und her schrubbten. Er stieg nicht vom Gas, sondern antwortete über Funk: „Ich weiß von nichts." Ich atmete tief aus und bemerkte dabei, dass ich schon lange Sekunden den Atem angehalten haben muss. Klaus' Chef atmete auch aus, aber es klang nicht wie Erleichterung, sondern wie ein Seufzer. Er kannte seinen Fahrer mindestens genauso gut wie ich: Klaus war ein Schlitzohr. „Wo bist du denn gerade, Klaus? Hast du Fahrgäste?", fragte er noch einmal nach. „Ich bin auf der Autobahn. Alles ruhig hier bei mir", antwortete Klaus.

Später, als alles vorbei war, habe ich Klaus noch einmal getroffen und ihm 30 Euro gegeben. Er war ein flüchtiger Bekannter, den ich gebeten hatte, Phillip und mir zu helfen. Aber es war alles andere als selbstverständlich, dass er dichtgehalten hat. Er hätte großen Ärger bekommen können. Ich werde ihm seine Loyalität nie vergessen.

Drei Stunden vorher, es war etwa 14 Uhr, war ich am Südkreuz bei Edeka einkaufen gewesen. Wenn ich aus der Stadt vom Arzt zurück nach Brandenburg fahre, nehme ich die S25 Richtung Teltow Stadt und steige fast immer am Südkreuz kurz aus, um einzukaufen. Denn beim Netto bei uns draußen gibt es nicht alles, was ich mag und was Phillip gern isst. Außerdem gibt es da am Bahnhof Schließfächer.

Ich falle immer wieder auf Menschen herein, die mich betrügen und bestehlen. Aber ich habe immerhin insofern dazugelernt, als dass ich mein Hab und Gut nun verstecke. Meine Würde kann man mir vielleicht nehmen, aber mein Geld und mein Eigentum bekommt man nicht. Das schließe ich weg. Damit habe ich angefangen nach der Sache mit Beckermann. Das ist nicht sein richtiger Name. Aber er ist einer der wenigen Menschen, denen ich begegnete, vor denen ich mich bis heute fürchte. Deshalb nenne ich seinen wahren Namen nicht. Er ist ein Dreckskerl. Und er war mitverantwortlich dafür, dass man mir das Wertvollste im Leben weggenommen hat.

Beckermann ist der Adoptivsohn eines berüchtigten Berliner Drogenpaten. Seine Mutter hatte den Stiefvater gegen Geld geheiratet. Er war Libanese – ich weiß nicht, ob er heute noch lebt – und brauchte eine Aufenthaltsgenehmigung. Damals, in den Siebziger- und Achtzigerjahren, war das mit der Scheinehe in Deutschland noch einfacher als heute.

Der Libanese adoptierte Beckermann, als der noch ein Kind war. Und natürlich brachte er ihm bei, was er konnte, so wie es jeder Vater tut. Ob die Frau von seinen Geschäften wusste, weiß ich nicht. Ich zumindest habe erst spät, zu spät, davon erfahren, aus welchem Umfeld Beckermann kam.

Beckermanns Stiefvater war einer der Mächtigen, wann immer es um Kokain und Methamphetamine ging. Und somit generell ein Mächtiger, denn während Heroin die Droge für das Fußvolk ist, ist Kokain eher etwas für Bundestagsabgeordnete, Filmproduzenten, Musiker und Anwälte – das habe ich schon am Set von „Wir Kinder vom Bahnhof Zoo" erlebt.

Kokainschnupfer sind immer so manisch, sie kauen ständig auf Kaugummi oder ihren eigenen Lippen rum und trinken viel, denn der Mundraum ist von dem Zeug unglaublich trocken. Bei unserer Promotiontour in den USA haben Bernd und ich nicht so viel Zeit miteinander verbracht, aber als wir einige Monate später zufällig in denselben Flieger von München nach Berlin einstiegen, bot ich ihm was an. Wir haben uns dann mit dem Gang zum Klo abgewechselt. Bestimmt dreimal in dieser einen Flugstunde zogen wir jeweils eine Line Kokain. In der Biografie, die seine Witwe nach Bernds Tod über ihn geschrieben hat, ist von dieser Neigung die Rede. Deshalb muss auch ich kein Geheimnis mehr daraus machen. Das Zeug ist teuer, es kostet bis zu 90 Euro je Gramm. Damals fast 180 Mark.

Zu meinen besten Zeiten, kurz bevor ich meinen Heroin-Rückfall hatte, habe ich zwei, drei Gramm am Tag geschnieft. Das ist verdammt viel, hat mir aber durch die anstrengende Zeit geholfen, in der ich zu vielen Talkshows in ganz Deutschland und zu Pressereisen unter anderem in Italien und England unterwegs war. Ich musste damals riegelweise die schwersten Schlaftabletten schlucken, um wieder runterzukommen, bevor ich Amok laufe.

Zum Verständnis, wie sehr zwei Welten aufeinander prallen, wenn sich ein Kokser und ein Morphinist begegnen: Junkie ist nicht gleich Junkie. Morphinisten sind nicht so aggressiv wie viele Kokser und haben im Gegensatz zu denen mit organisiertem Verbrechen meist nichts zu tun. Die klauen Passanten das Portemonnaie, ja. Und sie prügeln sich um ein Stück Schokolade. Aber Fixer sind keine Zuhälter und keine Schleuser, die prostituieren sich höchstens selbst, um ihre Sucht zu finanzieren. Kokser dagegen sind aufgeputscht und gierig, du ziehst das Zeug und kannst nicht genug bekommen.

Mit Heroin ist das anders. Das spritzt du nach, weil es dir sonst vor Schmerzen fast den Körper zerreißt. Kokser wollen Rausch und Macht, H-Junkies ihre Ruhe.

Kokser sind ein ganz anderer Schlag Mensch, nicht mein Schlag. Schon lange nicht mehr.

Beckermann war ein schlimmer Kokser, aber das habe ich zuerst nicht bemerkt. Der zog das Zeug jeden Tag, und wie Phillip mir später erzählte, fragte er sogar den Jungen ständig, ob er noch Reste vom „Schnee" an den Nasenflügeln hängen habe. Weil der Stoff weiß ist, nennen viele ihn Schnee. Aber das wusste der Junge mit seinen elf Jahren damals Gott sei Dank noch nicht. Er dachte, Beckermann habe Rotz gemeint.

Beckermann war ein verdammt guter Schauspieler. Er kann Leuten unfassbar gut etwas vormachen, den vertrauenswürdigen Saubermann spielen, Menschen für sich einnehmen, um sie auszunehmen. So fing das ja auch mit uns an.

Eigentlich war ich mit Dragan zusammen, einem total süßen, unheimlich charmanten Serben. Er war vielleicht Mitte 30, also damals mehr als zehn Jahre jünger als ich – so, wie alle meine Männer jünger waren als ich. Bis auf Panagiotis. Wie er war Dragan Balkanese, ich mag das ja sehr gern. Wir hatten uns im Sommer 2007 in einem Café an der Oranienstraße kennengelernt, und er war der erste Mann seit mehr als zehn Jahren, mit dem ich ausging.

Bis dahin hatte es neben meinem Sohn keinen Platz für einen anderen Mann in meinem Leben gegeben. Nun war der Junge aus dem Gröbsten raus, und ich hatte nach so langer Zeit einfach mal wieder Lust auf eine Liebelei. Es war eine sehr schöne Romanze, sodass wir uns unseren Freunden vorstellten. Und zu Dragans Freundeskreis gehörte Beckermann, ein schmächtiger, dunkelblonder Typ in seinem Alter.

Nachdem Beckermann von uns wusste, meldete sich Dragan plötzlich immer seltener bei mir, während Beckermann mich andauernd treffen wollte. Damals dachte ich, Dragan habe das Interesse verloren, und heulte mich auch noch bei Beckermann aus, der bis dahin nicht mehr als ein Kumpel war. Erst später, als ich wusste, wer Beckermann wirklich war, wurde mir klar, dass der junge Serbe wohl keine Wahl hatte. Beckermann hatte Dragan den Rückzug angeraten – angeblich in meinem Sinne. Dragan sei ein kleiner Gauner und täte mir nicht gut, behauptete er. In Wirklichkeit hat er ihm wohl deutlich gemacht, dass er die Finger von mir lassen solle, weil es sonst Ärger geben würde.

Und mit Beckermanns Familie will man keinen Ärger. Wenn der Sohn des Drogenpaten sagt: „Zisch ab!", dann haust du ab, und zwar so schnell und so weit wie möglich.

Das war mir damals eben alles noch nicht klar. Ehrlich gesagt, ist mir noch heute einiges völlig schleierhaft an diesem Mann. Er gab andauernd vor, jemand zu sein, der er nicht war, oder er übertrieb ins Maßlose: Einmal fälschte er, um mich zu beeindrucken, sogar einen Spiegel-Online-Artikel. Er hatte mir zwei DIN-A4-Seiten mit dem Logo der Nachrichtenseite gegeben, in dem Text war die Rede von der Macht seines Stiefvaters und von ihm.

Da stand unter anderem, dass er als Adoptivsohn mehr als 500 arabische Clanmitglieder befehlige und ein Haus mit mehr als 30 Zimmern und einem angrenzenden Schwimmbad in Nordrhein-Westfalen besäße. Ich habe das Schriftstück aufgehoben, da steht: „So rief er nach einem Streit mit der Polizei, die eine Routinekontrolle seines 500er SEL vornehmen wollte, mit einem einzigen Anruf mehr als 300 arabische Clanmitglieder zur Hilfe, diese kamen in weniger als 15 Minuten schwerbewaffnet aus allen Stadtbezirken Berlins." Und weiter: „Er (also Beckermann) verließ den Tatort unbehelligt mit den Worten: ‚In dieser Stadt sind wir die Polizei, und wer mich kontrolliert, bestimme ich und nicht ihr, ihr Parasieten.'" Parasiten stand da mit „ie".

Heute weiß ich: Dieser Mann ist ein Felix Krull der brutalen Sorte. Es war aber damals nicht so, dass mich das begeistert hätte, was er mir da von sich präsentierte. Es interessierte mich überhaupt nicht, aber genau das wurde mir später zum Verhängnis. Ich hätte gleich merken müssen, dass Beckermann ein Betrüger ist.

Seit mein Anwalt ihn durchleuchtet hat, kenne ich einige Puzzleteile seiner Biografie, aber vieles kann ich mir noch nicht zusammenreimen. Zum Beispiel, wie er über Jahre auf der Flucht sein und dennoch ständig in aller Herren Länder einreisen und Schließfächer und Konten im In- und Ausland führen kann. Als ich zuletzt von ihm hörte, war das durch meinen Anwalt, dem zufolge Beckermann damals international per Haftbefehl gesucht wurde.

Es war immer wegen derselben Sache: Beckermann hat Webdesign oder IT oder so etwas Ähnliches studiert. Er ist ein schlauer, gerissener Kerl, hat gute Unis besucht – auch im Ausland. Zumindest sagte er das, man weiß ja nicht, welcher Teil seiner Geschichte nun stimmt und welcher nicht. Jedenfalls ist er sehr versiert mit dem Internet. Und er nutzt seine gute Ausbildung, um Online-Shops und Foren zu hacken.

Oder er kauft geklaute Kreditkarten auf und bestellt mit diesen kostbares Zeug, das er dann weiterverkauft. Die Sicherheitslücken im Internet machen es Hehlern und Betrügern wahnsinnig einfach, wie ich ja dann auch bitterlich erfahren musste.

Es war nicht Beckermanns einziger Trick: Auf Gran Canaria hat er einige Hunderttausend Euro damit gemacht, dass er sich als falscher Makler oder falscher Immobilieneigentümer ausgab und Häuser verkaufte, die er gar nicht besaß. Er hat sich einfach irgendwo eine Immobilie gemietet und reiche Leute zur Besichtigung eingeladen und ihnen weisgemacht, sie hätten ein Schnäppchen an der Hand.

Leute können unglaublich dumm sein, wenn sie das große Geld vor Augen haben.

Ich habe mich nie darauf eingelassen, wenn er versuchte, mich zu irgendetwas zu drängen. Er wollte mit mir natürlich nach Gran Canaria ziehen, als ich ihm erzählte, dass ich Berlin verlassen wolle. Unbedingt. Dabei kannten wir uns erst sechs Wochen, und ich erklärte ihm: „Auf Gran Canaria werden Phillip und ich nicht glücklich, das ist eine Urlaubsregion. Ich will kein Halli-Galli, ich suche meine Ruhe!"

Ich wollte weg von diesem Christiane-F.-Ding. Keiner kann sich vorstellen, was ich bis heute erlebe, nur weil ich bin, wer ich bin. Ich lebe jetzt wieder seit 20 Jahren in Berlin, seit ich aus Griechenland zurückgekommen bin.

Und trotzdem spricht mich fast jeden Tag irgendjemand an und fragt: „Du bist doch Christiane F., oder?" Sie wissen es offenbar sowieso schon, mal von jemandem, der mich kennt, mal von jemandem, der mich erkennt. Sie haben mein Bild in der Zeitung oder im Fernsehen gesehen. Es ist mir sogar schon passiert, dass die BZ ein Bild von mir zusammen mit der völlig absurden Nachricht „Christiane F.s Hund hat mich gebissen" riesig groß auf diesen Bildschirmen in der Bahn zeigte, als ich im Waggon saß.

Niemand sah meinen Chow-Chow Leon oder mich an, aber alle flüsterten: „Guck mal, da sitzt sie." Ich höre so etwas ganz genau.

Andere wollen ein Foto mit mir, manchmal mit der ganzen Familie. Als wollten sie sich das ernsthaft im Wohnzimmer aufhängen! Wir und Christiane F., einmal lächeln bitte! Was für ein Blödsinn! Die wollen mich nur rumzeigen wie ein Souvenir, ihren Freunden und Bekannten, und im Büro eine spannende Geschichte erzählen: Wir haben Christiane F. getroffen. Und am besten erzählen sie noch, ich sei völlig high gewesen. Oder eben, dass mein Hund sie gebissen habe oder so einen Scheiß.

So richtig aggressiv machen mich die, die wollen, dass ich mir ihr Leid reinziehe, als hätte ich selbst nicht genug davon. „Mir geht es schlechter als dir", sagen sie mir. Sie seien „krassere Junkies" mit einer noch „krasseren Geschichte" als meiner. Als sei das ein Wettbewerb: Deutschland sucht den Super-Junkie.

Ich antworte denen dann, dass mehr dazu gehöre, als einfach nur eine ekelerregende, bemitleidenswerte Geschichte zu erleben. Ich will damit nicht sagen, dass ich etwas Besonderes geleistet hätte oder etwas Besonderes bin. Aber viele, die damals mein Buch gelesen haben, konnten sich mit mir oder meinen Problemen identifizieren. Andere hatten Sympathie für mich. Das liegt sicher auch an der Arbeit der beiden Autoren. Daran, wie sie mich beschrieben haben.

Und so soll es im Großen und Ganzen auch bleiben. Darum bemühe ich mich immer, freundlich zu sein, wenn mich jemand anspricht. Sonst heißt es gleich: Christiane F. ist nur noch eine alte Zicke, die ihre Fans nicht einmal mit dem Arsch ansieht. Aber kaum bleibe ich auf dem Weg zu meinem Methadonarzt am Hermannplatz stehen und unterhalte mich mit jemandem, kommen gleich die Bullen. Routinekontrolle. Angeblich.

Es dauert oft nicht lange, dann gesellt sich ein Reporter der BZ dazu und schwups, bin ich auch noch eine rückfällige alte Zicke. So geht das. Manche Journalisten zahlen Abhängigen am Kottbusser Tor oder am Hermannplatz sogar Geld dafür, dass sie sie anrufen, sobald ich auftauche. Andere Presseleute fragen mich ernsthaft heute noch, wo Detlef ist, mein Freund aus „Wir Kinder vom Bahnhof Zoo". Ich bin 51. Verdammt! Wer weiß in dem Alter schon, wo sich seine Kinderliebe rumtreibt?

Ich durfte nie erwachsen werden, für die Öffentlichkeit bin und bleibe ich das Heroinmädchen vom Kinderstrich.

Die Kehrseiten meiner Bekanntheit hatte ich schnell nach Erscheinen des Buches kennengelernt. „Christiane F. – ganz toll! Dürfen wir bitte ein Autogramm haben? Ein gemeinsames Foto? Aber wir wollen Sie bitte schön nicht als Freundin unseres Sohnes und nicht als Nachbarin im Haus." Alles klar, sehr gern! Smile! Bitte schön.

Aber Freundschaft? Gastfreundschaft? Gemeinsam aus einer Tasse trinken? „Haben Sie nicht Hepatitis C?" Ja, habe ich! Aber wenigstens halte ich mir die Hand vor den Mund, wenn ich huste oder nieße.

Meine Güte, ich bin und bleibe ein Promi-Junkie. Eine Attraktion. Ein seltenes Tier. Spezies: „Kind vom Bahnhof Zoo".

Aber ich hatte nun selbst ein Kind – und jetzt, da Phillip in die Pubertät kam, wollte ich nicht, dass er all das weiterhin erlebt. Es sollte Raum für ihn geben, für seine Jugendjahre, für seine Probleme und Themen. Meine kaputte Jugend war doch lange her, und ich wollte die Kraft haben, mich um ihn zu kümmern. Darum wollte ich weg aus Berlin. Es war das Jahr 2008. Ich redete sehr lange mit dem Jungen und habe ihm alles erklärt.

Er kennt sich mit Geografie gut aus. Als er noch kleiner war, liebten wir es, den Atlas rauszukramen und so die Welt zu entdecken. Also setzte ich mich mit ihm, den Karten und einem heißen Kakao auf sein Bett, wie wir das immer gemacht haben, und fragte ihn, wo er am liebsten leben wollen würde.

„Ich will auf jeden Fall dasselbe Wetter. Also Frühling, Sommer, Herbst und Winter", war seine Antwort. „Ich will nicht nur Palmen oder nur Schnee. Und ich will, dass es mir nicht so schwerfällt in der neuen Klasse." Und da habe ich gedacht: „Mensch, als Deutscher würde er es vielleicht in den Niederlanden nicht so schwer haben." Kurz dachte ich auch an Pasadena.

Mir war noch vor den US-Wahlen klar, dass Barack Obama gewinnen würde, und ich finde den Kerl sehr cool. „Wenn er Präsident wird, ziehen wir dahin", träumte ich kurz. Aber eigentlich wusste ich ja, dass das mit der Greencard nicht so einfach ist, vor allem nicht für vorbestrafte Ex-Junkies mit Kind wie mich.

Da es im Vergleich keine viel kleinere Stadt sein sollte als Berlin, entschieden wir uns letzten Endes dann doch für Amsterdam.

Zuerst bin ich mit Beckermann allein hin. Ich wollte sehen, wie sich die Stadt verändert hat, seit ich zuletzt da gewesen war. Während meiner Zürich-Zeit hatte ich mich dort mal mit dem Speedjunkie vergnügt, obwohl Anna uns nach Paris geschickt hatte. Jedenfalls hatte ich die Stadt damals eben wie ein Teenager auf Droge wahrgenommen und eher nach Diskotheken und Sexshops Ausschau gehalten.

Nun war ich Mutter, clean, und ich wollte mich über gute Schulen erkundigen sowie vor Ort herausfinden, was man tun muss, wenn man dort leben will. Wir wollen uns hier niederlassen – wie bitte geht das?

Eine Sozialversicherungsnummer braucht man, hat man uns beim Meldeamt erklärt. Den Rest haben wir über das Internet in der städtischen Bibliothek herausgefunden. Zum Beispiel, dass wir Phillip erst in Deutschland von der Schule abmelden mussten, ehe wir eine Sozialversicherungsnummer beantragen konnten. Das habe ich dann, als ich nach vier Tagen wieder zurück in Berlin war, auch direkt getan.

Aber seine Lehrer waren da schon gar nicht gut auf mich zu sprechen, weil ich Phillip bei meiner Mutter gelassen, der Junge aber seine Schulmappe bei mir zu Hause vergessen hatte. sodass er eine ganze Woche Unterricht ohne seine Blöcke und Stifte durchstehen musste. Das gab Ärger – auch für mich.

Den Familienhelfer weihte ich in unsere Holland-Pläne ein. Das war nicht einmal eine Woche, bevor sie mir meinen Jungen wegnahmen. Thorsten sagte da schon: „Oh je, da bekomme ich aber Bauchweh." Vielleicht hätte er die nicht bekommen, wenn Beckermann nicht bei uns gewesen wäre, ich weiß es nicht. Ich wusste nur, wie oft ich mich schon in fremden Ländern zurechtgefunden hatte, und es war mir einfach nicht klar, wie man beim Jugendamt auf meine Pläne reagieren würde.

Es war also alles vorbereitet. Beckermann hatte auf Phillip aufgepasst, als ich zum Arzt gefahren war. Beim Einkauf auf dem Rückweg stand ich gerade an der Kasse und balancierte einen instabilen Pappkarton, der bis oben hin mit Lebensmitteln beladen war, als das Telefon klingelte. Ich klemmte es mir zwischen Ohr und Schulter, Beckermanns Stimme klang panisch und schrill.

„Sag das bitte noch einmal, was ist passiert?", fragte ich zweimal nach. Dann ließ ich vor Schreck meinen ganzen Einkauf fallen.

Ich erinnere mich nicht mehr, was genau in den folgenden zwei Stunden passierte. Ich habe nur noch Beckermanns Worte im Kopf: „Christiane, komm schnell nach Hause, die haben den Jungen geholt."

Aber ich bin nicht nach Hause, sondern mit der S25 nach Teltow Stadt und gleich am Bahnhof zum Taxistand, in der Hoffnung, Klaus anzutreffen. Gott sei Dank war er da. Ich sprang in sein Taxi und schrie: „Fahr los! Zum Jugendamt Potsdam-Mittelmark, schnell!"

Unterwegs erklärte ich Klaus meine Notlage. Beim Jugendamt angekommen sprang ich raus und bat ihn: „Wenn der Junge kommt, mach bitte sofort die Tür zu."

Dann bin ich rein, die Treppen hoch, ich fand Phillip weinend im Warteraum. Mindestens zwei Stunden hatte man ihn hier schon abgestellt, außer zwei Sekretärinnen war niemand da. Denen sagte ich: „Entschuldigung, ich möchte mich nur von meinem Sohn verabschieden."

Ich nahm Phillip in den Arm und flüsterte ihm ins Ohr: „So, jetzt lauf die Treppen runter. Gleich links steht ein Taxi. Lauf so schnell du kannst und spring da rein. Ich komm gleich hinterher."

Ich wollte dem Jungen den Rücken frei halten, falls uns jemand folgen würde, hätte ich den zur Not umgestoßen. Als ich sah, dass der Kleine das Taxi erreicht hat, bin ich hinterher. Es nahm aber niemand vom Jugendamt von unserer Aktion Notiz. Und solche Leute wollen mir mein Kind wegnehmen!

Der Frau, bei der ich mich dann versteckte, sollte man eher das Kind wegnehmen. Ich kannte sie von der Szene. Ihr Sohn machte noch mit neun Jahren ins Bett. Er klaute und war aggressiv, sicher eine Folge davon, dass er so schlimm missbraucht worden war. Von einer Gruppe Männer, die „offiziell" ihre Freier waren. Sie finanzierte ihre Sucht noch mit Mitte 40 durch Prostitution, aber nicht so, wie man sich das bei gewöhnlichen Nutten vorstellt.

Detlef und ich hatten damals als Kinder auch bei unseren Freiern übernachtet und gelebt, bei ihr war es andersrum: Die Typen zogen temporär bei ihr ein. Gegen gutes Geld, versteht sich. Davon kaufte sie ihr Dope und eine Menge Skulpturen und Hokuspokus-Kram aus Afrika. Sie war ein Afro-Fan und trug auch immer diese geflochtenen Haarteile, die ich für völlig unhygienisch halte, weil man sie nicht richtig waschen kann.

Damals in meiner Notlage war sie aber die Einzige, der ich trauen konnte. Bei den anderen wusste man nie, wer mit der Presse sprach, um sich etwas dazuzuverdienen, oder wer den Bullen etwas verriet, um eine Strafmilderung zu bekommen.

Sie war noch nie im Gefängnis und auch noch nie bei einem Substitutionsarzt. Darum fällt sie durch das Raster der Behörden, und das ist ihr so wichtig, dass sie nicht einmal mit der Polizei sprach, nachdem ihre sogenannten Freunde sich an ihrem Kind vergriffen hatten. Am liebsten hätte ich sie angezeigt, als sie mir davon erzählte.

Aber in dem Moment fahndete die Polizei mithilfe sämtlicher Taxizentralen nach uns, und ihre Wohnung war der sicherste Platz.

Die Jungen waren im gleichen Alter und spielten. Wir saßen in der Küche und rauchten ein, zwei Schachteln Zigaretten weg, bis wir uns fast fünf Stunden später endlich aufmachen konnten, um Beckermann zu treffen. Er hatte in der Zwischenzeit mit seinem libanesischen Halbbruder meine Sachen gepackt. Das heißt, er hat irgendwas eingepackt, völlig ohne Sinn und Verstand. Er hat es völlig vergeigt, zum Schluss konnte ich nichts davon tragen oder gebrauchen, meine Schminke hatte er vergessen und mein Adressbuch, ohne das ich völlig aufgeschmissen bin.

Aber er machte ein riesiges Theater, so nach dem Motto: „Treffpunkt: da und da". In Neukölln, wo Christine wohnt, waren ihm zu viele Polizisten unterwegs. Also bestellte er uns erst hierhin und dann dorthin. Aber dann befiel ihn wieder die Paranoia, und ich sollte doch wieder woanders hin, weil es da und da angeblich doch zu unsicher war – bis ich ausrastete und ihm am Telefon verbal die Pistole auf die Brust setzte: „Hör mal gut zu! Ich habe hier einen elfjährigen Jungen, ich kann nicht ständig woandershin, nur weil du Angst vor den Bullen hast. Jetzt lade uns endlich irgendwo ein, oder ich haue allein ab."

Die Frage, welches Motiv Beckermann eigentlich hatte, uns zu begleiten, war mir nie in den Sinn gekommen. Er sagte, er habe eine Wohnung in Viersen, nahe der niederländischen Grenze, und ich dachte einfach, er wollte uns helfen. Ich hatte nie vor, mit dem Mann zusammenzuziehen, ich hatte den Kopf einfach bis oben hin voll mit meinen Problemen, und ich war ehrlich gesagt froh, nicht allein zu sein.

Beckermann holte uns letztlich an der Spielbank am Potsdamer Platz ab, das heißt: nicht Beckermann, sein Halbbruder Mustafa. Denn Beckermann hat keinen Führerschein. Mustafa musste einen geplanten Mallorca-Urlaub mit seiner

Freundin absagen und chauffierte uns stattdessen mit einem Kombi-Mietwagen nach Amsterdam. Dessen Freundin war völlig außer sich, wie man sich vorstellen kann. Die Fahrt dauerte knapp sieben Stunden.

Die vom Jugendamt glaubten offenbar, in Berlin sei der Drogennotstand ausgebrochen, weshalb ich nach Amsterdam ziehen wolle, um mich fortan nur noch zuzudröhnen mit Gras, mit H, mit Shit.

Wenn ich wieder Drogen hätte nehmen wollen – das habe ich später auch der Presse gesagt –, dann wäre ich echt in Berlin geblieben. Oder nach Hamburg gegangen oder noch besser: nach Frankfurt. Da bekomme ich 24 Stunden am Tag Dope, so viel ich will. Da muss ich nicht nach Amsterdam ziehen!

Aber letztlich hatte ich mir das Unheil selbst ins Haus geholt. Nach der Geburt von Phillip und der Trennung von Sebastian war ich für zwei Jahre in eine sozial betreute Frauen-WG in Spandau gezogen, weil ich etwas Unterstützung und den Austausch mit anderen Müttern suchte. Außerdem hatte ich das Gefühl, dass ich in dem Haus in der Pflügerstraße nicht mehr willkommen war. Und dort gab es ja auch nur dieses Hochbett, aus dem man so schrecklich abstürzen konnte. Als Phillip noch ein Säugling war, schlief ich immer auf der Ledercouch unter dem Bett, während er in seinem Babybett lag. Aber nun war der Junge sechs Jahre alt, und es wurde Zeit für mehr Platz.

Es war 2002, als ich in diese Wohngemeinschaft in Spandau zog, in der nur Frauen lebten, die an einem Substitutionsprogramm teilnahmen. Es war ein ganzes Haus, die Zwei-Zimmer-Appartements kosteten 350 Euro im Monat. Aber es gab nur vier Toiletten für 16 Frauen und deren 20 Kinder – wir mussten sogar über den Hof, um zu duschen und unser Geschäft zu machen.

Vor allem aber hat mich nach ein paar Monaten schon der ganze Stress unter den Bewohnerinnen furchtbar genervt. Ständig gab es Zoff: Wer putzt wann? Wie trennt man den Müll? Kann man den Schwamm, mit dem man die Schuhe putzt, auch noch zum Spülen gebrauchen?

Jede Frau braucht ihren eigenen Haushalt, ihr eigenes Revier. Sonst geht das nicht. Es ging nicht für mich. Also suchte ich mir eine eigene Wohnung, und da meine Mutter zu der Zeit schon draußen in Stahnsdorf bei Teltow zusammen mit ihrem dritten Ehemann wohnte, wusste ich, dass ich da die Ruhe fände, die ich nun suchte.

Wir fuhren in der Gegend umher und fanden dieses komplett neue, noch leer stehende Haus. In einem Fenster stand eine Telefonnummer, da rief ich an. Vier Wochen später zog ich in die Zwei-Zimmer-Neubauwohnung über dem „Haus der schönen Dinge", einer kleinen Boutique gegenüber dem Atelier von Markus Lüpertz.

Eines Tages klingelte eine Sozialarbeiterin an der Tür. Sie kannte mich aus der Substi-WG und sagte, sie wolle nun nachsehen, wie es mir und meinem Kind gehe. „Alles prima, danke."

Ob ich mir eine Familienhilfe wünschen würde?

„Wenn es ein Mann ist, warum nicht? Ich habe sowieso die Sorge, dass Phillip das männliche Vorbild fehlt, wenn er nun älter wird. Jetzt ist er sechs und möchte schon klettern und raufen, bald will er sicher Schlittschuhlaufen und zu Fußballspielen ins Olympiastadion. Ich fände es super, wenn es einen Mann gäbe, der all diese Jungs-Sachen mit ihm macht und ihm ein Vorbild ist."

So kam Thorsten 2005 in unser Leben, ein mittelgroßer, mittelblonder, mittelmäßig lustiger Kerl. Nur zwei, drei Wochen und ein paar schriftliche Anträge beim Jugendamt Potsdam-Mittelmark später kam er das erste Mal bei uns vorbei – und war ganz und gar nicht, was ich mir vorgestellt hatte.

Er setzte sich an meinen kleinen Küchentisch und fragte, wie es denn so geht. Alle zwei, drei Wochen folgte ein weiterer Besuch, bei dem er mich und Phillip eigentlich nur ausfragte. Er ist ein netter Mann, aber nichts war da mit Lego-Bauen, nichts mit Schlittenfahren oder Fußballgucken. Ich glaube, er war nur einmal mit dem Jungen bei einem Fußballspiel – bis er ihn mir dann wegnahm.

Aber ich ließ mir mein Kind nicht kampflos vom Jugendamt wegnehmen. Wir waren fast genau 24 Stunden auf der Flucht, als Mustafa uns bei der Pension ablud, die Beckermann und ich bei unserem Probebesuch zehn Tage zuvor gefunden hatten.

Oder besser gesagt: Die Eigentümerin der Pension hatte uns gefunden. Eine ältere Dame, schroff, aber irgendwie sympathisch, hatte uns am Bahnhof angesprochen. Ich kannte solche Leute aus Griechenland. Die Hellenen stehen oft mit Schildern am Hafen und rufen „Hotel! Hotel!". Das sind meist Menschen, die gar kein Hotel führen, sondern schlicht ein paar Zimmer leer stehen haben und sich was dazuverdienen wollen. So war das damals also auch in Amsterdam.

Doch schon als sie uns dieses Mal anraunzte, dass wir nicht so laut sein sollten beim Entladen der Koffer, merkte ich, dass sie ganz anders drauf war, als bei unserem Besuch vor knapp zwei Wochen. Sie hatte nicht damit gerechnet, dass wir mit so viel Gepäck kämen: Wir hatten sogar Phillips Fernseher und seine PlayStation, meine Töpfe und Bettwäsche dabei, den ganzen Hausstand eben. Als sie das Geld sah, das ich ihr für sechs Nächte im Voraus gab, entspannte sich ihr Gesicht. Wir mieteten zwei Zimmer an, eins mit zwei Einzelbetten und eins für das Kind.

Bezahlen konnte ich nur bar, denn meine EC-Karte war gesperrt worden, seit Beckermann mir kurz vor unserer ersten Amsterdamreise 300 Euro Spesen überwiesen hatte. Die Bank informierte mich daraufhin, dass jemand Geld auf mein Konto transferiert habe, der keine Geldgeschäfte tätigen dürfe, und damit ich nicht betrogen werde, könne ich erst einmal nur am Schalter persönlich Geld abheben, bis ich die neue Karte per Post erhalte. Aber nun war keine Zeit mehr, um auf diese Karte zu warten. In weiser Voraussicht hatte ich 5.000 Euro abgehoben und mitgenommen.

Als ich mir im Bad des Pensionszimmers die Zähne putzte und das Gesicht wusch, kam ich runter von dem schlimmsten Höllentrip, den ich jemals ohne Drogeneinfluss gehabt habe. Wir hatten es bis hierher geschafft, über die Grenze, so schnell würde man uns jetzt nicht mehr kriegen. Als ich das kalte Wasser auf meiner Haut spürte, fühlte ich, wie mein Puls langsam zur Ruhe kam. Das kann sich niemand vorstellen, der kein Kind hat. Einer Mutter das Kind wegzunehmen – da drehst du durch. Da schaltet alles ab. Das Kind! Das Kind! Das Kind! Egal wohin, aber nicht ohne mein Kind!

Beckermann entspannte sich null. Er beharrte die ganze Zeit darauf, dass wir doch noch nach Spanien abhauen. „Da finden sie uns noch schlechter", meinte er. Aber das war mir zu ungewiss, zu unbekannt. Ich bin schon ein bisschen ein Kontrollfreak und wollte nicht mit meinem Kind in die Fremde fahren, wo ich selbst noch nie war und wo ich die Sprache nicht beherrsche. Also blieben wir in Amsterdam.

Doch die Probleme fingen dort erst an. Auf unerklärliche Weise ist mir immer wieder Geld abhandengekommen. Es verschwand immer mehr aus meinem Portemonnaie, mal 50, mal 100 Euro. Beckermann tat dann immer so, als hätte es der nette Grieche aus dem Zimmer nebenan gestohlen.

Er legte sogar, wie sich viel später herausstellen sollte, sein Portemonnaie in dessen Zimmer, als die Putzfrau gerade sauber machte. Und dann beschuldigte er ihn in meiner Gegenwart, ein Dieb zu sein. Doch der Grieche war ein ehrlicher Kerl, was ich daran festmachte, dass er extra nach Amsterdam gekommen war, um sich hier in einem Prozess zu stellen, weil er ein Jahr zuvor ein holländisches Auto mit einem Mietmotorrad angefahren hatte. Das hätte er nicht machen müssen, aus Athen nach Amsterdam kommen. Aber er war da – und sicher nicht, um Beckermanns ollen Geldbeutel zu stehlen.

Die Pensionsbetreiberin, eine alte Deutsche, die einst in der Sonnenallee gelebt hat und vor Hitler abgehauen war, bemerkte dann auch schnell: Da stimmt etwas nicht mit den drei Berlinern. So ließ sie uns nach nur vier Tagen aus dem Zimmer neben dem Griechen aus- und in das Dachgeschoss einziehen. Sie hatte offenbar so furchtbare Angst vor uns, dass sie sich jemanden zum Schutz holte. Plötzlich war da immer ein großer, bulliger Kerl unten bei ihr. Ich habe keine Ahnung, ob Beckermann sie bedroht hat.

Zu mir sagte er nur immer, dass bei der Alten etwas nicht stimme, dass die etwas von uns haben wolle, dass er ihr und ihrem Schutzmann nicht traue und die uns womöglich beklaut hätten. Zunächst glaubte ich ihm. Aber eigentlich wusste ich schon lange nicht mehr, wem ich trauen konnte, und als dann auch noch die alte Dame behauptete, dass ihr 10.000 Euro abhandengekommen seien, uns beschuldigte und aus ihrem Haus rausschmiss, da war ich schon vollends am Ende.

Dabei war erst eine Woche vorbei, seit wir Deutschland verlassen hatten.

Die Pensionsinhaberin konnte uns nicht anzeigen, weil es Schwarzgeld war, das ihr angeblich geklaut wurde. Das war mein einziges Glück. Aber ich verzweifelte, weil ich einfach nicht wusste, wohin mit uns. Wir hatten so viel Gepäck, aber wenig Geld, ich konnte doch nicht 200 oder 300 Euro am Tag nur für eine Unterkunft zahlen?

Am Amsterdamer Bahnhof sprach ich mehrere Leute an, ob sie einen Tipp für uns hätten, und so kamen wir letztlich auf einem Campingplatz beim Flughafen Schiphol unter, ewig weit von der Innenstadt entfernt, in einer Holzhütte. Es war Juli, aber unglaublich kalt, und gleich am ersten Tag bekamen wir auch dort Ärger, weil Hunde auf dem Areal angeblich nicht erlaubt waren. Wir einigten uns nach langer Diskussion mit dem Platzwart darauf, dass ich Leon zu Freunden nach Amsterdam bringe. Die es natürlich gar nicht gab.

Ich zahlte 100 Euro für ein Zimmer mit zwei Hochbetten, an denen wir uns andauernd die Köpfe stießen. Hinzu kamen pro Tag noch 5 Euro für die Heizung; auch Duschen kostete einen Euro extra pro Person. Das habe ich mir gespart – und sah bald so aus, wie man auf dem Campingplatz eben aussieht: Jogginganzug, die Haare hochgebunden, ungeschminkt. Beckermann passte das gar nicht, er warf mir ständig vor, ich ließe mich gehen. Er machte mich fertig.

Uns ging das Geld aus, nach fast vier Wochen waren nur noch knapp 1.000 von 5.000 Euro übrig geblieben. Und Beckermann wollte nichts beisteuern. Ich geriet eigentlich nur noch in Panik, denn nichts funktionierte. Mehrere Schulen habe ich für Phillip besucht und fast ein Dutzend Wohnungsbesichtigungen hinter mich gebracht. Aber überall sagte man uns: „First, please, solve your problems in Germany" – Lösen Sie bitte zuerst Ihre Probleme in Deutschland. Wegen der Freizügigkeit in der EU kann man zwar ohne Probleme einen Erst- oder Zweitwohnsitz in den Niederlanden anmelden – aber nicht ohne Einkommensnachweis. Zwar habe ich in Berlin einen Buchhalter, aber wie sollte das alles jetzt so schnell funktionieren? Bis er Einkommensnachweise, Steuernummer und Bankunterlagen geschickt hätte, wären Wochen vergangen.

Ich kann leider keinen Computer bedienen, und ich wollte nicht, dass Beckermann sich darum kümmerte. Hätte er die Papiere in die Hände bekommen, wäre ich komplett ruiniert gewesen.

Ohne Sozialversicherungsnummer kam ich nicht einmal in ein Methadonprogramm – und somit auf Entzug. Es war mir ständig übel, ich schwitzte sehr stark und bekam andauernd Schüttelfrost, litt unter Depressionen. Es ist echt kein Spaß, von Methadon zu entziehen. Ich brauchte eigentlich dringend einen Arzt, aber das Einzige, worauf ich mich konzentrieren konnte, war: Wie schaffe ich es, meinem Jungen hier was zu bieten? So kann er doch nicht leben!

Im Prinzip blieb jeder Tag ergebnislos, jeder Versuch vergebens – wir warteten eigentlich nur noch darauf, dass uns das Geld ausging. Also fasste ich einen Entschluss: Ich musste neues Geld besorgen. Ich musste heim. Also ließ ich Phillip schweren Herzens bei Beckermann und kaufte mir ein Ticket nach Berlin. Sechs Stunden hin, sechs Stunden zurück, dazwischen nur kurz zur Bank. Mit weiteren 3.000 Euro kam ich wieder in Amsterdam an. Aber es waren meine letzten Reserven, den Rest meines Ersparten hatte ich auf irgendwelchen Festgeldkonten sicher angelegt. Es hätte Wochen gedauert, daranzukommen.

Mein Geld versteckte ich jetzt vorne in meiner Unterhose und schlief zusammengekauert. In Fötusstellung, damit Beckermann mir nicht noch den Rest stehlen konnte. Ich habe keine Ahnung, wie er es dennoch geschafft hat, gebe aber zu, zu diesem Zeitpunkt auch nicht mehr ganz bei Sinnen gewesen zu sein: Der Turkey machte mir echt zu schaffen, und irgendwann bin ich aus lauter Verzweiflung an ein paar Abenden nach Amsterdam, um ein paar Gin Tonic zu kippen und mir etwas Gras und Hasch zu besorgen. Sonst hätte ich das alles gar nicht durchgestanden.

Beckermann schüchterte mich nur noch mehr ein und machte mir andauernd Vorwürfe. Für den Kokskönigssohn ist Hasch nämlich eine Gammlerdroge, und wir gerieten andauernd in heftigen Streit darüber. Meine Nerven waren jetzt 24 Stunden am Tag angespannt, aus Angst vor der Polizei, aus Angst vor Beckermann, aus Angst davor, dass mir irgendjemand mein Kind wegnehmen würde, und wegen der schleichenden Erkenntnis, dass der Junge jetzt, in dieser Situation, ganz sicher woanders besser aufgehoben gewesen wäre als bei mir.

Nach einem heftigen Streit darüber, dass er nun endlich auch einmal Geld beisteuern sollte, was er überhaupt nicht einsah, denn schließlich sei es mein Kind, mein Hund, meine Flucht und überhaupt alles meine Schuld, verschwand Beckermann in einer Nacht einfach von der Bildfläche. Als kurz darauf auch mein restliches Bargeld fast verbraucht war, gab ich auf.

Ich rief Thorsten an, erzählte ihm, wo ich war, welche Probleme ich hatte, und kündigte meine Rückkehr nach Berlin an. Mir war jetzt einfach klar, was es bedeutete, dass ich meinen Jungen entführt hatte. Ich war außerstande, so etwas wie Normalität für ihn aufzubauen, bevor das nicht geregelt war. Keine Schule, keine Krankenkasse, kein Vermieter würde uns aufnehmen.

Ich konzentrierte mich nur noch auf die Idee, das Jugendamt Potsdam-Mittelmark davon zu überzeugen, dass man mir den Jungen nicht wegnehmen müsse, und glaubte fest daran, dass es für mich von Vorteil war, wenn ich mich stellte.

Dabei ignorierte ich vollkommen, dass Beckermann inzwischen wieder fast stündlich auf meinem Mobiltelefon anrief. Mit einem Taxi brachten wir unser ganzes Zeugs zum Bahnhof, es war früher Abend, sechs Wochen nach unserer Flucht aus Deutschland, als wir im Zug zurück nach Berlin saßen.

Nach dem Kauf der Tickets hatte ich noch 7,50 Euro übrig. „Halte die Stellung, Phillip, ich schaue jetzt mal im Bordrestaurant, was ich dafür zum Essen bekomme. Vielleicht einen Kakao und Brötchen", sagte ich zu dem Jungen, als wir im Zug saßen und schon über die Grenze waren. Schon seit Wochen hatte ich kaum einen Bissen runterbekommen. Der Stress und der Entzug setzten meinem Magen schwer zu, sodass ich von ursprünglich 66 Kilogramm nun nur noch 47 auf die Waage brachte.

Aber wenn es um mein Kind ging, dann hatte ich immer noch Kraft wie eine Löwin! Ehe ich zum Bordrestaurant ging, machte ich Phillip klar, dass er auf gar keinen Fall an mein Mobiltelefon gehen solle, weil man uns dadurch orten könne. Doch kaum war ich aus dem Abteil raus, ging Beckermanns 34. Anruf ein, und Phillip wollte ihm sagen, dass er endlich kapieren solle: „Wir wollen dich nie wieder sehen!" Er wollte mich beschützen.

Als ich in Wuppertal vier Polizisten am Gleis stehen und in unseren Zug einsteigen sah, wusste ich sofort, was sie suchten und dass die ganze Sache gelaufen war. Ob Beckermann der Polizei anonym einen Tipp gegeben hatte oder jemand anders, das weiß ich nicht. Durch meine Buchung war es dann auf jeden Fall sehr leicht, herauszufinden, in welchem ICE wir saßen.

Es war kurz nach Mitternacht, als sie uns aus dem Zug holten. Als Erstes untersuchten sie die fünf Koffer, die ich bei mir und die ganze Zeit allein durch die Stadt geschleppt hatte; immer zwei Koffer nehmen, noch einmal zwei, dann meinen Sohn und den letzten Koffer. Ich wehrte mich nicht, aber es wurde trotzdem eine ganz schlimme Szene. Phillip weinte wie verrückt, er krampfte und schüttelte sich und bat die Polizisten: „Bitte nur noch fünf Minuten, bitte!"

Zwei der vier Polizisten liefen dann auch die Tränen. Fürchterlich, der Junge hatte solche Angst. Ein Beamter nahm ihn an die Hand, ich bückte mich zu ihm hinunter und sah ihm in die Augen. Dann gab ich ihm den Kakao, den ich zuvor gekauft hatte, und sagte: „Sei schön brav. Bald sind wir wieder zu Hause, diese Leute kümmern sich jetzt nur um dich, weil Mama ein paar Probleme lösen muss. Aber bald sind wir wieder zu Hause." Dann gingen sie.

Bis heute verkrafte ich es nicht, dass sie mir den Jungen weggenommen haben. Ich bin zu feige, mich umzubringen, aber ein Leben führe ich seitdem auch nicht mehr. Dir das Kind wegzunehmen, das ist, wie dir das Herz rauszureißen und die Seele zu stehlen und dich trotzdem am Leben zu lassen. Du bist nur noch eine Hülle, und die einzigen Gefühle, die du zu empfinden in der Lage bist, sind Leere und Traurigkeit. Jedes Mittel ist dir recht, das Gefühl zu betäuben. Jedes.

Es war dumm von mir, wieder mit dem Heroin anzufangen. So habe ich jede Chance vertan, das Sorgerecht und das Aufenthaltsbestimmungsrecht wiederzubekommen. Mir war das alles nicht klar, mich hat niemand richtig aufgeklärt, und es war mir auch alles egal.

Ich habe keine Ahnung, welche Mutter es schafft, in so einer Situation Ruhe zu bewahren und taktisch klug zu agieren. Ich war nur noch am Ende und glaubte, endgültig alles verloren zu haben. Man hatte sich ein Bild von mir als Mutter gemacht, und ich hatte sowieso keine Chance, das zu ändern.

Heute denke ich, dass die Presse wirklich auch eine Mit-
schuld daran trägt. Denn die hatte mich in den finstersten
Abgrund geschrieben, den man sich vorstellen kann – und
gab allein meiner Schwäche für Drogen die Schuld. Wem
oder was auch sonst? Es war doch klar, nicht wahr?

Ich war nicht rückfällig, ich war Mutter. Das hat aber
niemanden interessiert! Nicht einmal meine eigene Mutter. Sie breitete mein Leid in einer sechsteiligen BZ-Inter-
viewreihe aus, und so erfuhr ich, nachdem ich gerade mein
Kind verloren hatte, dass meine Mutter auch nicht mehr
meine Mutter sein wollte. Die hat doch tatsächlich zu einer
Reporterin gesagt: „Alles, was ich anpacke und selber regeln kann, das macht mir keine Angst. Ich habe mein Leben immer aktiv in die Hand genommen und versucht, das
Beste daraus zu machen. Letztendlich ist es mir gelungen.
Bis auf Christiane. Dass mir das in die Quere gekommen
ist. Das ist nicht perfekt, aber es ist passiert. Damit muss
ich leben."

Ich dachte, ich lese nicht richtig! Immer geht es nur um
sie! Einen Dreck hat es sie geschert, dass ihre Tochter gerade
komplett am Boden ist, sie tritt auch noch nach, gibt mir
und aller Welt das Gefühl, dass ich eine unendliche, unbe-
rechenbare Bürde für sie bin und ihr ach so perfektes Leben
zerstöre. Unglaublich!

Sie hat auch über meinen Vater noch einmal kräftig her-
gezogen – 30 Jahre nach dem Buch erzählt sie noch mal in
epischer Breite, wie er uns Kinder verprügelte und dass er
sie einmal aus dem 19. Stock hatte werfen wollen. „Irgendwann ist der Punkt erreicht, da kann man nicht mehr", ließ
mir meine Mutter über die BZ ausrichten. „Ich würde ihr
gern helfen, aber ich fühle mich nach all den Jahren völlig
hilflos." So stand es da. Das war das Letzte, was ich von meiner Mutter hörte.

Beckermann wollte dann auch noch Kasse machen und hat Informationen gegen Honorar an die Presse verkauft. Allen möglichen Medien hat er Interviews gegeben und Lügen über mich verbreitet. Soweit ich weiß, haben die meisten Journalisten ihm nichts bezahlt, gedruckt haben sie seine Unwahrheiten aber trotzdem. Dass wir angeblich ein Paar waren und dass ich in Amsterdam „entglitten sei" und meinen Jungen „tagelang unbeaufsichtigt gelassen" habe.

Es war von Anfang an ein abgekartetes Spiel: Die Überweisung, die er auf mein Konto getätigt und die zur Sperrung meiner EC-Karte geführt hatte, diente dem Zweck, an meine Bankdaten ranzukommen. Er hatte sich in den vergangenen zwei Monaten reichlich an meinem Ersparten bedient. Wie bei seinen anderen Opfern hatte er bei Online-Händlern seine Hehlerware bestellt. Für allerlei Technikkrams waren 30.000 Euro abgebucht worden. Ich nahm mir nun einen Anwalt, den Partner des Rechtsbeistandes eines engen Freundes – der vertrat mich fortan gegenüber dem Jugendamt, aber auch in der Strafsache gegen Beckermann. Natürlich erstattete ich Anzeige. Doch all das hat mich nur noch mehr Geld gekostet.

Ich verstehe einfach nicht, weshalb der Mann für seine Straftat nicht belangt wird. Mein Anwalt hat immerhin stoppen können, dass ich weitere Rechnungen bekam. Aber die 30.000 Euro wurden mir nie erstattet. Manche Menschen dürfen einfach, was andere Menschen nicht dürfen. Das musste ich in meinem 51-jährigen Leben leider lernen.

Beckermann glaubt, ich sei ausgesprochen dumm. Als er in mein Leben trat, hatte ich nur zu viele Sorgen, um ihn zu durchschauen. Und nachdem er mir das alles angetan hat, erdreistete er sich im Dezember 2008 auch noch, mir einen Brief aus dem Gefängnis zu schicken.

Dabei war er nun der Dumme, denn er schrieb mir tatsächlich ein Geständnis, ohne es zu merken: „Man hat mich erwischt. Seit vier Wochen bin ich wieder im Knast, sitze in Wuppertal", fängt der Brief an. „Da ich weiß, dass du nicht nachtragend bist, hoffe ich, dass du mir meine Fehler verziehen hast", geht es weiter. Und dann: „… vor allem meine finanziellen Fehltritte."

Das war der einzige Grund, weshalb mein Anwalt erreichen konnte, dass man mich zumindest nicht mehr mit weiteren Rechnungen belasten durfte. Gebüßt hat Beckermann für seinen Betrug aber nicht, er saß wegen einer anderen Straftat – und versuchte nun doch tatsächlich, mich wieder weichzuklopfen. Aber der Mann hat mein Leben ruiniert. Und er sollte froh sein: Ignorieren ist das Netteste, was ich ihm antun kann!

Aber das kann er natürlich nicht ertragen. Im Frühjahr darauf schrieb er mir wieder, doch ich habe nie geantwortet. Der Mann ist für mich gestorben. Er hatte auch noch die Frechheit, einem anderen Insassen meine Adresse zu geben. Der hat mir dann auch noch geschrieben, weil er angeblich ein so großer Fan von mir sei.

Nach und nach habe ich durch Recherchen meines Anwalts all die Dinge aufdecken können – wer Beckermann war, wie er tickte und was er alles gemacht hatte.

Leider wurde auch Anna Opfer seiner Lügen. Er hatte sie einmal angerufen und ihr erzählt, dass es mir gesundheitlich so schlecht gehe. Dass er an meiner statt anrufen und um Geld bitten müsse. Anna erzählte es mir später, als sie mit mir Kontakt aufnahm, nachdem sie in der Zeitung gelesen hatte, was passiert war.

Ich habe mich damals aber nur bei ihr ausgeweint und nicht danach gefragt, wie viel sie dem Gauner geschickt hat. Auch wie es ihr ging, wollte ich nicht wissen. Ich hatte wieder einmal nur an mich und meine Probleme gedacht. Doch das wurde mir erst schmerzlich bewusst, als Anna anderthalb Jahre später an ihrer schweren Krankheit starb.

Meine
Schatten

Niemand glaubt mir, und ich kann sogar verstehen wieso. Hätte mir jemand so etwas vor 20, 30 Jahren erzählt, ich hätte diese Geschichten abgetan als den verzweifelten Versuch, Aufmerksamkeit zu bekommen. So wie es Kinder aus problematischen Elternhäusern machen, wenn sie Zuwendung brauchen. Heutzutage weiß doch jeder Hobbypsychologe, dass die Kinder in der Klasse, die das größte Maul haben und sich die wildesten Lügengeschichten ausdenken, letztlich eine Umarmung suchen und jemanden, der sich wirklich dafür interessiert, was in ihnen vorgeht. Die meisten Lehrer verstehen das leider nicht.

Es gibt auch Erwachsene, die sich die wildesten Geschichten ausdenken und ständig erzählen, was sie alles durchstehen müssen und welchen Anfeindungen sie ausgesetzt sind. Als wäre die Welt nur damit beschäftigt, ihnen Ärger zu machen. Diese Leute nehmen sich aber nur selbst so wichtig, weil es sonst niemand tut.

Sie tun mir leid, denn sie sind meist sehr einsam, und ich kümmere mich um sie, höre ihnen zu, weil ich selbst nur zu gut weiß, wie es sich anfühlt, wenn man sich jemandem anvertraut und zurückgewiesen wird. Ein offenes Ohr ist manchmal viel mehr wert als jedes Geld der Welt.

Mir fehlt es weder an Geld noch an Aufmerksamkeit. Aber ich habe viele Freunde verloren, weil sie mich für verrückt halten, seit ich ihnen von meinen Problemen erzählt habe.

Und das ist das Schlimmste: Dass ich nun dieses Stigma trage – nicht nur das des Promi-Junkies, sondern jetzt auch das der Verrückten. Manchmal weine ich und kann tagelang nicht mehr aufhören, weil es so wehtut.

Wer mir nicht glauben will, soll mich bitte wenigstens in Ruhe lassen. In den Zeitungen stand für alle Welt lesbar, ich leide unter Wahnvorstellungen. Man darf mir glauben: Es gab sehr viele Tage, an denen ich hoffte, dass das stimmt, dass all das nur in meiner Fantasie geschieht. Dass ein Arzt mir helfen könne oder ein Medikament.

Vielleicht ist es auch so, vielleicht komme ich nur mit meiner Prominenz nicht klar. Ich weiß es nicht. Aber was es auch ist, für mich ist es real – und ich wünsche niemandem, nicht einmal meinem schlimmsten Feind, dass er sich so fühlen muss wie ich. Seit mehr als 25 Jahren leide ich darunter.

Während meiner Haftstrafe in der JVA Plötzensee hatte ich gelernt, festzustellen, ob jemand während meiner Abwesenheit in meiner Zelle war. Die Wärterinnen filzten jeden Tag drei x-beliebige Hütten, an manchen Tagen waren alle dran. Wir nannten unsere Zellen Hütten: „Geh mal auf Hütte", hieß es abends immer, wenn Einschluss war. Die Durchsuchungen fanden natürlich nicht vor den Augen der Knackis statt, sondern tagsüber, wenn wir bei der Arbeit waren. Solche Kontrollen wurden nicht wirklich verheimlicht, wir wussten ja, dass es sie gab. Aber wir sollten nicht sehen, wie und wo sie suchten, damit wir uns darauf nicht einstellen konnten.

Ich habe immer bemerkt, wenn zum Beispiel meine Packung Tabak nicht wieder so verschlossen war, wie ich es tat: Ich habe damals den lästigen Klebestreifen, der sowieso nie hält, meistens abgerissen und das obere Ende in die Packung gesteckt wie bei einem Briefumschlag. Dann faltete ich alles noch einmal und legte die Packung immer mit der dünneren Seite nach unten.

Meine Zahnpastatube quetsche ich bis heute immer nach oben hin komplett durch. Manchmal steckte sie damals aber im Zahnputzbecher und war nicht durchgequetscht. Und auch bei meinen Klamotten fiel mir jede Falte sofort auf, die es vorher nicht gab. Denn schon vor Phillips Geburt hatte ich einen Fimmel für ordentlich gefaltete Klamotten, weil ich einfach noch nie gern gebügelt habe.

Außerdem lagen die Sachen alle offen in einem Regal aus Sperrholz in Buche-Optik, da sah man jede Kleinigkeit. Alles war aus Buche-Optik, auch das Bett und eine Latte, die sie an die Wand gehämmert hatten, damit du deine Poster daranpinnen kannst.

Manchmal haben die Wärter auch Fußabdrücke hinterlassen. Der Boden in der Anstalt war aus schwarzem Gussbeton. Da sah man den Dreck leicht, den man mit Schuhen von draußen hereinbrachte, vor allem, wenn Sonnenstrahlen durch das Fenster fielen.

Im Verheimlichen und Verstecken konnte uns keiner was vormachen, das stellte uns manchmal selbst vor Probleme. Einmal hatte ich Miriam aus Hamburg telefonisch gebeten, mir ein bisschen Hasch zukommen zu lassen. Als dann ein, zwei Wochen später endlich ihr Paket kam, bin ich fast Amok gelaufen, weil ich das Zeug nicht finden konnte. Ich dachte schon, sie hätte es sich nicht getraut, denn immerhin wird in solchen Fällen der Absender belangt.

Aber ich suchte und suchte und packte zusammen mit Liane Mayer jeden Zipfel Papier aus, wir rissen jede Packung bis in die letzte Ecke auseinander. Miriam hatte mir

Toffifee, Kaugummi und Earl-Grey-Tee, eine Stange Marlboro und Slipeinlagen in das Paket gepackt. Erst als wir das letzte Päckchen Marlboro geöffnet und jede Zigarette einzeln herausgenommen und begutachtet hatten, fanden wir endlich mein Hasch: Miriam hatte vier Zigaretten am unteren Ende abgeschnitten und den Tabak durch Haschisch ersetzt, einen Quadratzentimeter groß vielleicht.

Damit wäre ich sonst allenfalls eine Woche ausgekommen. Aber im Knast kannst du das Zeug ja nicht rauchen, wie du lustig bist, also reichte es zwei Monate lang für Liane und mich – so war es dann auch etwas Besonderes, wenn wir das Hasch rauchten, etwas, worauf man sich freuen konnte.

Und es hat einfach auch einen Mordsspaß gemacht, klüger zu sein als die Wärter, einfallsreich zu werden, damit das ja keinem auffiel, dass wir Drogen nahmen. Haschisch ist ein Produkt der Cannabispflanze, die getrockneten Blätter werden Marihuana oder Gras genannt und wie Tabak geraucht, Hasch wird aus dem Harz der Pflanze extrahiert und zu Öl verarbeitet oder zu Blöcken gepresst, man nennt es auch Shit oder Piece.

Man krümelt es sich eigentlich in den Joint rein oder raucht es in einer Bong. Das wäre aber beides im Gefängnis viel zu auffällig gewesen, wir haben das deshalb durch einen Kugelschreiber geraucht. Wir legten ein Stückchen des Piece in die Glut von unseren angezündeten Zigaretten und benutzten einen Kugelschreiber ohne Mine zum Inhalieren.

Unseren Vorrat versteckte ich nicht in meiner Zelle, das wäre sofort aufgeflogen. Ich trug das Zeug aber auch nicht an mir, sondern platzierte es in einem Fensterrahmen. 1986, als ich in Plötzensee einsaß, waren da noch viele Flure gar nicht belegt. Der Knast war gerade erst gebaut worden, aber auch die leeren Teile mussten hin und wieder gesäubert werden.

Alle zwei Wochen schrubbte ich da zusammen mit dem zweiten Hausmädchen, das es inzwischen neben mir gab, die Flure und befreite das unbenutzte Buche-Optik-Zellenmobiliar vom Staub. Die Wärter standen dabei nicht neben uns, sondern schlossen uns in diesen Stationen einfach ein, solange wir putzten. So konnte ich in Ruhe mein Dope dort verstecken.

Wir durften immer ein kleines Radio mitnehmen, das drehte ich auf, und sobald meine Kollegin einmal nicht guckte, öffnete ich ein Fenster, klemmte mein kleines Tütchen Hasch unter eine Gummidichtung und schloss das Fenster wieder.

Ich bin kein gieriger Mensch, Gier kann ich nicht leiden. Aber Sicherheit ist mir wichtig, auch die, dass ich irgendwo etwas Dope gebunkert habe. Dann geht es mir gleich besser. Ich raste zwar nicht gleich aus, wenn ich mal nicht rauchen kann, nicht mal bei Zigaretten. Ich kann gut warten. Aber ich musste wissen, dass es was gibt.

Mal abgesehen von den Verstößen gegen das Betäubungsmittelgesetz habe ich mir in meinem ganzen Leben aber nie groß etwas zu Schulden kommen lassen. Okay, als Kind habe ich mal einen „Mr. Tom" geklaut, einen Erdnussriegel. Ich hatte Hunger, aber das Geld, das ich für die Pfandflaschenrückgabe bekommen hatte, reichte einfach nicht, damit ich mir kaufen konnte, was ich wollte. Es waren etwa zwei Mark, und ich musste die auch noch mit meiner Schwester teilen. Ich konnte mich einfach nicht entscheiden, ob ich mir eine Schrippe oder etwas Süßes kaufen sollte. Also klaute ich den Mr.-Tom-Riegel, bin dabei aber offenbar so eingeschüchtert vor Angst rumgeschlichen, dass man mich bemerkte.

Heute esse ich solche Riegel nicht mehr, weil ich mich dann immer noch so schäme wie damals. Und es ist bis heute noch so, dass man mir einfach ansieht, wenn ich etwas verheimliche oder wenn ich lüge. Meine Angst, erwischt zu werden und Ärger zu bekommen, wird dann einfach so groß, dass ich eine ganz andere Mimik habe und mich ganz anders verhalte und ausdrücke als sonst. Man merkt das immer sofort, wenn ich ein schlechtes Gewissen habe.

Aber ich bin ja auch keine Schwerkriminelle. Ich deale nicht – wozu auch? Ich habe Geld. Warum sollte ich da Drogen verticken? Für den Kick? Nee, in meinem Leben gibt es Aufregung genug! Da brauche ich keine Hehlerei und erst recht keine Politik.

Ich bin keine Terroristin, bin weder Mitglied der Freimaurer noch der Illuminaten. Ich gehöre nicht zu Scientology, ja, ich war nicht einmal bei den Pfadfindern. Ich habe deshalb einfach keine Ahnung, was „die" von mir wollen.

Vielleicht bin ich für die nur irgendwie von Bedeutung, weil ich so viele bedeutende Leute kenne. Ich weiß es nicht. Ich habe noch nicht einmal eine Ahnung, wer die sind. Aber sie wissen alles über mich. Sie kennen meinen Kontostand und wissen von jedem Cent, den ich ausgebe. Das ist mir klar, seitdem ich beobachte, dass sie mir gezielt Sachen aus meiner Wohnung klauen, die ich gerade neu gekauft habe.

Klamotten überwiegend, aber auch CDs und alltägliches Zeug, wie meinen Tabak, meine Feuerzeuge oder Batterien. Kein Essen, das nicht. Aber mit Vorliebe alles Persönliche wie Briefe und Fotoalben.

Auf meine Post haben sie es sowieso abgesehen. Briefe vom Finanzamt zum Beispiel oder Strafvollzugsbescheide – Papiere, die mich in Bedrängnis bringen, wenn ich sie nicht rechtzeitig beantworte. In einem Jahr habe ich fünf Mobiltelefone durchgebracht, weil sie sie alle geknackt haben. Ich weiß nicht, was sie von mir wollen, denn weder verhaften noch entführen sie mich, und sie holen auch keine Erkundigungen bei meinen Freunden oder Bekannten ein. Darum glaubt mir auch niemand. Diese Leute wollen offenbar nur, dass alle denken, ich sei verrückt.

Sie schaffen es auch beinahe, mich in den Wahnsinn zu treiben. Jedes Mal, wenn ich nach Hause komme, sehe ich, dass sie da gewesen sind. Dann steckt der Stecker vom Fernseher wieder drin, obwohl es immer meine letzte Amtshandlung ist, ihn rauszuziehen, ehe ich die Wohnung verlasse. Ich hasse unnötigen Stromverbrauch. Ich ziehe immer sämtliche Stecker aus den Steckdosen, bevor ich gehe.

Aber sie wollen, dass ich sehe, dass sie da waren. Nach ihren Besuchen ist da kein großes Chaos in meinem Appartement, so wie im Film. Nein, sie setzen kleine Zeichen, die nur ich verstehe, weil nur ich sie sehe – so wie damals, als im Gefängnis unsere Hütten gefilzt wurden.

Ob meine Observierung etwas mit meiner Zeit in Plötzensee zu tun hat, weiß ich nicht. Ich vermute eher, beweisen kann ich es aber nicht, dass all das auf meine Mutter zurückzuführen ist.

Anfang der Achtziger versuchte sie, mich entmündigen zu lassen. Das war irgendwann nach einem Rückfall, vor dessen Hintergrund man den Versuch meiner Mutter vielleicht sogar verstehen kann. Ich glaube, sie wollte mir auf ihre Art das Leben retten. Deshalb rief sie die Bullen. Ich denke mal, das will ich auf jeden Fall glauben, dass sie es gut gemeint hat. Sie hat sich immer sehr bemüht, dass ich von den Drogen loskomme. Sie war bei Synanon, Release, bei all diesen Beratungen, die es damals gab, als ich noch ein Teenie war. Und sie hat sich extra Urlaub genommen, damit ich während des Entzugs nicht abhaue.

Später, als das Buch draußen war und so ein Riesenerfolg wurde, dachte meine Mutter, ich sei dämlich genug, mich mit den falschen Leuten zu treffen, das Geld für krumme

Sachen auszugeben oder mir Badewannen voller Heroin zu leisten. Aber das habe ich nie.

Wer kann von sich schon sagen, dass er mehr als 35 Jahre von Buchtantiemen lebt – zumal wir auch noch alles durch drei, also Horst Rieck, Kai Hermann und ich, teilen müssen.

Ich habe heute noch Geld, weil ich mich immer darum gekümmert und es ordentlich angelegt habe, zum Beispiel in renditestarken Lebensversicherungen. Das verdanke ich den Beratern meiner Bankfiliale in Neukölln. Ich meine, wer verkauft schon einem Heroinjunkie eine Lebensversicherung? Sie haben es getan, zweimal sogar. Beide habe ich nachher mit Gewinn ausbezahlt bekommen.

Das meiste Geld ist tatsächlich für meine Familie draufgegangen. Als ich mit 18 endlich meine Bücher und Karten zu den Konten bekam, auf denen das Honorar und die Tantiemen vom Buch eingezahlt worden waren, fehlten schon 100.000 Mark. Einen Teil davon hatte eine Tante dazu genutzt, ihren Mann auszuzahlen, als sie ihn verlassen hat. Das wusste ich. Aber was war mit dem Rest? Nie habe ich erfahren, was mit den 50.000 Mark geschah, die darüber hinaus fehlten. Und als ich aus Griechenland wiederkam, hatte ich nur genauso viel Geld wie vorher. Es fehlten die Zinsen, die ich in den sieben Jahren hätte bekommen müssen.

Diese Leute, die mich bis heute verfolgen, sind mir auch nach Griechenland hinterhergereist. Einer von ihnen war ein Ginger, ein Rothaariger. Ich wusste nicht, dass man die so nennt, aber offenbar ist das ein Schimpfwort, abgeleitet von dem Ginger-Gen, das für die weiße Haut, die roten Haare und die Sommersprossen sorgt.

Von Panagiotis hörte ich das Wort zum ersten Mal. Der Mann war Deutscher. Ein massiger Kerl. Immer verschwitzt. Er trug Birkenstock-Sandalen, hatte rotblonde Beinhaare und ganz dicke Waden in viel zu engen Shorts.

Es war das Jahr, in dem ich mich aller Wahrscheinlichkeit nach mit Hepatitis ansteckte, weil unser Spritzbesteck stumpf geworden war und ein Fremder uns mit seinem ausgeholfen hatte. Das war 1989.

Bevor ich den Ginger das erste Mal sah, waren wir in Berlin gewesen, um Material und Geräte für unseren Tattooladen zu kaufen. Doch am Abend, ehe es mit einem Billigflugticket für 180 Mark über Bukarest zurück nach Kreta gehen sollte, war plötzlich mein Ausweis verschwunden. Die haben mir den geklaut, das wusste ich, denn die wollten ja mit, und irgendwie war ich denen wohl zu schnell, sie hatten noch nicht mit meiner Abreise gerechnet.

Wir haben alles in meiner Wohnung durchsucht, aber der Ausweis blieb verschwunden. Ich habe Panagiotis dann überredet, allein vorzufliegen.

Er war sauer und überzeugt davon, ich zöge eine Show ab, um mir allein noch ein paar Gramm Heroin zu genehmigen. Denn wenn wir zurück sein würden, stand Entzug auf dem Programm. Panagiotis wollte das. Ich denke, wenn er heute noch lebt, dann ist er clean. Er hat sich gehasst dafür, ein Junkie zu sein, dass die Libido eingeht, die Manneskraft nachlässt, alles leidet, plötzlich ist ein junger Mann wie ein Opa. Er wollte kein Junkie sein.

Ich fand meinen Ausweis noch am Tag seiner Abreise. Allerdings nachdem er abgeflogen war, hinten in einer Jeanshosentasche, wo ich ihn nie hinstecke, denn sonst verliere ich ihn ja. Wir hatten auch dreimal in der Hose nachgesehen und nichts gefunden. So kam ich zwei Tage nach Panagiotis auf Kreta an, und wir haben Entzug gemacht. Normalerweise sind wir nach zwei, drei Wochen wieder hochgekommen und haben gefeiert, waren fit.

Aber in dem Jahr kamen wir nicht hoch, uns wurde übel nach dem Trinken, wir hatten eben mit dem Hepatitis-Virus zu kämpfen. Wir wechselten den Ort und sind in ein Dorf sechs Kilometer weiter südlich gefahren. Eines Abends kommt Panagiotis zu mir und sagt: „There is a German couple in the village." Und ich sagte: „So what? I don't want to talk to Germans, that is why I am in Greece." – Ich habe keine Lust, mit Deutschen zu reden. Darum bin ich ja in Griechenland! Gut, ich war auf Turkey, da ist man leicht empfindlich.

Wir sprachen dann auch nicht weiter darüber, bis ich den Ginger selbst das erste Mal am Strand sah. Er trug eine riesige Sonnenbrille und hatte einen Lederhut auf, seine Frau war genauso blass wie er, aber blond. Sie saßen am Strand beim Picknick, und ich habe mir, obwohl es erst Anfang März war, also keine Urlaubssaison für Deutsche, immer noch nichts dabei gedacht.

Als wir wieder fitter waren, zogen wir weiter nach Mirtos und Terza, ebenfalls kleine Örtchen. Und als dort eines Abends der Ginger und sein Weib in einem Restaurant neben uns am Tisch saßen, habe ich gecheckt, dass sie unseretwegen da waren. Sie saßen da und hatten ganz große Ohren, haben sich alles angehört. Angesprochen haben sie uns nicht.

Ich denke, dass diese Überwachung von meiner Mutter initiiert wurde. Sie hatte mich schon einmal bei der Polizei gemeldet, als ich zwischen meiner U-Haft in der GeSa und der Haftstrafe in Plötzensee unerlaubt in Berlin gewesen war. Anna Keel hatte ja dem Gericht versprochen, mich in Zürich in ihre Obhut zu nehmen. Aber ich war zwischendurch einmal unerlaubt in Berlin. Ich war unglücklich in diesen britischen Speedjunkie verliebt und kam nur, um ihn zu sehen.

Meine Mutter war die Einzige, die das wusste, und sie muss mich der Polizei gemeldet haben, denn sonst hätten die Bullen mich doch im Januar nicht aus dem Flugzeug rausgeholt, als ich aus Zürich zurückkam, um in Berlin meine Haftstrafe anzutreten. So etwas machen die doch nicht ohne Grund. So erkläre ich mir das alles. Beweisen kann ich es nicht.

Mir wurde das erste Mal klar, dass etwas nicht stimmt, als meine ganzen Fische tot auf dem Teppichboden meiner Eigentumswohnung in der Reuterstraße lagen. Zuerst fehlten mir immer wieder einzelne Sachen, zum Beispiel alter Schmuck von meiner Oma. Zunächst hatte ich meine Freunde in Verdacht, die ja auch nicht alle wirklich Freunde waren, sondern manche auch nur Bekanntschaften von der Szene. Aber als es zum zweiten Mal passierte, dass alle meine Fische wie drapiert auf dem Boden nebeneinander lagen, wurde ich stutzig. Und dann gab es einen Zwischenfall mit meinem Rottweiler, der mir klarmachte, dass es hier nicht mit rechten Dingen zuging.

Für 2.000 Mark hatte ich mir Bronko gekauft, einen vier Jahre jungen Rottweiler mit Schutzhundprüfung. Anfangs habe ich mich fünf Tage lang nicht getraut, ihn allein in der Wohnung zu lassen, weil ich Angst hatte, er lässt mich nicht wieder rein. Diese Tiere verteidigen ihr Revier, und wenn sie dich nicht kennen, hast du unter Umständen Pech. 1982 hatte ich meine Eigentumswohnung in der Reuterstraße gekauft, es gab drei Zimmer, und eines davon war komplett für Hunde. Die Leute sind durchgedreht, wenn sie zu mir kamen, es gab 15 Hundeleinen, verschiedenes Geschirr und tonnenweise Futter. Ich habe immer gern viele Hunde aus den besetzten Häusern aufgenommen.

Durch meine Schwester Anette hatte ich zu diesen Leuten Kontakt, denn sie lebte in so einem besetzten Haus. Die haben die Hunde dort wild ficken lassen, es gab super viele Welpen zu versorgen, und so habe ich mir von Anettes damaligem Mann und dessen Freunden einen richtigen Zwinger in meine Wohnung bauen lassen.

Als ich eines Tages nach Hause kam, hatte ganz offenbar gerade noch jemand seinen Arsch aus der Tür gekriegt. Man konnte so richtig sehen, dass jemand Stühle gepackt und sich damit gegen Bronko verteidigt hatte. Rottweiler sind riesige, schwere Hunde, offenbar wussten die noch nichts von meinem neuen Tier.

Ich hatte zu dieser Zeit ja auch noch die Donna und den Igor und eben viele fremde Hunde. Aber die waren im Hundezimmer, bis auf Bronko, der saß artig wieder da, wo er Platz gemacht hatte, als ich die Wohnung verließ – nur dass alles um ihn herum komplett verwüstet und durchkämpft war.

Mit der Zeit bekamen meine Nachbarn den ganzen Terror natürlich auch mit und wurden immer kühler im Umgang mit mir. Nach und nach wurde mir klar, dass sie sich bewusst von mir fernhielten. Zur selben Zeit bemerkte ich, dass es andauernd Bohrungen im Haus gab, auch am Wochenende und nachts.

Irgendwann dämmerte mir, dass hier möglicherweise Abhöranlagen und Überwachungskameras installiert wurden. So ausdauernd kann kein Mensch irgendwelche Handwerkerarbeiten machen, da stimmte etwas ganz gewaltig nicht. Zumal auch immer wieder fremde Gestalten durch den Hausflur liefen. Menschen, die einfach kamen und wieder gingen, ohne irgendwo zu klingeln, ohne etwas abzuliefern oder einzuwerfen.

Ich wohnte im dritten Stock, unter mir und über mir gab es zwei Etagen. Ich bekam alles mit, sah alles, diese Leute waren dunkel gekleidet, trugen Anzüge und Aktenkoffer, manche einen Hut. Ich beobachtete sie, und dann verstand ich, dass sie mich beobachteten. Meine Nachbarn mussten all das mitbekommen haben. Darum wollte niemand mehr etwas mit mir zu tun haben. Wer sich mit mir abgab, geriet in den Fokus dieser Leute. So etwas will kein Mensch.

Als das Nachbarschaftsverhältnis völlig zerrüttet war, verkaufte ich meine Wohnung zu einem Spottpreis. Es war mir egal, ich wollte nur so schnell wie möglich da raus. Über Freunde von Freunden war ich irgendwie an die Wohnung in der Pflügerstraße gekommen, in der dieses Hochbett stand. Und für ein paar Jahre hatte ich tatsächlich Ruhe. Ich dachte schon selbst, ich hätte mir in der Reuterstraße etwas vorgemacht.

Doch als Phillip gerade erst vier war, da fingen die wieder an. Vielleicht haben sie Rücksicht genommen auf einen Säugling, vielleicht hatten sie sich so ruhig verhalten, weil Phillip noch ein Baby war. Aber als er in den Kindergarten kam, fingen sie wieder an mit Bohrungen. Wieder dasselbe Muster: Meine Nachbarn, die am Anfang so nett waren, bekamen irgendwann mit, dass etwas nicht stimmt. Sie tuschelten dann nur noch über uns, grüßten aber nicht mehr – bis auf eine Nachbarin: Jule.

Und die geriet dann auch in Schwierigkeiten. Sie hat einen Sohn in Phillips Alter, und die Jungs spielten gern miteinander. An einem Nachmittag bemerkte ich, wie sich jemand an ihrer Wohnungstür zu schaffen machte. Phillip saß gerade an seinen Hausaufgaben, als ich Geräusche gegenüber an der Tür hörte. Durch den Spion sah ich, dass ein dunkel gekleideter Mann am Schloss der Nachbarin rumkurbelte. Ich hatte ihn noch nie bei Jule gesehen, ich kannte den Mann nicht. Als Jule abends nach Hause kam, erzählte ich ihr von dem Vorfall. Sie meinte, das sei schon zweimal so gewesen, dass da etwas mit dem Schloss nicht gestimmt und sie gedacht habe, jemand sei bei ihr gewesen. Sie habe sich das aber so erklärt, dass es wohl ihr Vater gewesen sei, der einen

Schlüssel von ihr hatte. Jule ist einige Monate später leider nach Bayern gezogen.

In Spandau war alles noch schlimmer. Wir haben unseren Kater zweimal vom Boden holen müssen, weil sie ihn da eingesperrt hatten. Wir wohnten im zweiten Stock, von alleine war Mickey da sicher nicht hochgekommen. Phillip war damals noch ein kleiner Junge, sechs, sieben Jahre jung. Und natürlich war er auf meiner Seite. Er ist bis heute einer der wenigen, die zu mir halten. Ich kann gar nicht sagen, wie viel mir das bedeutet. Jedes eigene Kind ist wohl der größte Reichtum der Welt. Aber wenn es dich beschützt und nie verrät, wenn es dich in deinen dunkelsten Stunden nicht aufgibt, gleichzeitig aber auch nicht sich selbst, dann ist dieses Kind ein Wunder.

Für mich ist er das, immer wieder. Tag für Tag, seit er geboren ist. Er sagt mir niemals, ich sei verrückt, ich bildete mir das alles nur ein.

Einmal saß er auf dem Boden in der Spandauer Wohnung und spielte mit seinen Legosteinen. Plötzlich legte er das rechte Ohr auf den Boden, dann sagte er: „Mama, die sind gerade da unten." Ich fragte erschrocken: „Was?" „Psst. Sei leise", ermahnte er mich. „Dienstag! Um drei Uhr am Dienstag, da planen die irgendwas." Und tatsächlich war gegen vier Uhr morgens am Dienstag unter uns lautes Gepolter zu hören.

Vielleicht war und ist all das für Phillip nur ein großes Abenteuer. Aber selbst wenn er es spielerisch nehmen kann, dann finde ich das nur noch besser. Das ist eine große Stärke. Alles ist mir recht, nur nicht, dass er mich für bescheuert hält. Das könnte ich nicht ertragen.

Inzwischen vermute ich, dass sie nachts Wachablösungen durchziehen. Auch jetzt in Teltow bekomme ich mit, dass um sechs Uhr morgens plötzlich jemand ins Haus kommt und in die Wohnung über mir geht, ein paar Minuten später kommt jemand anderes raus.

Wer die sind? Keine Ahnung, sie machen sich nicht einmal die Mühe, mir vorzuspielen, ganz normale Nachbarn zu sein. Wenn ich mal dort klingele, weil ich wieder Getrampel und laute Stimmen höre, dann machen sie nicht auf. Als seien sie nicht da, lassen sie mich vor der Tür stehen, dabei höre ich sie ganz genau.

Ich würde wirklich lieber im Knast leben. Im Knast kannst du dich wenigstens selbst befriedigen, ohne dass du beobachtet wirst. Da gibt es auch keine Kameras neben der Toilette. Als ich kürzlich wieder mit 4,8 Gramm Hasch und 2,16 Gramm Heroingemisch am Kottbusser Tor erwischt und vom Amtsgericht Tiergarten zu einer Geldstrafe von 20 Tagessätzen à 70 Euro verurteilt wurde, wollte ich die Strafe absitzen.

Aber das geht gar nicht! Wenn du zahlen kannst, musst du zahlen, die wollen natürlich lieber, dass du Geld bringst, als dass du welches kostest, da lassen sie dir keine Wahl.

Darum bin ich zwischenzeitlich illegal zu einem Bekannten in ein Neuköllner Obdachlosenheim gezogen. Illegal deshalb, weil sie mich dort gar nicht übernachten lassen würden, wenn sie wüssten, wer ich bin, und wenn sie wüssten, dass ich in Teltow eine leer stehende Wohnung habe. Das ist eine Einrichtung der GeBeWo, also eine soziale Einrichtung. Die wollen nicht als Hotel missbraucht werden, sondern dürfen nur denen helfen, die wirklich Hilfe brauchen. Ich brauche Hilfe. Aber mir glaubt ja keiner – bis auf so gute Freunde wie Felix, der mich bei sich dort aufgenommen hat.

Er glaubt mir. Aber was soll er schon ausrichten? Felix war zwar ein richtig harter Kerl, ein Dealer, der mehrere Banküberfälle begangen hat. Wegen Körperverletzung mit

Todesfolge und schwerem Diebstahl saß er auch schon im Knast – an Tisch Nummer eins, versteht sich. Aber inzwischen ist er 60 und hat den Körper eines 90-Jährigen. Das kommt vom Fixen. Felix ist jetzt ins Methadonprogramm gegangen, nach 40 Jahren Heroin. Wir schliefen zusammen in einem Bett. Er ist nur ein guter Freund, aber eben einer, der mit mir teilt, was er hat.

Das ist nicht viel, aber doch so viel mehr als bei den meisten, die von mir nur nehmen und verlangen. Wenn er nachts so dalag, nur in seinen Boxershorts, und wenn ich dann seine schlimmen Beine sah, die voll sind mit schweren, tiefen Narben von den Abszessen, die du als Fixer bekommst, und dann seine volltätowierten Oberarme, dann konnte ich mir gut vorstellen, dass der sich im wahrsten Sinne des Wortes durch das Leben geboxt hat.

Fuß an Kopf lagen wir jede Nacht auf 90 mal 200 Zentimetern. Die Matratze ist alt und an manchen Stellen verschimmelt.

Es schimmelt und stinkt leider überall in diesem Heim, ich habe mir Hausschuhe mitgebracht, weil ich mich nicht traue, barfuß über den PVC-Boden dort zu laufen. Was soll ich sagen? Ich habe nichts gegen die Menschen, aber ich ekele mich vor diesem Heim und kann einfach nicht verstehen, wie die so leben können.

Sie verschütten ihr Bier und urinieren in die Ecke, weil sie zu betrunken oder zu high sind, es noch in ihr Zimmer oder auf eine der Toiletten im Flur zu schaffen. Sie können nichts dafür, sie sind krank. Aber ein menschenwürdiges Leben ist das nicht. Hunde laufen frei durch das Haus und springen mit dreckigen Pfoten auf meine Bettwäsche, weil ihre Herrchen sie nicht halten. Manche Bewohner haben so große Wunden vom Stochern mit der Nadel, dass ständig Wundwasser aus ihnen herausläuft.

Am ersten Tag dort habe ich erst einmal mit Gummihand-
schuhen und einem Liter Klorix wirklich jede Ecke in dem
Vierbettzimmer von Felix geschrubbt. Ich konnte nicht anders, es war spießig, ich weiß. Aber sonst hätte ich es nicht
ausgehalten.

Dreimal musste ich den Boden putzen, und jedes Mal waren die Lappen pechschwarz, man konnte sie nur noch weg-
werfen. Ich war wirklich heilfroh, dass es im Bad einen Abfluss im Boden gab, so konnte ich alles dareinschieben und
musste es nicht mit der Hand aufnehmen.

Aber auch das hätte ich lieber getan, als zurück nach Teltow zu gehen.

Lieber schlafe ich im Regen draußen oder stehe nachts
am Bahnhof oder gehe zur Mission als wieder nach Hause.
Auch weil ich dort so allein bin. Ich habe Angst vor dem Al-
leinsein.

Manchmal fahre ich mit Felix zusammen raus nach Teltow, um Wäsche zu waschen. Er ist ein sehr gutmütiger
Mensch, er würde niemals Geld von mir annehmen, geschweige denn einfordern. Er ist anders als die meisten.

Dafür lasse ich ihn nicht nur bei mir sein Zeugs waschen, sondern ab und zu auch im sauberen Bett übernachten. Selbst wenn ich neben ihm kaum schlafen kann, weil er
die ganze Nacht stöhnt. Er hat irgendein Trauma, darüber
spricht er aber nicht, und ich habe mich bislang auch noch
nicht getraut zu fragen.

Er wälzt sich jede Nacht von links nachts rechts, darum
schlafe ich auch auf der Bettseite zur Wand hin, er würde
mich sonst rauswerfen. Etwas nimmt ihn sehr mit, irgendwas Hartes verarbeitet er. Er tut mir leid.

In seinem Heim gibt es vier Stockwerke mit jeweils acht
Zimmern. Links neben dem Eingang ist eine kleine Küchenzeile mit zwei Platten und einem ganz schlimm verschim-

melten PVC-Boden, altem Linoleum mit Brandflecken und dicken, zertretenen Kaugummis.

Männer und Frauen leben dort gemischt, die meisten beziehen Hartz IV, sind aber schon am Zehnten jedes Monats vollkommen pleite. Dann geht das große Schnorren los. Aber ich will gar nicht über sie herziehen, viele sind sehr nett. Es ist nur so, dass ich niemals leben könnte wie sie.

Dafür, dass ich dort leben durfte, kochte ich jeden Tag. Einfache Speisen nur, wie Kartoffeln mit Butter, Nudeln mit Tomatensoße. Oder ich brachte einfach einen riesigen Grill-Teller vom Imbiss mit.

Man glaubt gar nicht, wie schnell das weggefuttert ist. Leider haben die meisten insgesamt kein Gefühl für ein gesundes Maß. Das liegt einfach daran, dass sie Normen nie kennengelernt haben. Die meisten von ihnen hatten immer auf irgendeine Art zu viel oder zu wenig von allem: zu wenig Aufmerksamkeit der Mutter, zu viel körperliche Zuneigung des neuen Freundes der Mutter; zu wenig Schutz vor den Problemen der Eltern, zu viel innere Leere; zu viele schlechte Vorbilder, zu wenig Chancen, es besser zu machen; zu wenig Geld, um in einem Verein mit den anderen Kindern zu spielen, oder zu viel Geld, aus dessen Umklammerung man sich nur durch Rebellion befreien konnte.

Zum Beispiel Bernd. Er ist ein guter Freund seit 20 Jahren. Ein kleiner, dürrer Kerl, unscheinbar, aber immer mit den schönsten Frauen an seiner Seite. Warum? Weil er schlau ist und charmant, weil er den Knigge kennt, so wurde er erzogen. Und weil er innen super weich ist wie ein Weib. Ein echter Romantiker, insgesamt eine Mischung, die viele Frauen eben gut finden, auch wenn er ein Fixer ist.

Kürzlich habe ich ihn dabei erwischt, wie er seine Spritze über dem Geschirr bei Felix ausgespült hat. Aber das will ich einfach nicht. Das ist unhygienisch, wir sind doch keine

Kinder mehr. Blut ist Blut und unter Umständen infektiös. Selbst wenn es blau ist.

Bernd ist nämlich adlig, aber das erzählt er fast keinem, weil er damit schlechte Erinnerungen verbindet. Er wurde mit einem goldenen Löffel im Mund geboren, doch er zog den Kochlöffel mit dem H vor, weil er sich unmündig und unfrei und ungeliebt fühlte. Wir haben alle verstanden, was er meinte, als einmal Verwandte aus Cambridge nach Berlin gereist kamen und alle Obdachlosenheime abklapperten, um ihn zu finden.

Zunächst dachten wir, sie wollten ihm helfen. Doch dann erzählten sie, dass er eine Schande für die Familie sei, ein Übel, um das man sich kümmern müsse. Er ist vor ihnen abgehauen, und wir haben ihm geholfen, sich zu verstecken. Ein paar Tage hat er bei mir in Teltow gelebt.

Jetzt lebt er auf der Straße oder wie ich bei Felix. Dabei hat er ein Studium als Kommunikationswissenschaftler abgeschlossen und jahrelang bei einer großen deutschen Firma gearbeitet – aber irgendwann interessierte ihn nur noch der Stoff.

Ich mache mir wirklich große Sorgen um ihn, denn er geht gar nicht mehr duschen, und während ich alles sauber mache, dreckt er alles ein. Seine Zigarettenstummel stecken überall, in den leeren Blumentöpfen, in denen die Erde schon schimmelt, in aufgebrochenen Konservendosen, in denen einmal Heringsfilet oder Fertiglasagne oder Hühnchencurry war. Alles steht offen da überall rum, höchstens wird einmal Wasser darübergekippt, wenn der Glimmstängel noch raucht.

Bernd ist es egal. Ich liebe ihn trotzdem. Ich bewerte Menschen nicht aufgrund ihrer Lebensumstände. Für mich ist das alles normal, Dekadenz genauso wie Dreck. Ich verurteile so schnell niemanden.

Und ich wünsche mir mehr als alles andere, dass man das mit mir auch nicht tut.

Ich weiß, dass es nicht normal war, dass ich lieber dort lebte als daheim. Ich weiß, dass wenig von dem, was ich erlebe, für normale Menschen normal ist. Ich wünsche mir selbst oft, es wäre anders. Aber wer leidet schon darunter außer mir?

Fast 13 Kilogramm wiegt der Rucksack, den ich seit Jahren täglich bei mir trage. Da ist alles drin, was ich mitnehmen muss, weil es sonst weg wäre, wenn ich wieder nach Hause komme. Unter anderem habe ich darin auch einen Schlagstock. Irgendwie muss ich mich ja wehren im Notfall.

„WIR ALTEN VOM BAHNHOF ZOO"

30 Codein-Compretten je 60 Milligramm, 20 Tabletten der synthetischen Droge Mandrax, zehn Stück Diazepam Stada je 10 Milligramm und zehn Valium – diese Menge verschiedener beruhigender Medikamente würde ausreichen, um eine gesamte Schulklasse zu sedieren. Für Christiane Felscherinow entsprach das, als sie Anfang 20 war, einer ganz gewöhnlichen Tagesdosis. Einen opiatunerfahrenen Menschen würde die Einnahme nur eines Bruchteils davon sofort umbringen.

Anders als bei anderen Rauschmitteln kann die Opiattoleranz des menschlichen Körpers innerhalb von vier bis fünf Wochen um das Fünfzigfache wachsen. Bei Alkohol zum Beispiel ist die Steigerungsrate viel geringer, sie liegt bei nur etwa dem Dreifachen der Ausgangsmenge.

Ein anschauliches Beispiel dafür, wie stark Beruhigungsmittel bei Menschen wirken, die nie zuvor Erfahrung damit gemacht haben, zeigt die US-amerikanische Filmkomödie „Hangover". Der tollpatschige Alan gesteht darin den anderen Mitstreitern eines Junggesellenabschiedes in Las Vegas, dass er sie mit Ecstasy heimlich hatte aufputschen wollen, doch ihnen stattdessen versehentlich „Roofies" in die Drinks gemischt habe – K.-o.-Tropfen. Damit beginnt eine Nacht im völligen Delirium, mit unkontrollierten Handlungen und einem Chaos, an das sich anderntags niemand mehr erinnert.

„Roofie" ist der amerikanische Name für Rohypnol, ein Wirkstoff, der zur Gruppe der Benzodiazepine gehört und als Schlafmittel verschrieben oder auch vor chirurgischen Eingriffen und gelegentlich auch zur kurzfristigen Sedierung von Patienten verwendet wird. Für viele Substituierte gehören

die Benzodiazepine neben Alkohol und Cannabis zu den am meisten konsumierten Beigebrauchsmitteln.

Der Beigebrauch jeglicher Drogen beeinflusst die Wirkung der Substitutionsmittel jedoch und kann sich unter Umständen sogar tödlich auswirken. In vielen Fällen würde allein die Methadondosis völlig ausreichen, um Nicht-Opiatabhängige zu töten. Eine 56 Kilogramm schwere Frau etwa würde die Einnahme von 5 Millilitern beziehungsweise 50 Milligramm Methadon kaum überleben, die Dosis von Substituierten liegt bei bis zu 20 Millilitern, also 200 Milligramm, am Tag.

Seit 1991 kommt Methadon in Deutschland offiziell bei der Substitution Langzeitopiatabhängiger zum Einsatz. Es ist chemisch-strukturell anders aufgebaut als Morphin und Heroin – und es kickt nicht bei oraler Einnahme. Die Wirkung von Methadon entfaltet sich nur langsam, daher bleibt dieses plötzliche, umfassende Wohlbefinden des Körpers und der Psyche aus, das letztlich in die Sucht führt. Methadon ist im Grunde also nicht mehr als die Verhinderung von Entzugssymptomen, es soll dabei helfen, den Kreislauf aus unkontrollierbarem Verlangen, Beschaffungskriminalität, Arbeitslosigkeit und sozialer Verwahrlosung zu durchbrechen. Das Medikament an sich ist aber furchtbar langweilig. Es ist kein Genuss, im Gegenteil.

Müdigkeit, Übelkeit oder sexuelle Störungen sind nur ein paar der Nebenwirkungen, mit denen die Patienten vor allem in den ersten Behandlungsmonaten zu kämpfen haben. Das starke Schwitzen hört bei etwa 30 Prozent der Patienten, solange die Einnahme fortdauert, nicht auf.

Je nach Verträglichkeit werden bei einigen Patienten darum auch ähnlich wirkende Mittel wie Polamidon (in rund 30 Prozent der Fälle) und Buprenorphin (22 Prozent) verabreicht.

2012 waren mehr als 77.000 Männer und Frauen in Deutschland in einem Heroin-Substitutionsprogramm. Das einzige

Kriterium, das sie erfüllen müssen, um behandelt zu werden, ist nur noch die Drogenabhängigkeit. Früher musste man zum Beispiel eine schwere Krankheit haben oder schwanger sein, die Therapie war auf Menschen reduziert, die schon sehr lange und sehr schwer abhängig sind und denen akute Gefahr für Leib und Leben drohte.

Die Abgabe von Ersatzdrogen war anfangs sehr umstritten. Manche meinten, der Staat mache sich zum Dealer, andere vertraten die Ansicht, dass Substitution die Sucht nur verlängere. Inzwischen gilt das Gegenteil beider Behauptungen: Es ist weitgehend akzeptiert, dass manche Abhängige nur mit Dauersubstitution ein geregeltes und nicht kriminelles Leben führen können. Gleichzeitig hat sich die Methadongabe als eine der wirksamsten Therapien für opiatabhängige Menschen erwiesen.

Der Erfolg der Substitution, das heißt eine nachhaltige Stabilisierung der Patienten, ist internationalen Studien zufolge aber nicht allein auf das Medikament zurückzuführen, sondern vor allem auch der Tatsache geschuldet, dass es in strukturierten Programmen verabreicht wird. Dadurch, dass die Patienten einmal täglich zu bestimmten Uhrzeiten eine Praxis aufsuchen und das Substitutionsmittel unter Aufsicht des Arztes einnehmen müssen, entwickeln sie eine Alltagsstruktur, die viele aufgrund mangelnder sozialer Einbindung lange nicht mehr kannten. Eine Untersuchung der Cochrane Association, eines Zusammenschlusses von mehr als 28.000 Forschern und anderen Engagierten aus mehr als 100 Ländern weltweit, belegte im Jahr 2003, dass betreute Methadonpatienten deutlich weniger Heroin konsumieren und infolgedessen auch seltener straffällig werden.

Die Betreuungsarbeit obliegt dabei nicht nur Ärzten und Pflegepersonal, sondern auch den Psychosozialen Betreuern (PSB). Regelmäßige Gespräche mit Psychosozialen

Betreuern sind integraler und verbindlicher Bestandteil der Substitutionsbehandlung in Deutschland; es handelt sich dabei nicht um Psychotherapie, sondern um Prävention, Hilfe im Alltag und zur Selbsthilfe. Die Ausbildung der Betreuer ist sehr unterschiedlich, mal handelt es sich um Sozial-, mal um Sonderpädagogen, in seltenen Fällen um Psychologen. Regelmäßige Treffen mit einer oder einem PSB sind für Substitutionspatienten Pflicht. Ohne Gesprächsnachweise bekommen sie keine Substitutionstherapie.

So sieht es das Gesetz im Moment zumindest vor – nur fehlen bundesweit die Betreuer, und die „Evidenz" eines Zusatznutzens der PSB konnte bisher nicht erbracht werden.

Das Nadelöhr in der Substitutionspraxis sind eindeutig die Ärzte. Obwohl 2012 in Deutschland fast 8.000 Mediziner über eine suchttherapeutische Qualifikation verfügten, führten nur 2.710 von ihnen Substitutionsbehandlungen durch. Der Grund hierfür liegt nach Meinung der Ärzte vor allem darin, dass sich die hohen Anforderungen der Substitutionsbehandlung – der zeitliche Aufwand, die vielen labortechnischen Untersuchungen und das zusätzlich benötigte Personal – mit dem dafür bereitgestellten Budget der Kassenärztlichen Vereinigungen nicht umsetzen lassen, sodass sowohl das Patientenwohl als auch der Verdienst des Arztes hinreichend gesichert wären. Neben der regelmäßigen Kontrolle des Beigebrauchs sind auch der Verlauf lebensbedrohlicher Krankheiten wie etwa HIV, Aids und Hepatitis C zu behandeln.

Außerdem hat der Arzt die Pflicht, bei Einnahme des Substitutionsmittels im Raum mit dem Patienten anwesend zu sein, da nur er über die Erlaubnis zur Vergabe von Betäubungsmitteln zu Substitutionszwecken verfügt, nicht aber seine Schwestern und Pfleger.

Viele Substitutionsärzte haben ihre Praxen im städtischen Raum, wo es aber auch überproportional viele Abhängige gibt. 2010 behandelten 14 Prozent der substituierenden Ärzte bundesweit die Hälfte aller Substitutionspatienten. Durchschnittlich kümmerten sich also 380 Ärzte um 38.700 Patienten, das macht rund 102 Substituierte je Arzt.

Den wichtigsten Grund dafür, dass viele Mediziner sich nicht auf die Substitutionsbehandlung einlassen, sehen Experten jedoch im „Dealer-Paragrafen". Es geht dabei um den fünften Paragrafen der Betäubungsmittel-Verschreibungsverordnung (BtMVV). Neben den Richtlinien der Bundesärztekammer zur „Durchführung der substitutionsgestützten Behandlung Opiatabhängiger" und den Richtlinien des Gemeinsamen Bundesausschusses regelt die BtMVV die Versorgung mit den Ersatzdrogen in der Bundesrepublik.

Paragraf 5 BtMVV klärt die rechtlichen Vorausetzungen des Verschreibens, der Abgabe und des Verbleibs von Betäubungsmitteln zur Substitution. Das Gesetz sei aber mit der Praxis kaum vereinbar, klagen Ärzte, denn immer wieder gibt es Mediziner, die sich im Rahmen ihrer Substitutionsbehandlung strafbar machen – meistens in ländlichen Gebieten. Warum, das zeigt ein Beispiel aus Bayern.

Bis Januar 2013 gab es in den elf Landkreisen Niederbayerns genügend Substitutionsärzte, um flächendeckend eine gute suchtmedizinische Betreuung zu gewährleisten. Das hat sich binnen weniger Wochen geändert, nachdem eine unter Kollegen angesehene Ärztin beschuldigt wurde, gegen das Betäubungsmittelgesetz verstoßen zu haben. Das Problem war, dass sie, wie viele andere Ärzte auf dem Land, nicht nur Substitution durchführt, sondern auch als Allgemeinmedizinerin tätig ist. Aus diesem Grund hatte sie die Methadonvergabe auf die Vormittage, bis 12 Uhr, beschränkt. Da ein regulär arbeitender Substitutionspatient also seine Arbeit vernachlässigen müsste, um während dieses Zeitraums in die Praxis zu kommen, verschrieb die Ärztin einem berufstätigen Mann sein Methadon auf Rezept zur Einnahme zu Hause.

Eine Take-home-Vergabe ist aber, anders als in vielen europäischen Ländern, in Deutschland an eine Vielzahl strenger Bedingungen und Auflagen geknüpft. Der Heroin-ersatzstoff darf in jedem Fall nur für einen Zeitraum von maximal sieben Tagen am Stück verschrieben werden, bei Auslandsreisen für bis zu 30 Tage.

Die Ärztin aus Niederbayern glaubte, dass die Arbeitszeit des Patienten ein triftiger Grund sei, Methadon über einen längeren Zeitraum zu verschreiben. Doch das sah jemand anders. Die Ärztin wurde angezeigt und erhielt einen Straf-befehl über 180 Tagessätze – den nahm sie an.

Was sie nicht wusste: In Deutschland gilt man ab einem Strafbefehl von 90 Tagessätzen als vorbestraft. Der Mutter zweier Kinder wurde wegen des Verstoßes gegen das Be-täubungsmittelgesetz die Approbation entzogen.

Als ihr Fall bekannt wurde, stellten mehrere Ärzte im Land-kreis ihre Arbeit in der Substitutionsbehandlung ein, um sich vor einem ähnlichen Schicksal zu schützen. Leidtragende sind die Patienten, von denen viele dank der Substitution einem geregelten Berufsleben nachgehen.

Mehrere internationale Studien belegen, dass eine liberale Take-home-Vergabe weder den Suchtverlauf noch Patientenleben gefährdet. Doch in kaum einem medizinischen Bereich dauere es so lange, bis wissen-schaftliche Ergebnisse in die therapeutische Praxis einfließen, wie in der Drogen- und Suchtarbeit, klagen Experten. Den Grund hierfür sehen sie in der Gesellschaft, die Rausch zwar weitgehend akzeptiere, Süchtige aber ver-achte. Eine weitere Liberalisierung der Take-Home-Vergabe auf etwa mehr als sieben Tage sei politisch nicht durchsetz-bar.

Jahrelange wissenschaftliche und praktische Arbeit der Drogensuchtmedizin und der Drogenhilfe bestätigt die Erkenntnis, dass vor allem die Würde der betroffenen Person im Vordergrund stehen muss. Das hat unter anderen eine Studie ergeben, die 2010 im Auftrag des Bundesministeriums für Gesundheit vom Institut für Suchtforschung der Fachhochschule Frankfurt am Main durchgeführt wurde.

Suchtarbeit ist Beziehungsarbeit für alle beteiligten Personen. Nur wer das Vertrauen der langzeitabhängigen Patienten gewinnt, kann auch positiven Einfluss auf deren Krankheitsverlauf nehmen.

Betroffene Interviewte beschreiben im Rahmen dieser Studie, dass sie das Gefühl haben, an vielen Orten nicht erwünscht zu sein. Einige berichten davon, dass Menschen, bei denen sie zu Besuch sind, aus Angst davor, bestohlen zu werden, alles abschließen, selbst Familienangehörige. „Naja, ich mach' halt auch Dinge, die macht nicht jeder Mensch. Ja! Und dann guckt mich halt jeder so merkwürdig an", erzählte eine befragte Drogensüchtige.

Ausgrenzung und Diskriminierung erleben viele Suchtkranke nicht nur in der Normalbevölkerung, sondern auch im Drogenmilieu – vor allem jene, die HIV-positiv oder schon an AIDS erkrankt sind und das nicht verheimlichen.

Aus Scham oder Angst vor Problemen meiden viele Opiatabhängige auch den Kontakt zu ihren eigenen Familien. Von den 50 Drogenabhängigen, die von den Frankfurter Forschern befragt wurden, hatten 30 Personen gar keinen Kontakt mehr zu Verwandten. Die meisten nannten ihre Drogenabhängigkeit als Grund für den Beziehungsabbruch und berichteten von Erfahrungen mit Stigmatisierung durch die Eltern und andere Familienangehörige, die ihnen ständig Vorwürfe machten und sich lauthals schämten, „solche Geschwister" oder „solche Söhne" oder „solche Töchter" zu haben.

Aus Perspektive der Süchtigen ist es daher besser, der Familie fernzubleiben. Das gilt für einen kleineren, aber ebenfalls beträchtlichen Teil der Interviewten sogar mit Blick auf die eigenen Kinder. 38 der Befragten sind selbst Eltern. Elf davon haben keinen Kontakt mehr zu ihren Kindern, die anderen 27 pflegen einen halbwegs regelmäßigen Kontakt – wenn auch zum Teil nur per Telefon, was daran liegt, dass sie sich selbst als Mütter oder Väter für schlechte Vorbilder halten und deshalb das persönliche Treffen meiden.

Die Mehrzahl der Befragten hat auch keinen festen Partner. Einsamkeit gehört für die meisten zum Alltag dazu, sie haben sich damit abgefunden und sehen auch nicht wirklich Chancen, dass sich daran etwas ändert, solange die Drogensucht ihr Leben prägt.

Die Forscher gingen auch der bis heute weitgehend vernachlässigten Frage nach: „Wie soll man in Zukunft ältere Drogenabhängige mit gesundheitlichen Beschwerden oder Pflegebedarf versorgen?" Denn dank zahlreicher politischer, sozialer und suchttherapeutischer Projekte werden viele Opiatabhängige ein Alter erreichen, in dem sie auf Pflege angewiesen sind. Das Durchschnittsalter der befragten Langzeitopiatabhängigen der Frankfurter Studie lag bei 52,7 Jahren. Der körperliche Zustand von Opiatabhängigen entspricht in dem Alter oft bereits dem eines 60- bis 70-Jährigen.

Das Problem: Kaum ein Pflegedienst und kaum ein Altenheim in Deutschland ist auf die Lebensweisen und die Bedürfnisse alternder Junkies vorbereitet. Die Möglichkeit, diese mit „normalen" alten Menschen gemeinsam zu versorgen, schließen Experten deshalb eher aus. Die Lebenswirklichkeit von nicht opiatabhängigen und suchtkranken Menschen ist in vielen Punkten so unterschiedlich, dass ein Zusammenleben kaum denkbar sei. Das beginnt mit dem Lebensrhythmus, viele Drogenabhängige schlafen am Tag und sind wach in der

Nacht, geht über die Lebenserfahrung und Interessen bis hin zu den alltäglichen Grundbedürfnissen.

Aus Sicht der Drogenkonsumenten erschweren Vorurteile der „Normalen" auch das Leben miteinander, zu denen die Angst vor Ansteckung mit Hepatitis oder HIV gehört.

Die aktuelle Wohnsituation der älteren Drogenkonsumenten ist im Durchschnitt etwas besser als die der jüngeren: Die überwiegende Mehrheit hat einen festen Wohnort. Finanziell betrachtet geht es den älteren allerdings schlechter als den jüngeren. Viele von ihnen haben dennoch die Hoffnung auf eine bessere Zukunft nicht aufgegeben und streben „Veränderungen an". Bei vielen stehen hierbei persönliche Beziehungen im Vordergrund, andere würden sehr gern wieder Geld verdienen. Doch die wenigsten sind in der Lage dazu: Verschiedenen Studien zufolge leiden etwa zwei Drittel aller Langzeitopiatabhängigen neben ihrer Abhängigkeit auch an psychiatrischen Störungen. Dazu gehören Depressionen, Ängste oder Panikattacken und Wahnvorstellungen. Ein großer Teil hat mehrere Störungen zugleich. HIV, AIDS und psychische Erkrankungen können genauso als Stigma wirken wie die Abhängigkeit selbst.

Die Aussagen der Befragten lassen zum einen auf einen hohen Pflege- und Betreuungsbedarf schließen und zeigen zum anderen, dass ihre Versorgung im Krankheitsfall vielfach nicht gewährleistet ist. Mehr als die Hälfte der 50 Befragten ist bei Krankheit auf die Unterstützung durch professionelle Dienste – Pflegedienst, Haushaltshilfen, Suchthilfe – angewiesen.

Die Drogenhilfe soll primär der Abhängigkeit vorbeugen und sie überwinden helfen. Finanziert wird das überwiegend von freien, gemeinnützigen Trägern, die wiederum Mitglieder in den Spitzenverbänden der Freien Wohlfahrtspflege sind. Geht es um ambulante medizinische Dienstleistungen für

Drogenabhängige, übernehmen die Krankenkassen die Kosten, stationäre Behandlungen werden von den deutschen Rentenversicherungen finanziert. Die Finanzierung für Prävention, Beratung, Schadensminderung, Behandlung und Rehabilitation für Menschen mit Suchtproblemen ist aber je nach Bundesland verschieden.

Die Gesellschaft soll laut Sozialgesetzbuch dazu beitragen, „Schwierigkeiten, die durch das Alter entstehen, zu verhüten, zu überwinden oder zu mildern". Alten Menschen soll überdies auch die Teilhabe am Leben in der Gesellschaft sowie soziales Engagement ermöglicht werden. Das Sozialgesetzbuch regelt auch das „persönliche Budget", das Menschen mit Behinderung oder von Behinderung bedrohten Menschen rechtlich zusteht. Hierbei geht es vor allem um betreutes Wohnen, aber auch um Leistungen der Pflegeversicherung und der Krankenkassen sowie Hilfen im Arbeitsleben.

Langzeitdrogenabhängige gelten in der Bundesrepublik als seelisch behinderte Menschen.

Bis zum Jahr 2020 könnte die Zahl der pflegebedürftigen Männer und Frauen in Deutschland auf bis zu 2,9 Millionen steigen, prognostizieren Demografen. Wenn alles so bleibt wie bislang, dann befindet sich rund ein Drittel dieser Menschen in der pflegerischen Obhut eines Verwandten – eine Option, die die meisten Opiatabhängigen aufgrund ihrer Einsamkeit nicht haben.

Aber die bestehenden Einrichtungen sind bislang nicht auf sie vorbereitet. Von den rund 11.000 voll- und teilstationären Heimen in Deutschland sind nur zwei Prozent auf behinderte Menschen ausgerichtet und nur weitere drei Prozent auf die Versorgung von psychisch erkrankten Menschen.

Unter den aktuellen Bedingungen macht die Zukunft älteren Drogenabhängigen in Deutschland Angst. Wenn sie einmal pflegebedürftig werden sollten, sagen viele von ihnen, dann wollen sie sich lieber eine Überdosis Heroin spritzen oder auf eine andere Art und Weise Selbstmord begehen, als einsam an ein Bett gefesselt zu sein oder in einem Altersheim zu leben, in dem sie Stigmatisierung und Diskriminierung erleiden.

Praktische Beispiele belegen, dass die Aufnahme von Drogenabhängigen verschiedener Altersgruppen mit schweren chronischen Erkrankungen in Altenpflegeheime möglich und sinnvoll sein kann, wenn die Versorgungs- und Behandlungskonzepte an deren Bedarf angepasst sind. Ein gutes Beispiel liefert das „House of Life" in Berlin, in dem seit 2006 junge Erwachsene leben, die sonst in Altenpflegeeinrichtungen untergebracht werden müssten. Die Bewohner sind unter anderem an AIDS, Parkinson oder Multipler Sklerose erkrankt, haben ein Schädel-Hirntrauma erlitten oder neurologische und psychische Mehrfachdiagnosen. Das überwiegend junge Personal wird fortlaufend geschult. „Uns ist wichtig, dass die Individualität der Bewohner respektiert und gefördert wird. Dazu gehören die persönliche Geschichte, der kulturelle Hintergrund, die gesundheitlichen Einschränkungen und die sexuelle Identität", heißt es auf der Homepage des „House of Life".

Als akzeptierenden drogenpolitischen Ansatz bezeichnet man den „Frankfurter Weg". Das Hilfenetz für Menschen mit Drogenproblemen konzentriert sich auf Schadensreduzierung und Stärkung der Überlebenschancen. Der Schwerpunkt der Angebote liegt vor allem im niedrigschwelligen Hilfenetzwerk: Essen, Trinken, Bekleidung und Hygiene sollen gewährleistet, ausreichend sauberes Spritzbesteck zur Verfügung gestellt werden, um die Verbreitung von Infektionskrankheiten zu unterbinden.

Verschiedene Initiativen in Deutschland versuchen, die gesundheitlichen Risiken durch Beratung in akuten Konsumsituationen zu minimieren. Das Verfahren des „Drug Checking", also die Untersuchung illegaler Substanzen auf ihre Inhaltsstoffe und Streckbeimengen, soll als „Qualitätskontrolle" vor Not- und Todesfällen schützen.

Hierbei bieten Suchtexperten in Diskotheken sowie auf Events und Partys die chemische Analyse an, um potenzielle Konsumenten vor besonders gesundheitsschädlichen Präparaten warnen zu können. Sie postieren sich zum Beispiel an den Toiletten und wollen im akzeptanzorientierten Sinne dem Konsumenten, der gerade im Begriff ist, die Droge einzunehmen, sachliche Informationen über die Substanzen bieten, damit er auf dieser Basis überdenken kann, ob er sich auf deren Konsum einlassen möchte oder aber darauf verzichtet.

In Österreich, der Schweiz und den Niederlanden zum Beispiel werden Drug-Checking-Modelle staatlich subventioniert. Anfang der Neunzigerjahre hatte der Verein Eve & Rave auch in Deutschland das erste Drug-Checking auf Partys durchgeführt. Nach polizeilichen Ermittlungen wurden die Tests aber schnell wieder eingestellt und die Akteure angeklagt. Rechtlich gesehen bewegten sie sich in einer Grauzone, da sie sich bei der Annahme und Rückgabe der Drogen im Grunde strafbar machten. Die Angeklagten wurden zwar freigesprochen, doch das Bundesgesundheitsministerium erließ anschließend eine Weisung an alle öffentlichen Labore, dass keine Proben von zivilen Organisationen mehr angenommen werden sollen.

Dabei sind solche Drug-Checking-Programme im Ausland wissenschaftlich ausgewertet und als erfolgreich eingestuft worden. Szeneorganisationen, Initiativgruppen und Einrichtungen der Drogenhilfe fordern daher weiter die Einrichtung solcher Programme auch in der Bundesrepublik.

In der Suchthilfe ist der akzeptierende Ansatz inzwischen weitverbreitet, der kontrollierende Ansatz bleibt jedoch typisch für die Politik und die Justiz.

Ein gutes Beispiel dafür liefern die Probleme um die Umsetzung des 2009 in Kraft getretenen Gesetzes zur

diamorphingestützten Substitution. Die deutsche Heroin-
studie, die über mehrere Jahre hinweg in sieben deutschen
Städten durchgeführt wurde, hatte erwiesen, dass es schwer
Abhängigen gesundheitlich, psychisch und sozial besser geht,
wenn sie mit künstlich hergestelltem Heroin (Diamorphin)
statt mit Methadon, Polamidon oder Buprenorphin behandelt
werden.

Der Deutsche Bundestag hatte mit einer deutlichen Mehrheit die Behandlung mit Diamorphin erlaubt.

Trotzdem gibt es bis 2013 nicht mehr Praxen, die mit Diamorphin behandeln, als in der Testphase bis 2007. Grund sind
der hohe personelle Aufwand, aber vor allem die technischen
wie baulichen Sicherheitsmaßnahmen, die der Gesetzgeber
von den Ärzten einfordert. Unter anderem müssen mit
Diamorphin behandelnde Praxen mindesten drei Arztstellen
nachweisen, die räumliche Trennung von Warte-, Vergabe-
und Überwachungsbereich sowie bestimmte bauliche
Begebenheiten, die vor Einbrüchen und Raub des synthetisch
hergestellten Heroins schützen.

Dabei würde eine kontrollierte und für die Patienten
kostenlose Abgabe von Heroin logischerweise dazu führen,
dass sie dieses weder stehlen noch illegal beschaffen müssten –
zumindest würden es weniger Betroffene tun.

Doch die Angst des Staates vor mangelnder Kontrolle und
vor Einbrüchen im großen Stil, zwei Sorgen, denen durch eine
Lagerung beschränkter Kontingente genauso gut vorgebeugt
werden könnte, ist so groß, dass er die betroffenen Praxen zu
Hochsicherheitstrakten umbauen lassen will.

Gänzlich lässt sich ein grauer Markt auch für die Heroinersatzstoffe aber nicht ausschließen. Auf diesem Graumarkt
werden Medikamente illegal gehandelt, die ursprünglich aus
einer legalen Behandlung stammen, während der Schwarzmarkt ausschließlich illegale Strukturen hat. Auf diesem

Graumarkt tummeln sich neben denen, die keine Ersatzdroge, sondern nur zusätzlichen Stoff suchen, vor allem jene Junkies, die ganz unten angekommen sind, wenn sie nicht einmal mehr in der Lage sind, regelmäßig eine Praxis aufzusuchen.

Das Methadon, aber vor allem Buprenophin, gelangt durch Dealer und Substitutionspatienten auf den Markt, die ihre Pillen vor den Augen des Arztes zwar einnehmen, aber nicht herunterschlucken. Der Preis auf dem Schwarzmarkt schwankt regional zwischen einem und sieben Euro je Milligramm Methadon, 8-Milligramm-Tabletten Subutex zum Beispiel kosten um die 20 Euro. Der Preis hängt auch davon ab, wie der Markt mit Heroin versorgt ist.

Voraussetzung für eine diamorphingestützte Substitution in Deutschland ist, dass der Patient seit mindestens fünf Jahren opiatabhängig ist und schwerwiegende somatische und psychische Störungen hat. Bereits zwei Therapien mit Methadon oder Subutex müssen erfolglos verlaufen und der Patient mindestens 23 Jahre alt sein. Eine Take-home-Verordnung ist in keinem Fall erlaubt. In Deutschland sind bislang 400 Schwerstabhängige in Diamorphinsubstitution, bis zu 3.000 sollen infrage kommen.

Mit dem Ziel, den grauen und den schwarzen Markt mit illegalen Betäubungsmitteln unter Kontrolle zu halten, setzt das Berliner Hilfenetz, anders als die Stadt Frankfurt, verstärkt auf Hilfen zur Abstinenz. Hier findet man weniger niedrigschwellige Angebote, sondern vor allem Beratung, Betreuung und Unterstützung zum Ausstieg aus den Substanzkonsumproblemen.

Arbeit mit Drogenkonsumenten verlangt ein extrem hohes Engagement und große Flexibilität hinsichtlich der Arbeitszeitplanung ab. Der Fortbildungsbedarf nimmt ständig zu: Bei der Pflegehilfe geht es um Weiter- und Fortbildung hinsichtlich Suchtmedizin und psychosozialer Betreuung kranker (älterer)

Drogenkonsumenten. Bei der Suchthilfe geht es um Weiter- und Fortbildung in der Behandlung alter Menschen: Gerontologie, Gerontopsychosomatik und Gerontopsychiatrie.

Wer bezahlt das alles? In jedem Fall die Gesellschaft. Die Suchtrehabilitation ist Aufgabe der gesetzlichen Rentenversicherung. Eine 16-wöchige stationäre Suchtrehabilitation für einen Alkoholiker kostet etwa 13.500 Euro, eine 40 Wochen dauernde stationäre Drogentherapie beläuft sich schon auf rund 33.000 Euro, wobei die meisten Therapien heutzutage bereits nach der Hälfte dieser Zeit beendet sind.

Noch viel teurer zu Buche schlagen die Therapien der beiden unter Opiatabhängigen weitverbreiteten Infektionskrankheiten: Die Behandlung eines aidskranken Menschen kostet durchschnittlich 5.000 Euro im Monat, die Behandlung von Hepatitis C monatlich etwa 4.000 Euro. Eine Lebertransplantation kostet 100.000 bis 200.000 Euro – Langzeitabhängige haben dabei genauso ein Recht, auf eine Transplantationsliste zu kommen, wie Menschen, deren Organe nicht „selbstverschuldet" erkranken.

Der Verbreitung der in den meisten Fällen tödlich verlaufenden Infektionskrankheiten könne man entgegenwirken, behaupten Experten, indem Gesellschaft und Gesetzgeber die Betroffenen weniger in eine Schattenwelt drängten, in der sie aus Angst vor Strafverfolgung weder Arzt noch andere Hilfe aufsuchten.

Im Vergleich zu diesen enormen Belastungen für das Gesundheitssystem ist die Substitution eines Opiatabhängigen zumindest eine sehr viel kostengünstigere Maßnahme. Der Cobra-Studie („Cost Benefit and Risk Appraisal of Substitution Treatments") zufolge belaufen sich die Kosten je Patient auf nur knapp 4.000 Euro pro Jahr. Insgesamt 8.100 Euro pro Jahr und Patient kostet die gesamte Behandlung, wenn man sämtliche begleitenden Untersuchungen sowie die Betreuung und

Behandlung der körperlichen Krankheitslast mit einbezieht. „Die medizinischen und sonstigen Kosten einer Ersatzstoffbehandlung sind angesichts der hohen Krankheitslast und des Leidens der Patienten vergleichsweise niedrig", schlussfolgerte der Leiter der Studie, Professor Dr. Hans-Ulrich Wittchen, Direktor des Instituts für Klinische Psychologie und Psychotherapie an der Technischen Universität in Dresden.

2.694 Patienten aus über 223 bundesrepräsentativ ausgewählten Substitutionseinrichtungen wurden in der Cobra-Studie über ein Jahr untersucht und klinisch umfassend verfolgt. Die zentralen Schlüsselziele der Ersatzstofftherapie mit Methadon und Buprenorphin wurden demnach bei der Mehrzahl der untersuchten Patienten erreicht:

Über 65 Prozent aller Patienten wurden erfolgreich über ein Jahr therapiert. Sie reduzierten dadurch ihren Drogenkonsum. Der Gesundheitszustand aller Patienten verbesserte sich, 11 Prozent wurden sogar abstinent.

Aufbauend auf der Cobra-Studie, die die Kosteneffektivität sowie die Wirkung der Substitution in einem relativ kurzen Zeitrahmen von zwölf Monaten positiv belegen konnte, untersuchte Wittchen später zusammen mit Gerhard Bühringer vom Institut für Therapieforschung in München und Jürgen T. Rehm vom Centre for Addiction and Mental Health in Toronto den langfristigen Verlauf opioidgestützter Substitutionstherapien.

Grundlage dieser Premos-Studie (Predictors, Moderators and Outcome of Substitution Treatments – Effekte der langfristigen Substitution Opioidabhängiger) ist eine bundesweit repräsentative Untersuchung von rund 2.284 Substitutionspatienten aus 223 Einrichtungen, die von 2003 bis 2010 weiterverfolgt wurde.

Der Anteil berufstätiger Patienten stieg in den sechs Studienjahren von 24,1 auf 34 Prozent, der Anteil derjenigen in berufsqualifizierenden Maßnahmen von 7,5 auf fast 20 Prozent.

Auch die Wohnsituation verbesserte sich bei über 90 Prozent der Patienten, und die Kriminalitätsrate ging stark zurück.

Das bestätigte die bis dahin unter Medizinern bereits weit verbreitete Meinung, dass die Substitution für das Gros der Patienten zumindest eine umfassend stabilisierende Behandlung darstellt, die ein Leben mit einer Grundstruktur und ohne Kriminalität ermöglicht. Das Therapieziel der Abstinenz ist auch in den Leitlinien der Bundesärztekammer nicht weiter primäres Ziel. Weiter bekräftigt sehen sich Suchtmediziner und Drogenhilfepersonal aber in einem Ansatz: Sucht und Süchtige sind zweierlei. Die Krankheit kann und muss man bekämpfen, die Betroffenen aber brauchen für die Chance auf Besserung vor allem eines: Akzeptanz.

S. V.

Toxitus

Als Phillip sechs Wochen alt war, wäre er beinahe gestorben. Er bekam einen furchtbaren Husten, das hörte gar nicht mehr auf. Ohnehin war ich andauernd beim Arzt, man muss ja mit den Kleinen allerlei Untersuchungen machen, Impfung hier, Blutabnehmen da, die ganzen Kontrollen von Größe, Wachstum und Stoffwechsel. Alle paar Tage saß ich beim Kinderarzt mit dem Jungen und bin total darin aufgegangen, mich um das kleine Bündel zu kümmern.

Wir lebten in der Pflügerstraße, Sebastian Fischer, Phillip und ich. Phillip war eigentlich ein sehr ruhiges Baby, aber klar, manchmal wachte er auch auf und schrie und weinte und hatte Hunger und Durst.

Aber eines Nachts war es anders, da fingen diese stakkatoartigen Hustenanfälle an. Ich nahm ihn auf den Arm, legte ihn an die linke Schulter, wie ich es immer tat, lief hin und her im Zimmer, hüpfte mit ihm ein bisschen auf und ab in der Hoffnung, er würde sich freihusten. Aber von Stunde zu Stunde wurde es schlimmer, ich machte kein Auge zu. Sobald er sich etwas beruhigt und ich mich wieder hingelegt hatte, fing es wieder an.

Plötzlich schien Phillip auch keine Luft mehr zu bekommen, sein Körper lief ganz blau an. Sofort packte ich al-

les zusammen, Babydecke, Babyflasche, Krankenkassen-
karte, meinen Mutterpass, und lief zum Arzt, so schnell ich
konnte. An der Praxistür hing ein Schild mit der Adresse
der nächtlichen Vertretung, das wusste ich. Ein Glück: Auch
bis dahin war es nicht allzu weit.

Es dauerte kaum 15 Minuten, bis ich mit dem voll be-
packten Kinderwagen in die Praxis stürmte und voller Panik rief: „Mein Kind hat Keuchhusten, bitte machen Sie was,
er erstickt!"

Stelle nie vor dem Arzt eine Diagnose! Das habe ich bei
dieser Gelegenheit gelernt.

„Ihr Junge hat eine Bronchitis, sie wohnen in Neukölln,
da haben zurzeit viele Säuglinge eine Bronchitis, es ist
Herbst, das kursiert da zurzeit", sagte mir der Arzt, nachdem er gerade einmal zwei Minuten mein Baby untersucht
hatte. Das war so ein Mann um die 40, kurzes, blondgraues
Haar, dünn. Über seine randlose Brille starrte er teilnahms-
los in die Luft, als er das Stethoskop auf die kleine Brust von
Phillip setzte.

Er schaute mich nicht einmal an, setzte nur wortlos seine
Unterschrift auf ein Rezept – er verschrieb Hustensaft und
fiebersenkende Medikamente. Dann schickte er uns wieder
nach Hause. „Wird schon wieder", sagte er. „Nächster, bitte."

Ich wollte gern glauben, dass Phillip nichts Schlimme-
res hatte. Ein paar Tage ging es auch tatsächlich besser, aber
dann fing wieder dieser Stakkatohusten an. Das ist ganz
furchtbar, wenn dein Baby sich schüttelt vor Husten und
du als Mutter überhaupt nichts tun kannst. Ich gab ihm den
Hustensaft und beobachtete ihn genau, lief vor seinem Bett-
chen auf und ab, um sicherzugehen, dass er nicht wieder
blau anläuft.

Ich wollte auch nicht ständig zum Arzt rennen und als
völlig paranoide Mutter dastehen. Bei meinem Namen den-

ken ohnehin immer alle direkt an das Schlimmste, vor allem Ärzte, das ist einfach so, damit muss ich leben.

Noch nie zuvor fühlte ich mich so hilflos, Phillip keuchte bei jedem Atemzug, dann hielt sein Atem wieder an. Dieses Mal wartete ich nicht, ich lief sofort wieder zu diesem Vertretungsarzt. Denn es passierte wieder nachts, und erneut schickte er mich bloß mit Medikamenten nach Hause. „Das dauert eine Woche bis zehn Tage, dann ist das wieder in Ordnung", sagte er nur und klopfte mir dabei rüpelhaft auf die Schulter, als hätte ich eine Klassenarbeit versaut.

Er hatte dem Jungen irgendwas gespritzt, was ihn auch tatsächlich etwas beruhigte. Aber als Phillip am darauffolgenden Tag wieder blau anlief, fuhr ich zum Jugendamt. „Machen Sie was. Die Ärzte glauben mir nicht. Helfen Sie mir, damit mein Junge eine ordentliche Behandlung bekommt. Er hat Keuchhusten, ich weiß das, weil ich auch Keuchhusten hatte, als ich ein Säugling war, meine Mutter hat mir alles darüber erzählt. Machen Sie was!"

Eine Frau vom Jugendamt fuhr mit Phillip und mir in die Charité. Dort haben sie ihn sofort in Quarantäne gesteckt, er wurde mit Schläuchen und Geräten verbunden, die seinen Herzschlag und seinen Atem überwachten. Diagnose: Keuchhusten!

Für mich wurde so ein Klappbett bereitgestellt, das vorne und hinten überkippt, wenn man das Gewicht verlagert. Aber ich konnte eh kaum schlafen, wie sollte ich auch? Manchmal fielen mir die Augen einfach zu – dann lehnte ich mich zurück auf das Beistellbett.

Mehrere Mal riss mich der Alarm aus dem Schlaf, wenn Phillip wieder hustete. Du schreckst innerhalb von Sekunden hoch, so schlimm hört sich das an, wenn diese Geräte Alarm schlagen. Ein fürchterliches Piepsen. Ich nahm dann den Jungen in den Arm und klopfte ihm sanft auf den Rü-

cken, damit er atmete. Das hatte ich bei den Schwestern gesehen, und das konnte ich auch: „Hol Luft, Junge!", habe ich
immer wieder gesagt. „Hol Luft, los!" Eine ganze Woche
ging das so, dann wurde es nach und nach besser. Ich habe
keine Ahnung, wie viele Kinder wir in dieser Kinderarzt-
praxis angesteckt haben, aber der Doktor wollte mir ja nicht
glauben, damals vor fast 18 Jahren.

Im nächsten Jahr wird mein Junge volljährig.

Aber unter Umständen, wenn er weiter zur Schule geht,
kann er noch etwas länger bei seinen Pflegeeltern leben. Ich
konnte damals nicht beeinflussen, wo Phillip hinkommt,
aber ich bin mir ziemlich sicher, dass er es sehr gut getroffen hat, wo er jetzt ist. Zunächst einmal war ich erleichtert,
dass er nicht zu einem ganz normalen Elternpaar kam, wo
es dann nachher heißt: „Hier läuft es aber ein bisschen anders, unsere Erziehung ist soundso."

Phillip lebt zusammen mit fünf anderen Pflegekindern in
einem Haus in Brandenburg. Es fiel mir ein Stein vom Herzen, als ich merkte, dass ich weiterhin Einfluss nehmen, eine
Rolle spielen konnte. Wenn mein Kind irgendwann gesagt
hätte: „Du bist nicht mehr meine Mutter, sondern die", das
hätte mir das Herz gebrochen, das hätte mich komplett fer-
tiggemacht.

Die Peters sind zwei ganz nette Leute, mit denen ich
mich auf einzelne Punkte der Erziehung und auf einzelne
Entscheidungen verständigen konnte, zum Beispiel, welche Schulprojekte und -reisen er macht und welche Sachen
er sich anschaffen darf. Ich denke, sie sind Pädagogen, haben so etwas gelernt oder studiert, aber genau weiß ich das
nicht. Sie sind sehr liebevoll und nicht so distanziert wie die
Leute beim Jugendamt. Die anderen Kinder sind auch einfach nur süß und nett.

Mit Maya hat Phillip von Anfang an eine enge Freundschaft aufgebaut – natürlich nicht im sexuellen Sinne, sie waren beide erst zwölf. Es ist ein freundschaftliches, sehr vertrautes Verhältnis. Es nahm ihn damals sehr mit, dass ich nicht mehr da war. Phillip brauchte Nähe, ist doch auch klar, er war ja noch ein Kind. Maya hat keine Eltern mehr, eine ganz furchtbare Geschichte. Ihr Vater und ihre Mutter sind beide bei einem Unfall gestorben, als sie ein Baby war. Sie kam zu den Peters, als sie noch krabbelte, und ich denke, sie hat weder Geschwister noch andere Verwandte, die sich um sie kümmern. Soweit ich es mitbekommen habe, fahren die anderen Kinder an den Wochenenden oder über die Feiertage immer nach Hause zu ihren Familien, nur Maya bleibt dann bei den Peters.

Zumindest war das bis vor Kurzem so. Als zwei problematische Kleinkinder das Haus der Peters verlassen mussten, weil sie die anderen verletzten und verprügelten und vieles kaputtmachten, nahmen sie zwei Babys in Obhut, ein einjähriges Mädchen und ihren zweijährigen Bruder. Die Mutter war schwere Alkoholikerin und hatte auch in der Schwangerschaft getrunken.

Offenbar haben die beiden Kleinen keine körperlichen Schäden davongetragen, aber seelische. Als ich am Telefon hörte, wie erschöpft Phillips Pflegevater klang, und mich nach seinem Befinden erkundigte, sagte er, dass er kaum mehr schlafe, weil die Babys nur schreien würden. Oh Gott, die tun mir leid.

Dann gibt es noch Steffi. Sie ist gerade 18 geworden, aber die Kinder werden da nicht sofort rausgeworfen, wenn sie volljährig sind. Und dann ist da noch der kleine Benjamin. Er ist zehn, und für ihn ist Phillip so etwas wie ein großer Bruder.

Die Jungs teilen sich ein Zimmer und verstehen sich gut. Wenn wirklich was ist, dann steht Phillip hinter dem Kleinen wie ein Baum, selbst wenn er manchmal auch ziemlich genervt von ihm ist. Denn Benjamin ist tatsächlich ein bisschen hilfsbedürftig, weil auch seine Mutter während der Schwangerschaft weitergesoffen hat. Und er läuft einem ständig hinterher, zupft an den Klamotten und sagt immer: „Mir ist langweilig."

Aber Phillip ist ganz geduldig mit ihm, darin ist mein Sohn besser als ich, denn ich würde ausflippen, wenn jemand schon um halb sechs Uhr in der Früh in meinem Zimmer einen riesigen Karton Legosteine auskippen und Krach machen würde. Phillip findet das natürlich auch nicht so toll, aber er sagt nur: „Mama, ich bin ja sowieso wach. Was soll's?"

Denn Phillip braucht beinahe anderthalb Stunden mit dem Bus zur Schule in Potsdam. Er hat einen verdammt langen Tag, oft kommt er erst am Abend um 18 Uhr wieder nach Hause.

Phillip findet seine Schule schrecklich. Er beklagt sich, dass sie organisatorisch eine Katastrophe sei und dass die Lehrer resigniert hätten und nur noch mit ein paar Schülern Unterricht machten, weil der Rest ohnehin nicht aufpasse. Die versuchen erst gar nicht, den Unterricht als etwas Spannendes zu verkaufen, sondern picken sich die wenigen raus, die mitmachen. Dann ist es für die anderen umso schwerer, den Anschluss zu halten. „Aber viele von denen haben reiche Eltern und bekommen nach dem Unterricht noch Nachhilfe", hat Phillip mir erzählt. Das macht mir schon zu schaffen.

Das Jugendamt, das für Phillips Pflegeunterkunft aufkommt, zahlt nicht auch noch Nachhilfeunterricht. Ich habe ihm deshalb angeboten, dass ich die Kosten für seine Nachhilfe übernehme, wenn er verspricht, nicht mehr so viel Zeit vor dem PC zu verbringen.

Ich bezahle ihm auch Sprachreisen oder andere Dinge, bei denen er etwas dazulernt und seinen Spaß hat. Im Budget der Peters liegt so etwas nicht drin, die bekommen nicht viel Geld dafür, dass sie sechs kleine Lebewesen großziehen. Eigentlich ist das eine Unverschämtheit, denn immerhin tragen sie die gesamte Verantwortung. Jedenfalls ist Phillip kürzlich im Rahmen eines Austauschprogramms für zehn Tage mit einer kleinen Gruppe aus der Schule nach Wales gefahren. Das war freiwillig, keine gewöhnliche Klassenfahrt, aber Phillip wollte sein Englisch aufbessern, und ich finde das gut. Klar gebe ich dann die 700 Euro – wenn nicht für meinen Jungen, für wen denn dann? Ich bin so dankbar, dass ich diese Chance noch habe!

Es hat ein Jahr gedauert, ehe Phillip mich wieder zu Hause besuchen durfte. Nachdem sie uns aus dem Zug in Wuppertal geholt hatten, nahmen sie mich mit zum Verhör auf ein Polizeirevier. Den Jungen brachten sie in einem ganz furchtbaren Kindernotdienst unter, das hat er mir erst viele Jahre später erzählt, so ganz genau weiß ich immer noch nicht, was in diesen Tagen passiert ist. Sie nahmen ihm wohl seinen Game Boy und auch sein Handy ab und sperrten ihn ein.

Er musste vier Tage ausharren, bis Thorsten, der Familienhelfer vom Jugendamt Potsdam-Mittelmark, endlich die Zeit hatte, ihn abzuholen.

Nach dem Verhör wollten sie mich einfach auf die Straße setzen. Aber ich habe gebettelt: Wo soll ich denn jetzt hin, ich habe keinen Pfennig Geld? Es war ja inzwischen spät in der Nacht. Dann fuhren sie mich samt meiner fünf Koffer in ein Obdachlosenheim, in dem ich noch drei Stunden schlafen konnte. Am Morgen lieh ich mir zehn Euro von einem Mitarbeiter dort und ließ ihm meine Sachen als Pfand zurück.

Dann machte ich mich auf zur nächsten Volksbank und veranlasste eine telegrafische Postanweisung. Aus Amsterdam war das nicht möglich gewesen, aber jetzt war ich ja in NRW. Es war jetzt elf Uhr vormittags, auf mein Geld musste ich zwei Stunden warten. Da kaufte ich mir in der Zwischenzeit von meinen letzten Cent eine kleine Flasche Wodka in einem Kiosk. Selbst dazu fehlten mir 50 Cent, aber ich erklärte dem Inhaber des Geschäfts: „Es geht mir schlecht, sie haben mir heute Nacht mein Kind weggenommen. Ich brauche so dringend einen Drink." Da hat er mir die Differenz erlassen, ich brachte ihm die Schulden aber doch noch vorbei, als meine Postanweisung durch war.

Das habe ich gern gemacht, denn wer gibt einem heute schon etwas umsonst? Der Kioskbesitzer war wirklich sehr nett und offenbar der Einzige, der mir vertraute.

Dann kaufte ich mir eine große Flasche Wodka und eine Packung O-Saft. Es regnete in Strömen, mitten im Juli. Aber das war mir egal, in einem Park unter der Wuppertaler Schwebebahn stellte ich mich in den Schutz der Bäume. Leon war die ganze Zeit bei mir, wir waren pitschnass. Es machte mir nichts, wie eine Pennerin habe ich mich da hingehockt und in Ruhe einen Longdrink nach dem nächsten in einen weißen Pappbecher und dann in mich hineingekippt. „Vorbei. Alles vorbei", dachte ich. „Alles umsonst. Keiner hört dir zu. Du hast dich voll verarschen lassen." Und ich dachte an Selbstmord.

Aber dann wurde mir klar: Nee, der Phillip, der ist hier irgendwo und wartet auf dich. Und dann habe ich überlegt: Findest du ihn? Holst du ihn noch mal?

Aber was wäre dann gewesen? Irgendwann bin ich zurück zu diesem Obdachlosenheim und habe mir ein Taxi rufen lassen, das meine Koffer und mich zum Bahnhof brachte. Abends war ich in Berlin, stopfte mein Gepäck am Hauptbahnhof in Schließfächer und ging mir Drogen besorgen. Wenige Stunden später wurde ich rückfällig und blieb es auch für lange Zeit.

Schon bald kam per Post der Bescheid, dass man mir das Sorgerecht und das Aufenthaltsbestimmungsrecht für meinen Sohn entziehen wollte. Der Prozess fand nur wenige Tage später statt und dauerte nur eine halbe Stunde. Zwar hatte sich mein Anwalt richtig viel Mühe gegeben. Aber er ist nicht gerade ein Rolf Bossi, und ich war ja nun mal rückfällig geworden und hatte mir damit alle Chancen, den Jungen zurückzubekommen, total leichtfertig verspielt.

Ich war so dumm, unglaublich dumm, vielleicht habe ich es nicht anders verdient.

Als klar war, dass Phillip nicht zurück zu mir, sondern zu Pflegeeltern kommen würde, durfte ich ihn erst einmal nur alle zwei Wochen im Jugendamt sehen. Wir saßen dann da mit acht Leuten, keine Ahnung, wer die alle waren. Klar, die dachten, ich haue wieder mit dem Jungen ab, wenn sie ihn unbeaufsichtigt zu mir lassen. Und das wäre ich auch! Ich wäre nach Thailand oder ans Ende der Welt, egal wohin. Aber das war nun nicht mehr zu machen.

Die einzige Möglichkeit, Zeit mit meinem Kind zu verbringen, bot dieser kahle Raum unter vielen Augen.

Wir haben viel geweint in diesen ersten Wochen nach unserer Trennung.

Ich habe vor den Treffen, ehrlich gesagt, immer ein bisschen gekifft, einfach damit ich ruhiger wurde. Denn ich stand in der Zeit ja völlig neben mir. Damit der Junge mir nicht so anmerkt, wie schlecht es mir ging, habe ich vorher geraucht.

Aber wenn er das Zimmer betrat, kamen mir trotzdem immer die Tränen und Phillip auch. Das Schlimmste war, dass er genauso traurig war wie sauer – und zwar auf mich.

Er gab mir die Schuld an dem, was passiert war. Er hat es nie ausgesprochen, aber ich weiß, dass er sich bis heute fragt, warum ich ihm das angetan habe. Er hat auch alles Recht der Welt, mich anzuklagen. Ich war schuld, dass er nun bei fremden Menschen leben, in einer neuen Schule klarkommen und neue Freunde finden musste. Das werde ich mir nie verzeihen. Und er auch nicht.

Ganz aufgeben wollte ich ihn natürlich aber auch nicht, also machte ich, was das Jugendamt von mir verlangte. Zu meinen Auflagen gehörte es, wieder in ein Methadonprogramm zu gehen. Als ich dieses Programm ein Jahr lang erfolgreich und ohne irgendwelche Beanstandungen absolviert hatte, durfte Phillip mich wieder zu Hause in Teltow besuchen, erst tageweise, später auch für ein ganzes Wochenende.

Dass meine Mutter mir nicht mehr zu helfen weiß und mich mit meinen Problemen allein lässt, hatte ich ja aus der BZ erfahren. Nachdem sie mein Leid in der mehrteiligen Serie ausgebreitet hatte, wollte ich aber sowieso nichts mehr mit ihr zu tun haben.

Nie wieder haben wir ein Wort gesprochen, sie hat sich noch kein einziges Mal seitdem erkundigt, wie es ihrem Enkelsohn geht.

Mein Vater hat von all dem kaum etwas mitbekommen, er lebt seit vielen Jahren in Thailand. Zwar hat er Phillip kennengelernt, als er mit seiner thailändischen Frau und der gemeinsamen Tochter zwischendurch auch wieder für ein paar Jahre in Berlin lebte und hier als Taxifahrer arbeitete. Inzwischen ist er aber mit seiner Rente längst wieder zurück in Thailand. Im asiatischen Paradies lässt es sich mit wenig Geld vermutlich besser aushalten als hier.

Meine Mutter bekam nur Anette und mich, aber väterlicherseits weiß ich nicht, wie viele Geschwister ich noch habe. Ich vermute mal drei. Meine halbthailändische Halbschwester kenne ich, sie müsste jetzt Mitte zwanzig sein, und wenn sich seit unserem letzten Treffen nichts geändert hat, dann ist sie arbeitslos wie so viele in meiner Familie.

Sie lebt in Berlin. Mein Vater will mit mir nichts mehr zu tun haben und hat auch meiner Halbschwester den Kontakt zu mir verboten. Ich war vor Kurzem an Silvester trotzdem mal bei ihr und habe meine Handynummer auf einem Zettel im Briefkasten hinterlassen.

Aber es gab nie einen Anruf, weder von ihr noch von ihm.

Meine Mutter war schadenfroh, weil das Mädchen leicht übergewichtig ist. Denn sie selbst hat sich einiges anhören müssen damals, als sie durch die Schwangerschaft ein paar Kilo zugenommen hatte.

Mich hat das total geprägt, dass mein Vater sie „fette Sau" nannte und ihr dadurch das Gefühl gab, nicht liebenswert zu sein. Das ist wohl auch der Grund dafür, dass ich so viel Wert auf meine Figur lege. Als ich noch jünger war, war ich sogar regelrecht abgemagert. Oft habe ich tagelang nichts gegessen, nur getrunken. Alles war okay, nur nicht dick zu sein, von klein auf habe ich gehört, Fettsein ist scheiße.

Ich kann Leute, die über das Aussehen anderer herziehen, nicht leiden, das macht mich wütend. So geht man nicht mit Menschen um, das tut verdammt weh, das weiß ich selbst nur allzu gut.

Meine Eltern haben mir nicht viel Gutes mitgegeben. Trotzdem tut es mir heute leid, wie sie nach „Wir Kinder vom Bahnhof Zoo" dastanden. Das sind meine Eltern, und sie bleiben meine Eltern, ich würde sie niemals wieder in der Öffentlichkeit so bloßstellen. Heute wähle ich meine Worte sehr bedacht, wenn ich über sie spreche. Das ist gar nicht so einfach, denn ich will auch nicht die Wahrheit biegen.

Vieles, was mir passiert ist, und viel von dem, was ich heute bin, liegt zum großen Teil in meiner Kindheit begründet.

Auch die guten Sachen: Dass mir das ausgiebige Essen mit meinem Sohn so wichtig war und die Idee, dass er einen Sinn für Ordnung entwickelt; das liegt daran, dass es das bei uns zu Hause damals nicht gab.

Anette und ich haben uns schon als kleine Schulkinder immer abgewechselt damit, Frühstück zu machen und mit dem Hund spazieren zu gehen. Denn meine Eltern haben nichts gemacht, nicht mal zum Tierarzt sind sie mit meiner Dogge Ajax. Oft wurde ihm einfach nur rohes Fleisch hingeworfen: Leber, Euter, Milz und Lunge; alles stand dann lange da, und der Hund hat nicht mal eine Wurmkur bekommen.

Ich weiß noch, was passiert ist, als wir gerade in die neue, große Wohnung in Berlin-Gropiusstadt eingezogen sind und meine Mutter ihre Arbeit als Sekretärin aufgenommen hatte: Am dritten Tag ist sie abends zusammengebrochen und hat nur noch geweint. Nervenzusammenbruch: „Oh Gott, ich kann nicht mehr! Wie es hier aussieht. Was habt ihr denn nur gemacht?", sagte sie, als hätten wir das Haus in Brand gesteckt. Und wir: „Was haben wir denn gemacht? Wir haben gespielt!" Gott, was Kinder eben so machen. Ein bisschen Dreck, ein bisschen Unordnung. Meine Schwester war sieben, ich war acht.

Kurz zuvor hatten wir Gundula Köstner kennengelernt, sie war schon zwölf. Sie wohnte im dritten Stock und hatte noch zwei Geschwister, Anne und Victoria. Die drei haben dann auf uns aufgepasst, sogar als mein Opa gestorben ist. Meine Eltern ließen uns tatsächlich allein, als mein Großvater starb. Die Familie meiner Mutter lebte in Hessen, und Anette und ich mussten morgens allein zur Schule gehen. Wenn wir nachmittags nach Hause kamen, passten die Nachbarskinder auf uns auf – wenn überhaupt jemand. Wo gibt es denn so was? Kann man sich vorstellen, wie allein wir waren? Die Nachbarskinder haben uns auch gezeigt, wie man zu Hause aufräumt. Wie das alles geht, Blumen gießen, Gassi gehen, Geschirr spülen. Außerdem gab es auch noch die Brieftauben auf dem Balkon, die mein Vater züchtete. Und 20, 30 Tauben machen sehr viel Dreck.

Das war einfach alles zu viel Verantwortung. Anette war zudem eher zerbrechlich und hat sich immer hinter mir versteckt. „Ey, Püppi, hör doch mal auf", habe ich dann gesagt. „Häng nicht immer so an mir dran."

Mein Vater wollte ja in Berlin diese Ehevermittlung aufziehen, den Leuten gegenseitig Fotos zuschicken, Persönlichkeitsprofile und so weiter. Generell war das eine gute Idee, nur leider waren meine Eltern, Mitte der Sechzigerjahre, damit wohl zu früh dran. Heute nutzen das so viele Leute, aber damals hat man sich so etwas nicht getraut. Und die 5-Zimmer-Wohnung direkt am Paul-Lincke-Ufer kostete 500 Mark, quasi unbezahlbar.

Je mehr mein Vater merkte, dass seine Ideen den Bach runtergingen, desto heftiger waren sein Wutausbrüche. Er war doch selbst erst 25, fast noch ein Kind, dessen Träume nach und nach alle zerplatzten. Darum kann ich ihm nicht böse sein. Er war genauso überfordert wie wir alle.

Seit meine Schwester 16 Jahre alt war, lebte sie in besetzten Häusern in Berlin-Kreuzberg. Hunderte meist linke Jugendliche und junge Erwachsene haben ja in den Siebziger- und Achtzigerjahren als Reaktion auf die Sanierungspolitik des Senats und die damit verbundene Wohnungsknappheit leer stehende, oft für den Abriss vorgesehene Häuser besetzt.

Als die Polizei versuchte, diese zu räumen, kam es zu Straßenschlachten, die teilweise mehrere Tage andauerten. Viele Besetzer waren Autonome, also Linksradikale, Anarchisten.

Zunächst einmal hielt man zusammen – gegen Politik und Polizei. Aber später tat sich unter den Besetzern ein

Konflikt auf: Wie sollte der Wohnraum aussehen, den man gemeinsam erkämpft hatte? Und wer würde was dafür investieren wollen? Viele von denen, die aus bürgerlichen Familien stammten, kehrten in ihr altes Leben zurück. Andere richteten sich in den besetzten Häusern ein.

Und hin und wieder gab es Krawall. Mittendrin meine Schwester, die bei Stress oft nervlich am Ende war. Die Razzien haben ihr psychisch zugesetzt, dennoch wollte sie nicht ausziehen, denn sie wusste nicht wohin. Irgendwo fand sie dort wohl eine Heimat.

Mehrere Hundert Quadratmeter hatte das ganze Areal in der Waldemarstraße. Es gibt dort ein Vorderhaus, in dem nur Türken leben, dann zwei Seitenflügel und eine Remise, in der sie Geräte und viele Lebensmittel wie Käse und halbe Schweine aufbewahrten. Selbst im Haus drinnen hatte man noch das Gefühl, draußen zu sein. Überall wuchsen Pflanzen in riesigen Blechwannen, die Räume waren weitläufig. Unten gab es Wohnraum und Küche, oben waren die privaten Räume, Schlafzimmer und Bad. Manche Schlafplätze nur durch dünne, indische Tücher voneinander getrennt.

Etwa zehn Jahre lebte Anette dort mit Mann und Kind. Wenn man das so nennen kann, denn im Grunde war das ja eine große Kommune, und manche versuchten dort, ein Ideal der freien Liebe auszuleben. Nach der Trennung von ihrem Mann lebte meine Schwester eine Zeitlang mit ihrem Ex, dessen neuer Geliebten und den Kindern zusammen unter einem Dach – auch ihrer Tochter zuliebe und fast zwei Jahre lang. Dann wanderte ihr Ex nach Italien aus und betreibt da jetzt offenbar erfolgreich eine Bio-Viehzucht.

Anettes Tochter ist inzwischen auch ausgezogen und studiert Sprachen. Das Talent hat sie von ihrer Mutter. Um die 30 müsste sie jetzt sein, etwa so alt wie meine Halbschwester aus Thailand. Und auch sie hat etwas Exotisches an sich:

einen wunderschönen indianischen Namen, den ich nicht nennen möchte, weil es ihn nur einmal in Deutschland gibt. Er erinnert daran, dass Anettes Tochter im Morgengrauen geboren wurde, und an die Hippie-Zeit, die Anette erlebte.

Als ich noch als Teenager in Hamburg lebte, bekam ich von meiner kleinen Schwester eines Tages einen Brief, in dem sie mir schrieb, dass in ihrem Freundeskreis nun auch das Heroin umging.

Das waren Hippies, so ähnlich wie die, die Panagiotis getroffen hatte. Auch sie waren alle mal mit dem Magic Bus in Indien gewesen und haben Rohopium in Wachskugeln gepackt und runtergeschluckt. Ich finde das nicht so eklig wie Kondome zu schlucken, was ja auch viele machen. Aber ist ja auch völlig egal, wie das Zeug nach Berlin kam, Hauptsache, es war da.

Viele junge Mädchen haben sich später in den kleinen, dreckigen Puffs in Berlin prostituiert, um ihre Sucht zu finanzieren. Sie hatten eben keine Buch-Tantiemen wie ich. Die Frauen standen dort total aufgetakelt im Fenster und mussten sich auf High Heels wackelnd an Stangen räkeln, obwohl manche völlig im Jum waren. Den Zuhältern ist das egal, wie die Mädels drauf sind, solange sie Geld machen. Und diese Mädels machten alles für Geld.

Das war anders als bei uns am Bahnhof Zoo. Ich musste weder Geschlechtsverkehr machen noch Oralverkehr, wenn ich das nicht wollte. Manchmal brauchte ich nur da zu sitzen, und die Typen haben sich selbst einen runtergeholt – und dafür bekam ich 25 oder 50 Mark. Später, in den Achtzigern, war das schon eine ganz andere Nummer, vor allem wegen der Zuhälter.

In der Welt der Hausbesetzer war Heroin nicht üblich. Aber Anette bekam eben auch mit, was los war in der Rotlicht- und H-Szene. Ich weiß gar nicht, was sie dort zu suchen hatte. Nach ein paar Jahren ging sie ja auf Distanz zu diesen Leuten. Das muss Anfang der Neunziger gewesen sein. Seither lebt sie sehr zurückgezogen und geht ihren Weg.

Sie macht die Tür erst gar nicht auf, wenn sie nicht weiß, dass jemand zu Besuch kommt. Selbst wenn ich unangemeldet klingeln würde, würde sie nicht aufmachen. Sie hasst es noch viel mehr als ich, gestört zu werden, wenn es gerade nicht passt. Deshalb hat sie allen beigebracht: „Wenn ihr vorbeikommen wollt, meldet euch an! Und wenn ich nicht rangehe, dann will ich niemanden sehen!"

Früher war ich über Jahre hinweg mehrmals die Woche bei ihr. Aber jetzt haben wir uns schon länger als zwei Jahre nicht mehr gesehen. Damals habe ich ihr ein Handy geschenkt. Denn ans Festnetztelefon ging sie nie ran, weil sie immer Schiss hatte, dass da irgendjemand Unangenehmes am Apparat sein könnte – ein Bulle oder einer von der Szene. Oder jemand aus dem Rotlichtmilieu. Oder unsere Mutter.

Auf dem Handy kannst du ja sehen, wer anruft, darum habe ich ihr das geschenkt. Und dann habe ich ihr erklärt, wie das funktioniert, was eine SIM-Karte ist, wie man die einlegt und wie man Nummern speichert. Am nächsten Tag kam ihre erste SMS. Darin stand: „Dies ist meine erste SMS." Und dann ein Smiley!

Eigentlich wollte Anette Dolmetscherin werden. Sie ist sehr sprachbegabt, spricht fließend Französisch und Englisch und sogar etwas Portugiesisch. Aber da sie sich das als junge Frau nicht so richtig zugetraut hat, machte sie eine Lehre als Tierarzthelferin. Leider brach sie die Ausbildung nach einem halben Jahr wieder ab.

Wenn ihre Ausbilderin, eine korpulente, respekteinflößende Frau, sie mal etwas schroffer ansprach, weil es dringend war oder weil Anette einfach nur mal etwas mutiger und selbstbewusster agieren sollte, dann wollte sie am liebsten weinen. Sie kam mit Anweisungen, vor allem wenn sie im strengen Ton kamen, einfach nicht klar. Das erinnerte sie zu sehr an schlimme Situationen mit unserem Vater.

Die letzten paar Male, als ich ihr eine SMS schrieb und sie sehen wollte, kam keine Antwort. Sie ist schlauer als ich, sie zieht sich zurück, wenn es ihr nicht gut geht.

Zu meiner Mutter hat sie schon vor fast 30 Jahren den Kontakt abgebrochen. Damals hatte unsere Mutter den Gustav kennengelernt.

Die beiden leben jetzt in Süddeutschland. Gustav erschien auf der Bildfläche, als wir etwa 20 waren. Er leitete eine Reinigungsfirma in Moabit, bei der unsere Mutter als Stenotypistin anfing. Alle Sekretärinnen dort umschwirrten den Boss. Es gab insgesamt fünf Vorzimmerdamen, und alle wollten Gustav. Der hatte 1963 als Auszubildender in der Firma angefangen und wurde dann zur rechten Hand des Chefs. Mit der New Economy wurde der Laden ganz groß, und Gustav bekam, da der Chef keine Kinder hatte, die Firma vererbt.

Er ist auch ein durchaus attraktiver und charmanter Mann. Meine Mutter hat mir damals immer ganz verliebt erzählt, dass er ihr Blumen in die Schublade gelegt hatte. So begann das mit den beiden.

Mit dem eigenen Chef etwas anzufangen, das wäre nichts für mich, und auch in der Firma fanden das viele nicht gerade toll.

Meine Mutter ist schlimm gemobbt worden, weil alle wussten, dass sie die Geliebte des Chefs war. Beide waren damals Ende 30, Anfang 40. Aber es hat sich offenbar gelohnt: Zuerst haben sie gemeinsam in Stahnsdorf ein Haus gebaut. Gustav und meine Mutter gehörten jetzt zu den Neureichen und speisten mit allen großen Tieren am Tisch.

Mit dem Klaus blieb sie aber weiter befreundet. Der Klaus hat mit Gustav zusammen die Sauna in das Haus in Stahnsdorf eingebaut. Meine Mutter weiß eben, wie man's macht!

Phillip hat mit Mädchen noch nicht so viel am Hut, glaube ich. Vielleicht sagt er es mir auch nur nicht. Wir reden nicht über Mädchen. Das fände ich auch blöd, das ist doch nur peinlich mit der eigenen Mutter. Neben dem Angeln sind Computer und das Surfen und Spielen im Internet Phillips große Hobbys. Am Anfang habe ich mir wirklich große Sorgen gemacht, weil der Junge Tag und Nacht vor dem PC und an seinem Handy mit Internetzugang zu hängen schien. Aber dann hat er mir nach und nach die Dinge erklärt und gezeigt, die er da macht. Es gibt Spiele, die spielt er mit seinen Freunden zusammen, selbst wenn er bei mir zu Hause in Teltow ist.

Über das Internet sind die Jungs dann miteinander verbunden und reden sogar live miteinander und spielen in Echtzeit zusammen. Das ist zwar anders als damals, als wir noch Brettspiele oder Murmeln mit anderen Kindern gespielt haben, aber immerhin ist der Junge so mit seinen Freunden vernetzt. Das finde ich gut. Ich hatte immer Angst, dass er ein Einzelgänger wird. Aber im Gegenteil: Wenn ich mal zuschaue bei den Spielen, finde ich, dass er echten Teamgeist zeigt.

Und als ich dann weiter darüber nachgedacht habe, wurde mir klar: Diese Welt, in die er da taucht, die ist für ihn so etwas wie eine Therapie. Da probiert er sich aus, er spricht sich aus, und er baut Dinge auf.

Gerade für junge Männer ist es ja total wichtig, dass sie etwas schaffen können.

Und er testet sein strategisches Denken und übt sich dabei ja auch noch in Geschichte und Politik. Denn in diesen Games geht es oft auch um Kolonialgeschichte, um religiöse

Gruppen oder Planwirtschaft. Und er verdient mit dem PC inzwischen sogar Geld.

Vom Jugendamt bekommt der Junge nur 25 Euro Taschengeld im Monat. Das ist nicht viel für einen 17-Jährigen. Gut, er hat alles, was er braucht, und außerdem bezahle ich ihm seine Handyrechnung. Aber dieses ganze Zubehör, das man benötigt, wenn man am Computer spielt, das ist schon ganz schön teuer. Die 600 Euro für seinen PC hat er sich ganz tapfer über mehrere Jahre zusammengespart. Aber diese Erfahrung hat ihm wohl gereicht, das dauerte ihm dann doch zu lange. Deshalb hat er angefangen, in der Nachbarschaft seiner Pflegeeltern und bei einem Seniorentreff im Ort Hilfe beim Umgang mit PC und Internet anzubieten. So als Nebenjob.

Dadurch konnte er seiner Pflegemutter kürzlich ein gebrauchtes, internetfähiges Handy für 80 Euro abkaufen. „Neu hätte das 500 Euro gekostet", hat er mir ganz stolz gesagt.

Jetzt spart er auf ein neues Notebook und beschäftigt sich intensiv mit der Qualität und den Preisen. Ich bin froh, dass er mit Geld offenbar umgehen kann. Außerdem verdient sich Phillip noch ein paar Cents dazu, indem er Kommentare zu Computerspielen ins Netz stellt. Ich habe keine Ahnung, was die jungen Menschen daran finden, aber offenbar gibt es für kommentierte Spiele einen großen Markt im Internet, das sagt zumindest Phillip.

Was ich gut daran finde, ist, dass er ein Spiel spielt und dabei über Gott und die Welt spricht, nicht nur über das Spielen. Wen auch immer das interessiert und wer auch immer dafür bezahlt, man bekommt laut Phillip in jedem Fall 0,04 Cent pro Zuschauer. Phillip schwärmt immer von den Profis, die 150.000 und mehr Zuschauer haben. Die verdienen dann natürlich richtig Geld.

Phillip verdient nur ein paar Kröten, aber er quatscht sich dabei offenbar die Seele sauber. Man spricht dabei wohl über alles, was einem so in den Kopf kommt. Kürzlich hat er sich bei einem Spiel darüber aufgeregt, dass er nicht Schulsprecher geworden war. Er ist schon Klassensprecher, aber er wollte auch unbedingt Schulsprecher werden. Doch dann wurde der andere Klassensprecher aus seiner Klasse – an der Gesamtschule gibt es ja immer zwei – zum Schulsprecher gewählt.

Offenbar hatte der abtretende Schulsprecher in seiner Abschiedsrede den anderen ausdrücklich gelobt. Phillip meinte, dass er bis dahin mehr Sympathisanten hatte, aber durch diese Empfehlung hätten dann doch viele den anderen gewählt. Phillip war wirklich enttäuscht und traurig.

Er wollte so vieles ändern an seiner Schule, die Schüler mobilisieren, damit die ihren Lehrern einen guten Unterricht abfordern. Einen, der Spaß macht und der ihnen etwas bringt. Er hält seine Schule nämlich für die „schlimmste Schule Potsdams". Das sagt er immer.

Kürzlich ärgerte er sich über eine Drei in Mathe. Mensch, für mich war das früher der Hammer, wenn ich ein Befriedigend schaffte, und er regt sich auf. „Mama, niemand hat eine bessere Zensur als eine Drei bekommen. Keiner. Entweder die Arbeit war zu schwer, oder der Lehrer hat uns auf dem Kieker", sagte er.

Da er nun nicht Schulsprecher wurde, hat er sich kurzerhand selbstständig bei einem Oberstufenzentrum beworben, so etwas gibt es nur in Brandenburg und Berlin. Das sind Ausbildungseinrichtungen, an denen man Berufsfelder lernen, aber auch das Abitur machen kann. Als Phillip jetzt auf Sprachreise in Wales war, kam die Bestätigung, dass er angenommen wurde. Mann, hat der sich gefreut, als ich ihm das sagte.

Dann erzählte er mir, dass er plane, bis zu seinem 20. Lebensjahr bei den Peters zu bleiben. Und ich schimpfte mit ihm: „Das hättest du wohl gern. Dem Staat auf der Tasche liegen und keinen Finger rühren müssen!" Aber er sagte: „Mama, andere Eltern wären froh, wenn ihre Kinder so eine Ausbildung machen. Aber dann kann ich nicht nebenbei noch arbeiten." Wo er recht hat, hat er recht. Er kann mich in solchen Dingen auch überzeugen.

Um ihn nicht wieder aus der Schule zu reißen, hatte ich mich, als ich 2010 das Sorgerecht wieder zurückbekam, gar nicht erst darum bemüht, ihn wieder zu mir zu holen.

Denn inzwischen denke ich, dass es gut ist, so wie es ist.

Die Peters können ihm einfach Dinge bieten, die ich ihm nicht bieten kann. Und sei es nur, dass er lernt, sich um andere zu kümmern. Denn wenn es um die kleineren Pflegegeschwister geht, dann muss Phillip auch mit anpacken.

Er ist ein ganz toller Junge. Auch wenn er seine Macken hat, die hat ja jeder. Ich muss trotzdem zugeben, dass es mich ganz schön nervt, dass ich ihn zum Beispiel so gut wie nie aus der Wohnung locken kann, wenn er bei mir ist.

Wenn ich überhaupt mal fernsehe, bleibe ich eigentlich fast immer nur bei Dokumentationen hängen – über Länder, Tiere, Reisen. Der Junge schaut sich dagegen diese ganzen Trash-Sendungen an. Oder Filmparodien. Er lacht eben gern. Früher musste ich einmal in der Woche mit Phillip dieses „Pleiten, Pech und Pannen" angucken. Vor allem die Unfälle mit Kindern und Tieren fand ich aber auch sehr witzig.

Ein Film zeigte einmal eine Frau mit einer Dogge am Tisch. Die Frau isst ganz entspannt, und der Hund, das sind ja so riesige Viecher, hockt daneben und ist ganz auf den Teller fixiert. Dann geht die Tür auf, und das Herrchen kommt rein, mit einer brutal hässlichen Maske über dem Kopf. Eine aus Gummi, so eine fiese Frankensteinmaske. Der Hund hat sich dermaßen erschrocken, das habe ich so noch nie gesehen, dass ein Hund sich so erschrecken kann. Die Augen weit auf, ganz starr vor Angst.

Ich selbst lese ja oft biografische Bücher. Das Leben interessiert mich. Wie Menschen funktionieren, das interessiert mich. Und ich bin froh, wenn Phillip überhaupt liest. Er hat die Probleme nach der Trennung kompensiert, indem er sich in eine andere Welt reingelesen hat. Er las alle fünf Harry-Potter-Bücher, in null Komma nichts hatte er die durch.

„Wir Kinder vom Bahnhof Zoo" hat er nicht gelesen. Wozu auch? Die Peters und ich haben ihn vom Unterricht befreien lassen, als seine Deutschlehrerin auf die unserer Meinung nach ziemlich unangebrachte Idee kam, mein Buch in Phillips Klasse zu besprechen – wie andere Kinder über seine Mutter urteilen, das wollte er dann doch nicht hören. Und wie sollte er auch eine sachliche Analyse dazu abgeben? Menschen können so unsensibel im Umgang mit Kindern sein!

Aber ich habe Phillip alle Geschichten aus dem Buch erzählt. Natürlich weiß er alles über mich und seinen Vater, der Junge ist doch nicht doof. Und ich wollte ihn auch immer so behandeln wie einen klugen Menschen, das hat er verdient. Er war es mir immer wert, ehrlich zu sein.

Bei unserem letzten Treffen setzte ich mich hinter ihn auf die Matratze und kraulte sein Haar. Und dann sagte ich ihm ganz ehrlich, dass er nicht mehr lange etwas von seiner Mutter haben wird und dass ich möchte, dass wir unsere Treffen so schön wie möglich gestalten. Phillip weiß, dass ich Leberprobleme habe.

Die Ärzte schlagen in letzter Zeit immer nur die Hände über dem Kopf zusammen, wenn sie mein Blutbild sehen. Die Entzündungswerte würden immer schlimmer, sagen sie. Und ich sage dann immer: „Hören Sie auf! Ich will davon nichts hören."

Ich weiß nicht, wie lange ich noch zu leben habe. Ich beschäftige mich damit nicht, ich kann nicht, ich will nicht andauernd an den Tod denken.

Wenn es so weit ist, dann ist es einfach so weit. Wenn meine Leber versagt, dann wird mein Blut nicht mehr gereinigt, dann werde ich vollends vergiftet sein. Und am Gift sterben. Oft habe ich mich danach gesehnt – und manchmal habe ich natürlich Angst vor dem Moment. Immerhin. Wer hätte gedacht, dass ich 51 Jahre alt werde?

Was man von einem Junkie nicht erwarten würde, ist wohl, dass er im Leben noch Träume verwirklicht. Und? Viele meiner Träume sind geplatzt. Aber es ist noch nicht vorbei.

EPILOG

Eines Sommernachmittags 2013 saßen wir vor einem Café in der Kreuzberger Dieffenbachstraße, Christiane mit dem Rücken zur Wand. Neben ihr lag ihr Chow-Chow Leon, hinter mir die Straße und der Bürgersteig, ich sah die Frau mit dem Terriermischling nicht kommen.

Wann Christiane die beiden wahrgenommen hat, weiß ich nicht, meiner Erinnerung nach hat sie kein einziges Mal ihren Blick von ihrem Käsebrötchen abgelassen, nach dem sie schon einige Zeit hungerte. Mit einem Mal, wir sprachen über eine bevorstehende Interviewreise nach Paris und die Gestaltung des Buchcovers, hob Christiane ihren Kopf, sah rechts an mir vorbei, runzelte die Stirn und sagte mit sanfter Stimme zu der gerade seitlich von mir zum Stehen gekommenen Passantin:

„Das würde ich nicht tun. Wenn ihr Rüde meinen beschnüffelt, wird sich mein Leon in die Ecke gedrängt fühlen. Hinter ihm ist eine Wand, um ihn herum Tische und Stühle, er hat also keinen Fluchtweg und wird ihren Hund angreifen, um sich zu schützen. Ihr Terrier ist jung und kann Gefahren noch nicht richtig einschätzen, zudem hat diese Rasse einen starken Charakter und muss erst einmal mit Blick auf ihre offensive Art trainiert werden."

Die Frau sah mich irritiert an. Sie sah Christiane an. Dann riss sie ihren jungen Rüden zurück, der sich schon an Leon heranpirschte, und ging weiter, ohne etwas zu erwidern.

Christiane biss in ihr Brötchen, dann fragte sie mich mit halb vollem Mund: „Wann genau soll es denn nach Paris gehen? Ich muss mich rechtzeitig um einen Hundesitter kümmern."

Mir hatte es kurz die Sprache verschlagen. Nicht, weil sie die fremde Frau zurechtgewiesen hatte. Nein, ich war ehrlich *beeindruckt davon, wie Christiane die Lage binnen weniger Sekunden, quasi neben einem Gespräch über ein ganz anderes Thema, eingeschätzt hatte.*

Die Intensität, mit der Christiane manchmal blitzschnell ihre Umgebung wahrnimmt, und von all diesen Eindrücken auch oft schrecklich aufgerieben ist, das ist neben ihrer großen Tierliebe wohl ein bedeutender Wesenszug. Eine Eigenschaft, in der sehr viele Fragen und Antworten rund um ihre Person verborgen liegen, die Empfindlich- wie Empfindsamkeiten offenbart, Fehlbarkeiten genauso wie eindrucksvolle Stärken und leidenschaftliche Hingabe. Wer Christiane so beobachtet, wie sie beobachtet, findet womöglich Zugang zu ihr.

Die im Jahr 2010 verstorbene Schweizer Psycho- analytikerin Alice Miller beschrieb diesen eindringlichen Feinsinn als ein „Gefühlswirrwarr", das durch einen Zwiespalt zwischen Vaterliebe und Vaterhass in Christianes Kindheit entstanden sein mochte. Weil das Mädchen die Schläge und die Vernachlässigung ihres Vaters tolerierte und ihn allen Schmerzen und Demütigungen zum Trotz sogar respektierte und liebte.

Miller argumentiert in ihrem 1980 erschienenen Werk „Am Anfang war Erziehung", dass der Drogengenuss der jugendlichen Christiane F. eine Art Selbsttherapie gewesen sein könnte, der sie sich unterzog, um dieses Gefühlschaos zu zähmen. Anstatt wütend auf ihren Vater zu sein, habe sie ihr Leid lieber betäuben wollen.

Für viele Kinder fühle es sich besser an, die Fehlbarkeit ihrer Eltern zu verstehen, statt daran zu verzweifeln. Doch in der Folge wird bis in das Erwachsenenleben hinein ihr Urvertrauen nachhaltig gestört. Im Verständnis der Psychoanalyse befähigt das „Urvertrauen" Menschen dazu, ihre Umwelt differenziert wahrzunehmen und zu beurteilen und so etwas wie Zuversicht im Umgang mit sich und anderen zu entwickeln.

Glück und Unglück liegen für Christiane bis heute noch sehr nah beieinander. Vertrauen fällt ihr manchmal schwer, auch in Bezug auf sich selbst.

Es ist lange her, dass Christiane Felscherinow über sich selbst etwas Gutes in der Presse las. Von „Schatten der Vergangenheit" berichtete 2006 die Frankfurter Rundschau, das Hamburger Abendblatt titelte schon zehn Jahre zuvor: „Das verpfuschte Leben der jungen Fixerin Christiane F." „Der Kampf der Christiane Felscherinow gegen Christiane F.", hieß es in der Park Avenue (2008), und das „Magazin am Wochenende" der Berliner Zeitung zitierte in der Überschrift über einer langen Reportage aus einem Lied, das Christiane mit 20 Jahren aufgenommen hatte: „Ich bin so süchtig".

Laut „Bild" konnte sie die „Schatten ihrer Vergangenheit" niemals abschütteln. Die Zeitung berichtete im Januar 2011, Christiane F. sei wieder „im Junkie-Millieu gesehen" worden. „Christiane F. bei Drogenrazzia durchsucht", titelte die BZ einen Tag zuvor. Beide Boulevardblätter erwähnten nur im Nebensatz, dass die Polizisten keine Drogen fanden, als sie Christianes Handtasche durchsuchten.

Lebt sie noch? Fixt sie noch? Das waren meist auch die ersten Fragen, wenn ich von meiner Arbeit mit ihr erzählte. Natürlich ist die Frage, ob Christiane noch Junkie sei oder nicht, logisch und legitim. Sie ist aber auch sehr schnell beantwortet: Ja, Drogen waren immer und sind auch bis heute ein Teil ihres Lebens. Aber eben auch nur ein Teil davon.

Durch die Arbeit mit ihr und durch die Gespräche mit Experten aus Drogenhilfe und Suchtmedizin, die ich für die Sachkapitel in diesem Buch führte, wurde mir bewusst, wie komplex das Thema der Opiatabhängigkeit tatsächlich ist. Und dabei ist Junkie nicht gleich Junkie. Natürlich gibt es die gesundheitlich und sozial verwahrlosten Abhängigen, Menschen mit multiplen psychiatrischen Diagnosen, die sich

selbst und jeglichen Bezug zur normalen Gesellschaft aufgegeben haben. Aber sehr viele andere haben nichts mehr mit
der Szene gemein, die die breite Öffentlichkeit aus „Wir Kinder
vom Bahnhof Zoo" kennt.

Es gibt auch Lehrer, Polizisten und Banker, die regelmäßig
Heroin nehmen. Es gibt Opiatkonsumenten, die Familie haben
und gesundheitlich weitgehend stabil sind. Es gibt Fixer, die wir
nicht als solche erkennen.

Dank der Drogenhilfe und der Suchtmedizin ist es heute
möglich, ein menschenwürdiges Leben trotz Opiatabhängigkeit zu leben. Und damit sogar alt zu werden. Oder wie
Christiane sagt: „Kaum einer hätte gedacht, dass ich 51 werde!"

Mit 51 Jahren veröffentlicht Christiane Felscherinow ihre
Autobiografie. Sie ist eine Dokumentation von Abenteuern
unter Rock-Idolen, Literatur-Stars und Drogenhändlern – und
die schonungslose Schilderung des Kampfes, trotz aller
Rauschgiftexzesse, eine gute Mutter zu sein. „Christiane F. –
mein zweites Leben" ist auch eine Auseinandersetzung mit
der Gesellschaft, die dem Rausch huldigt, den Süchtigen aber
verachtet – und das Ergebnis einer drei Jahre währenden Begegnung, also nicht nur der vielen Gespräche, die wir in dieser
Zeit führten, sondern auch der Prozesse, die wir miteinander
durchmachten.

„Suchtarbeit ist Beziehungsarbeit" habe ich während meiner
Recherchen gelernt. Und dachte: Genau das steckt auch
hinter dieser Autobiografie. Christiane und ich, wir sind uns
sehr nahegekommen – sodass ich nun auch schon anfange,
von Hunden zu erzählen. Manchmal sind wir uns auch zu
nahegetreten. Wir haben uns unterhalten und gestritten und
oft aneinander aufgerieben.

Wir haben uns wegen der unterschiedlichen Vorstellung
davon, wie ein Tagesplan auszusehen habe, gegenseitig die
Hörer hingeknallt und auch schon einmal lauthals auf dem

Alexanderplatz angeschrien. Vor Publikum. Erst kamen mir die Tränen, dann ihr. Es folgte eine Entschuldigung: „Es tut mir leid, Sonja. Wenn ich mich in die Ecke gedrängt fühle, werde ich gemein und bissig. Viele Menschen gehen gemein und bissig mit mir um, ich bin es nicht anders gewohnt", sagte sie. Es tat mir auch leid.

Zum Schluss gab es eine Umarmung, und als einige Monate später die Szene mit Leon und dem Terrierwelpen vor dem Café in der Dieffenbachstraße geschah, musste ich auch ein wenig schmunzeln, weil ich dachte: An diesem Märchen, dass Herr und Hund sich nach einigen Jahren der Zweisamkeit ähnlich verhalten, ist womöglich doch etwas Wahres dran.

Die gegenseitige Auseinandersetzung mit unserer Weltanschauung, unseren Werten und Gewohnheiten war der anstrengendste, aber auch bedeutendste Schritt, den es brauchte, um dieses Buch gemeinsam zu schreiben und zu veröffentlichen. Kompliziert wurde es aber nicht nur, wenn es um Nähe, Vertrauen und Verständnis ging, sondern auch ganz praktisch: Christianes Gesundheits- und ihre Lebensumstände, auf die in diesem Buch ausführlich eingegangen wird, lassen einen geregelten Alltag und regelmäßiges Arbeiten selten zu. Flexibles Reisen ist zum Beispiel nicht nur wegen Leon kaum möglich, sondern vor allem, weil Christiane sich in einer Substitutionstherapie befindet. Heroinersatzstoffe müssen täglich eingenommen werden und dürfen ausschließlich von einem Arzt an einen Patienten ausgehändigt werden.

Wir hatten Glück, als ein ehemaliger Substitutionsarzt einmal bereit war, Christiane zwei Tagesdosen Methadon mitzugeben, damit ich mit ihr und Leon zu Zwecken intensiver Interviews drei Tage an die Havel fahren konnte.

Ich hatte fest damit gerechnet, dass ich nie wieder etwas von ihr hören würde, als ich sie das erste Mal kontaktiert hatte. Kollegen, die sie aus vergangenen Zeiten kennen, hatten mir gesagt: „Sie merkt, wenn man ihr was vormacht, und zieht sich gleich zurück!" Also war ich ehrlich: „Hallo, meine Name ist Sonja Vukovic. Ich arbeite als Redakteurin für Die Welt und möchte gerne eine Reportage darüber schreiben, wie es dir 30 Jahre nach Erscheinen des Films ‚Wir Kinder vom Bahnhof Zoo' geht", hatte ich gesagt, als Christiane Felscherinow mit einem zaghaften, leicht verschlafenen „Hallo?" an der Gegensprechanlage auf mein Klingeln an ihrem Wohnhaus in Teltow reagiert hatte.

Es war gegen Mittag, ein sehr kalter Tag Ende November 2010, und die einzige kleine Ungenauigkeit in meiner Vorstellung bestand darin, dass es noch einen Monat dauerte, ehe ich eine richtige Redakteurin sein würde.

Noch war ich Volontärin im zweiten Ausbildungsjahr an der Axel Springer Akademie, meinen Vertrag mit der „Welt" hatte ich aber schon in der Tasche – und ein Ticket nach New York, wo mein Akademie-Team und ich Anfang Dezember des Jahres unsere Zertifikate bekommen und zuvor noch zehn Tage lang an der Columbia University lernen sowie eine investigative Geschichte vorbereiten sollten, „die später in einem der Springer-Medien veröffentlicht wird". So lautete die Aufgabe.

Seit meinem 14. Lebensjahr hatte ich frei für unterschiedliche regionale und überregionale Medien gearbeitet, unter anderem als freie Reporterin für die Rheinische Post, als Praktikantin für den Spiegel und als Pauschalistin für die Berliner Morgenpost. Dabei hatte sich meine Arbeit schon immer sehr stark auf biografische und gesellschaftskritische Reportagen fokussiert, extreme Charaktere und besondere Schicksale faszinierten mich.

Was nun, im November 2010, mein Vorhaben mit Christiane Felscherinow betraf, so fragte ich Unterstützung bei Michael Behrendt an, dem Chefreporter der Berliner Morgenpost. Weil er als langjähriger Polizeireporter nicht nur packende Bücher *über schwere Schicksale schreibt, sondern auch über Kontakte zu sämtlichen Behörden verfügt, fragte ich ihn, ob er mir helfen könne, rauszufinden, wo Christiane wohnt. Und ob er mir als männliche Verstärkung und Experte an meiner Seite beistehen wolle, sollte ich zu Recherchezwecken etwas tiefer in die Berliner Drogenszene eintauchen müssen? Kaum zwei Wochen später standen Michael und ich also vor dem Haus, in dem Christiane Felscherinow seit 2005 zur Miete lebt.*

Ich war überrascht, wie bieder die Wohngegend ist, die sie sich ausgesucht hatte: neumodische Mehrfamilienhäuser aus Backstein, geschnittene Sträucher und künstlich gepflanzte Bäume, die Straßen breit und sauber. Um einen großen Teich herum sitzen junge Paare auf Bänken und liegen sich in den Armen. Christianes Wohnung lag gleich über einem Geschäft für Dekorationsbedarf mit dem Namen „Haus der schönen Dinge".

Als sie den Hörer der Gegensprechanlage aufnahm, war es etwa zwölf Uhr mittags. Nach meiner Vorstellung und der meines Anliegens gab es eine kurze Pause, dann sagte Christiane: „Es passt mir gerade gar nicht, Ihr Klingeln hat mich aufgeweckt. Werfen Sie doch einfach ihre Karte in den Brief-kasten." Dann legte sie auf.

Verdammt, ich habe sie auf dem falschen Fuß erwischt.

Vorbereitet war ich darauf, wie ich bei ihr einen möglichst vertrauenswürdigen Eindruck hinterlassen könnte, nun konnte ich nur meine Karte hinterlassen, die mich entgegen meiner Vorstellung auch noch als Volontärin auswies.

Es surrte, ein Klick, die Glas-Metall-Tür zum Wohnhaus ging auf. Ich betrat den sauberen Hausflur mit grauen Fliesen, weißen Putzwänden und grauem Treppengeländer, suchte unter den acht weißen Briefkästen den einen mit dem Namen Felscherinow drauf. Gefunden. Sie musste im dritten Stockwerk leben, dachte ich, warf meine Karte ein und ging.

Bis heute erzählt Christiane jedem, dem sie mich vorstellt, von dieser Szene. Sie sagt dann immer: „Sonja war die erste Journalistin, die nicht die Gelegenheit ausgenutzt hat und einfach raufgestürmt war bis an meine Wohnungstür. Die nicht durch den Spion geguckt und Nachbarn gefragt hat: Wie ist es, mit Christiane F. unter einem Dach zu leben?"

Dadurch, dass ich Christianes Wunsch nach Ruhe respektiert hatte, hatte ich mir ihren Respekt verdient.

Am späten Abend, weit nach 20 Uhr, hatte tatsächlich mein Handy geklingelt. Rufnummer unbekannt. „Hallo, hier ist Christiane", sagte die rauchige, jetzt muntere Frauenstimme am anderen Ende. Ich war baff, das merkte sie. „Ich hatte doch gesagt, dass ich anrufen würde", fuhr sie fort, als sei es das Selbstverständlichste der Welt, dass sie das dann auch tatsächlich tut.

Wir verabredeten uns für zwei Tage später, 19 Uhr, im Gaffelhaus am Gendarmenmarkt. Aber als sie nach mehr als einer Stunde nach dem vereinbarten Termin nicht da war, bestellten Michael und ich die Rechnung. Plötzlich ging die Tür auf. Und da waren sie: Christiane und Leon.

Wir trauten unseren Augen kaum. Das soll die Frau sein, über die zwei Jahre zuvor geschrieben worden war, dass sie wieder ganz unten am Boden angekommen sei? Die mehr als drei Jahrzehnte nach dem Welterfolg ihrer Geschichte immer noch Unmengen Heroin, Alkohol und Medikamente zu sich nehmen soll? Auf die eine breite Öffentlichkeit und, wie in der Zeitung zu lesen war, auch die eigene Familie kaum mehr etwas gibt? Die alles verloren haben soll – ihren Ruhm, ihr Geld, ihre Gesundheit? Den Kontakt zur Familie und das Sorgerecht für das eigene Kind?

Christiane sah großartig aus! Sie hatte frisch granatapfelrot gefärbtes Haar, glänzend, gekämmt, mehr als schulterlang. Ihren grauen Daunenmantel hätte auch eine feine Russin aus dem Grunewald tragen können. Und dann begleitete sie auch noch dieser fesche Chow-Chow. „Boah, hier drin ist eine Bullenhitze", sagte sie noch vor einem „Hallo" und band dann Leon an der Heizung vor der Glasfront an.

Es hatte geschneit, aber Christiane lief der Schweiß über die Stirn. Eine Folge der Substitutionstherapie und der Hepatitis, wie ich heute weiß. Als sie sich hinsetzte, zog sie die Ärmel ihres lilafarbenen Rollkragenpullovers hoch, bestellte eine Apfelschorle und sah uns mit ihren so bekannten großen grünen Augen an. Sie hatte sie mit schwarzem Kajal umrandet, ihre Lippen und Fingernägel waren rot angemalt. Nur die Narben auf ihrem Handrücken zeugten jetzt, als sie die schwarzen Wollhandschuhe ausgezogen hatte, davon, dass diese damals 49-jährige, noch sehr attraktive und schlanke Frau Deutschlands bekanntester Junkie ist.

Wir brauchten uns gar nicht weiter vorzustellen, nichts zu fragen. Christiane erzählte einfach gleich drauflos. Von allem, was sie bewegte. Fast gleichzeitig: von den Überschwemmungen, mit denen viele Deutsche zu dieser Zeit kämpften – „Sie kennt die tagesaktuellen Pegelstände an Main, Oder und Ems", dachte ich. Aber ihre Gedanken schweiften immer ab, es wirkte, als sei sie ihr eigener Stichwortgeber: Über starke Regenfälle kam sie auf das „Dschungelcamp", in dem Sarah Knappik sich gerade als die Heulsuse der Nation entpuppte. „Mir haben auch schon Leute vorgeschlagen, dass ich in den australischen Dschungel ziehen soll", sagte sie. „Aber nur über meine Leiche! Rund um die Uhr beobachtet zu sein, beim Kacken und Kotzen gefilmt zu werden – legen diese Leute denn keinen Wert auf Intimsphäre?"

Ein zunächst überraschendes Urteil von einer, über die die ganze Welt weiß, dass sie sich als Kind prostituiert hat, um ihre Drogensucht zu finanzieren, und die daran bis heute nichts Schlimmes finden kann. Aber dann wurde klar, woher die Ab-

lehnung stammt: „Vielleicht wurden diese Menschen, die dort in diesem Camp sind, noch nie in ihrem echten Privatleben von Kameras überallhin verfolgt und in furchtbar schwachen und erniedrigenden Momenten gefilmt, fotografiert – festgehalten für die Ewigkeit." Schließlich bricht Christiane Felscherinow in Tränen aus.

„Ich verkrafte das bis heute nicht, dass sie mir meinen Jungen weggenommen haben", sagt sie. Wasser steigt in ihren großen, grünen Augen hoch. Kurzes Innehalten. Dann lenkt sie sich selbst ab: „Als mein Junge sechs Wochen war, ist er beinahe einmal gestorben", sagt sie und erzählt vom Keuchhusten ihres Babys, kommt ohne weiteren Kontext gleich auf einen kranken Freund zu sprechen, ist schnell bei der Drogenszene am Kottbusser Tor und dann wieder bei der Boulevardpresse, „die Junkies dafür bezahlt, dass sie die Journalisten anrufen, wenn sie mich sehen".

Am Ende dieses Abends war keine meiner Fragen beantwortet – im Gegenteil: Es waren Dutzende neue hinzugekommen. So sollte es dann über viele, viele Treffen weitergehen, genau genommen bis zum heutigen Tag.

„Ich könnte eine ganze Zeitung mit ihren Geschichten füllen", dachte ich irgendwann.

Inzwischen sind drei Jahre vergangen – und weil das Projekt viel Zeit und Flexibilität erforderte, entschieden Michael Behrendt und ich irgendwann, dass ich allein weitermache. Im Dezember 2011 endete zudem mein Vertrag bei der „Welt", was die Entscheidung nach sich zog, sich von da an fast ausschließlich auf die Arbeit mit Christiane zu konzentrieren.

Und erst kürzlich gab es wieder eine sehr schöne Situation, die mich in meinem Entschluss bestätigte: Spätabends hatte Christiane in einem Schnellrestaurant drei 17-jährige Mädchen aus Brandenburg kennengelernt – eigentlich viel zu jung, als dass sie Christianes Geschichte unbedingt kennen müssten, zumal das Buch vor dem Mauerfall nicht in Ostdeutschland erschienen und Christiane in den neuen Bundesländern nicht ganz so „gefeiert" worden war wie im Rest der Republik. Aber als sich im Lauf des Gesprächs herausstellte, mit wem die drei gerade bei einem Softeis plauderten, brach eines der Mädchen in Tränen aus.

Sonja Vukovic, Juli 2013

Quellen- und Literaturverzeichnis

Inseln der Hoffnung
Hermann, Kai: „Suche nach kleinem Glück", Stern, 1993

Verdammt
Zipprich, Alexander; Dolliger, Matthias: „Hepatitis C – Die vernachlässigten Genotypen", Hepatitis & More, 2010

Mythos Christiane F.
Bittorf, Wilhelm, „Irgendwas Irres muß laufen", Der Spiegel, 1981

Böckem, Jörg: „Der Kampf der Christiane Felscherinow gegen Christiane F.", Park Avenue, 2008

Eichinger, Katja: „BE", Hoffmann und Campe, 2012

Hermann, Kai: „Suche nach kleinem Glück", Stern, 1993

Hermann, Kai; Rieck, Horst: „Christiane F. – Wir Kinder vom Bahnhof Zoo", Stern-Magazin im Verlag Gruner + Jahr, 1978

Szeneprofis
Drogenbeauftragte der Bundesregierung, Bundesministerium für Gesundheit: „Drogen- und Suchtbericht 2013"

Drogenbeauftragte der Bundesregierung, Bundesministerium für Gesundheit: „Drogen- und Suchtbericht 2012"

Glaeske, Harry: „EU-Projekt Indeed", 2009

Gutsch, Jochen-Martin; Moreno, Juan: „Recht auf Gift", Der Spiegel, 2013

JES Bundesverband e.V.: „Der Drogenkurier", Nr. 88, 2011

Käufer, Tobias: „Drogenkrieg – Legalize it, Barack Obama!", Welt Online, 2013

Vogt, Irmgard; Eppler, Natalie; Ohms, Constance; Stiehr, Karin; Kaucher, Margarita: „Ältere Drogenabhängige in Deutschland", Studie im Auftrag des Bundesministeriums für Gesundheit, 2010

Würger, Takis: „Ich würde rausgehen und alles ausprobieren", Spiegel Online – Interview mit US-Ökonom Jeffrey Mirron, 2013

Anna
Hommage an Daniel Keel, Diogenes, 2001

Unheimlicher Basar
Glüsing, Jens: „Freiraum für Fixer", Die Zeit, 1989

Huber, Martin: „20 Jahre nach dem Needle Park gibt es 5000 Drogenabhängige in Zürich", Tagesanzeiger, 2012

Seidenberg, André: „Als das Heroin Zürich im Griff hatte", Neue Zürcher Zeitung, 2012

Voegeli, Peter: „Kraftakt am Lettenbahnhof", Die Zeit, 1995

Wir Alten vom Bahnhof Zoo
Rausch, Matthias: „Drug-Checking", akzept.org

Vogt, Irmgard; Eppler, Natalie; Ohms, Constance; Stiehr, Karin; Kaucher, Margarita: „Ältere Drogenabhängige in Deutschland", Studie im Auftrag des Bundesministeriums für Gesundheit, 2010

Walcher, Stephan, Gründungsmitglied der Bayerischen Akademie für Suchtfragen (BAS); Vorstandsmitglied der Deutschen Gesellschaft für Suchtmedizin, Gründer der Schwerpunktpraxis CONCEPT, Interview, 2013

Wittchen, Hans-Ulrich: „Suchttherapie in Deutschland. Ergebnisse der COBRA-Studie", 2006

Wittchen, Hans-Ulrich; Bühringer, Gerhard; Rehm, Jürgen T.: „Premos – Predictors, Moderators and Outcomes of Substitution Treatment", Substitution im Verlauf; Studie im Auftrag des Bundesministeriums für Gesundheit, 2009

www.house-of-life.net

chacht ermittelt – Der erste Teil iner knallharten Thriller-Trilogie

Arm aber sexy? Der SEK-Mann Wolf Schacht kennt Berlin nicht als Party-Metropole, sondern als Moloch: Mord, Bandenkriminalität und Missbrauch prägen seinen Alltag. Schacht will dem Teufelskreis der Gewalt entkommen – und landet so ausgerechnet bei der Mordkommission.

Mit dem SEK-Veteran Wolf Schacht schafft Autor Michael Behrendt einen Ermittlertypen, der ebenso unbefangen wie knallhart an die Arbeit geht. So wird aus einem Mord, der keiner sein durfte, eine erbarmungslose Schlacht, die hoch in politische Machtzirkel und tief in die Geschichte Deutschlands reicht. Bis Berlin buchstäblich in Rauch aufgeht.

Schachts Gegner kämpfen um mehr als Macht, Sex oder Geld. Ihr Kapital sind die wächen, Abgründe und Perversionen anderer. Schlaft ruhig, Berlinerinnen Berliner. Oder könnte es sein, dass sie auch Euch schon haben?

e leicht entzündliche Mischung aus Action-Krimi, Spionage-Thriller und chtreise in eine untote deutsch-deutsche Vergangenheit.

einefresser« ist ein Roman; viele Figuren und Verbrechen gehen rdings auf tatsächliche Ereignisse zurück.

ael Behrendt, »Steinefresser«

erback: 300 Seiten
s: 14,90 € (D),
                                 15,90 € (A), 21,90 SFR

l: 978-3-943737-17-2

DEUTSCHER
LEVANTE
VERLAG

h auf **www.levante-verlag.de** erhältlich.